성경 예언의

성취

성경 예언의
성취

송기용 글

좋은땅

들어가는 글

오랜만에 만난 동갑내기 성도가 다른 성도 근황을 전하더군요.
"매우 열심을 내지 않으면 다들 겨우 주일 예배나 드리는 상태가 되더라"
나이가 찰수록 믿음이 더욱 견고해질 줄 알았는데
살아보니 꼭 그렇지만은 않았던 것입니다.
오히려 눈에 보이는 성취가 없다는 사실이 뼈아프게 다가온답니다.
무엇이 문제일까?

우리는 많은 설교의 홍수 속에 살아가지요?
하지만 어떤 중요한 질문은 여전히 채워지지 않았답니다.
어떤 내용은 넘치도록 중복하여 듣습니다만
잘 모르는 부분은 슬쩍 얼렁뚱땅 두루뭉술 넘어가기도 하지요?
또 우리는 원래부터 너무 쉽게 망각하는 자들이기도 합니다.
특별히 가슴 저미도록 밀려오던 감동도 긴 세월을 견디지는 못하잖아요?
그러기에 복음은 반복해서 전하는 수고로움이 늘 계속되어야 하고
복음을 반복해서 듣는 일에도 정성스러움이 가득해야겠지요?
그럴지라도 뭔가 남는 듯한 부족함까지도 채울 수는 없을까?

상당히 오랫동안 교회의 회복을 위해 기도했답니다.
우리 연약한 자들이 길을 잃지 않게 도와주시기를 기도한답니다.
큰일도 큰 믿음도 기대하지 못하는 부족한 성도이지만
그저 믿음의 길을 온전히 다 이루도록 도와주시기를 기도한답니다.
그러던 중에 이 책을 써야겠다는 마음이 생겼습니다.
우리가 잘 이해하지 못했던 예언서의 내용이
어떻게 성취되었는지를 알게 하는 글이랍니다.

또 성도의 영적 성장을 위해서는 어떻게 해야 옳은지를
예언서의 성취와 관련하여 묵상하였습니다.
성도가 다가올 장래를 위해서 무엇을 알고 준비해야 하는지도
다니엘과 요한계시록 등의 예언을 통하여 살펴보았습니다.
이사야서 50장부터 53장까지를 바탕으로
스가랴서 등 많은 예언의 말씀을 다룹니다.
영어 성경(NIV)을 번역하고 설명하는 방식이지만
신뢰해도 될 만큼 다양하게 검증하였답니다.

도마처럼 필자처럼 의심이 많으신 분들은 이 책을 꼭 읽어 보세요.
든든한 믿음의 반석에 서게 될 것입니다.
영적 성장이 필요하신 성도도 이 책을 읽으셔야 합니다.
목말랐던 해결책을 발견하실 테니까요.
빠르게 변해가는 세상에서
시대에 대한 분별력과 이에 걸맞은 대비가 필요하신 성도도
이 책을 읽으셔야 합니다.
전능하신 하나님께서 예언하신 장래의 일들을 묵상하며,
무엇을 분별하여 준비해야 하는지를 아시게 될 것입니다.
자꾸 믿음의 확신이 사그라드는 성도도 이 책을 읽으십시오.
말씀 가운데에서 성령의 불꽃이 타오를 겁니다.
그동안의 갈증이 해결될 것입니다.
성경은 큰 비밀이잖아요.
오직 성령께서 이 비밀을 우리 성도에게 알게 하시리라 믿습니다.

읽기 편하고 이해를 빠르게 하려는 의도로
일부러 문장을 끊어서 줄 바꾸기를 하였답니다.

또 한 가지 소제를 한 번에 전달하려는 목적으로 길이가 길어졌습니다.
말씀 묵상이 필요하기도 하고, 정보량도 넘치도록 많습니다.
그러므로 읽기를 너무 서두르지 말아야 하겠지요?
읽는 도중에 감동이 될 때마다 읽기를 멈추고
감동되었던 내용을 목적 삼아 간절히 기도하는 것이 좋습니다.
성령께서 감동하실 때 전능하신 이의 도움을 구하는 것이지요.
사람은 기쁨이든 감동이든 오래 유지가 어려운 약점이 있잖아요.
말씀을 인용하는 큰따옴표(“”)가 필요에 따라
성경에는 없는 부분에서 사용되었으니 참고하시기를 바랍니다.
오직 우리 주 하나님께만 영광이 되기를 기도합니다.
할렐루야 아멘.

차례

1. 지금의 순간을 창조주께 묻다.

""And now what do I have here?" declares the Lord.
"For my people have been taken away for nothing,
and those who rule them mock,"
declares the Lord."
("지금, 여기에 이르러 내가 얻은 것은 무엇이란 말이냐?"
"왜냐하면"
주께서 선언하신다.
"내 백성이 대가 없이 팔려 갔는데 그들을 지배하는
자들은 조롱하도다"
주께서 선언하신다.)

위의 말씀에서 우리는 두 가지 단어를 주목합니다.
"지금"과 이어지는 "선언하신다."라는 단어입니다.
"선언하신다."라는 단어는 자주 사용되므로
"말씀하신다." 정도로도 이해하면 되겠으나
"내가 얻는 것은 무엇이란 말이냐?"라는 반문과 함께 사용된
"지금"과 "여기"라는 단어는
분명히 숨겨진 중요한 의미를 담고 있을 것입니다.
그것은 분명히 과거의 사건과 연관하여 이해해야 할 어떤 것입니다.
우리가 알아보아야 하지 않을까요?
그래야 비로소 저 시점이 지니는 중요성과
그 시점에서 선포하고자 하시는
주의 말씀의 크기나 내용도 긴밀하게 붙잡을 수 있겠지요?

그래서 우리는 "지금"과 "여기"를 언급하시는
주님의 의도를 묻게 된답니다.
그때가 언제쯤일지 가늠하려 한답니다.
이런 작업에는 성경 전체 맥락을 파악하는 일이 매우 중요하겠지요?

하나님께서 동방에 에덴을 창설하시고
첫 인류인 아담과 하와를 그곳에 살게 하셨습니다.
이 아름다운 생활이 얼마나 길었는지 우리는 알지 못합니다.
하지만 그 끝이 어떠했는지는 우리가 성경의 기록으로 알지요?
뱀으로 표현되는 대적자(뱀의 배후일지가 불분명)의 유혹에 빠져서
하나님의 금기인 선악과를 먹었기에
거기서 하나님의 첫 번째 심판이 내려졌으니까요.
단순해 보여도 이것은 매우 무시무시한 큰 심판이랍니다.
하나님과의 영원한 분리가 이루어지고
그 결과 사망이 그들을 지배하게 되었기 때문입니다.
그렇게 그들은 에덴을 잃었으며
그렇게 인류는 하나님을 떠나게 되었답니다.
비록 그 후로도 사람들은 아스라한 전설처럼
하나님의 숨결과 온기를 느꼈겠으나
그들의 결국은 사망이었으므로 모두 흙으로 돌아갔답니다.
에덴에서의 하나님 심판의 결과입니다.
죽은 자에게 생명이란,
우리가 지금 누리고 있는 삶의 기쁨들이란,
그저 한여름 밤의 꿈에 불과한 것이겠지요.

수천 년이 지난 어느 날

지구촌 어느 한 지역에 놀라운 일이 생겨납니다.
하나님께서 친히 사람을 찾아오신 것입니다.
홍수 이후 존재하던 지구상의 인류란,
마치 에덴에서 아담을 처음 창조하셨던 그 모습과 비슷하게,
오직 한 가족 노아네만 살아남아,
그들로 지구 온 땅에 흩어져 살게 하셨으므로,
그들은 아주 아주 하나님을 경외하며,
그 말씀 순종하기를 즐거워했던,
소위 혈통으로 뛰어난,
'선택된 씨 노아의 후손'이라 보아야 하겠지요?
종의 법칙에 따르면 '씨가 좋으면 그 열매도 좋다'고 하잖아요?
창조주께서는 선하고 좋은 씨를 세상에 다시 뿌리신 셈입니다.
그렇게 한참의 세월이 흐른 후
그 의로운 후손 중에서도 고르고 또 고르셔서
하나님 뜻, 그 깊은 뜻을 이루시기 위하여
드디어 지구촌 한 사람에게로 강림하신 것입니다.
이 복된 자의 이름이 바로 아브라함입니다.
"네 친척 아비 집을 떠나 내가 네게 지시할 땅으로 가라" (창세기 12장 1절)
"내가 너로 큰 민족을 이루고 네게 복을 주어 네 이름을 창대케 하리니
너는 복의 근원이 될지라" (창세기 12장 2~ 3절)
이 사람 아브라함은 주의 명령을 믿었답니다.

하나님의 저 약속은 아브라함의 믿음으로 인하여 효력이 생겨났습니다.
아브라함 - 이삭 - 야곱으로 이어지는 후손에게서
저 약속이 성취된답니다.
특히 야곱, 곧 이스라엘의 일생에서 드러나는 열두지파의 형성은

그 방법이 우리 눈에 기이해 보여도
큰 민족을 이루시려는 주의 뜻에 걸맞은 이정표처럼 빛난답니다.
야곱의 특별한 아들 요셉에게서도 기이한 행적은 이어지지요?
이후 온 땅에 가뭄이 드는 특별한 상황 때문에
결국 야곱의 온 가족까지도 이집트로 이주하여 거주하면서
마침내 거기에서 큰 민족을 이루게 되었고
'객이 되어 사백 년을 섬기리라'라고 하신 예언도 그대로 성취되었답니다.
이와 같은 매우 특별한 행적을 통해
그들은 하나님의 백성이 되었고
아브라함에게 미리 약속하신 대로 가나안 땅의 주인이 되었답니다.

이집트에 거주하던 아브라함의 후손은
근본적으로 노예가 아니었습니다.
아브라함에게 약속하신 대로
그들의 신분은 "하나님의 백성"이었지요.
하나님은 자기 백성을 매우 자유로운 자로 부르십니다.
하나님 백성의 자유란 책임이 따르는 자유입니다.
'하나님께서 그들의 창조주이심을 알고 그를 경외할 의무'
이것이 유일하게 그들에게 부과된 의무입니다.
그 밖의 생활에서는 일체 다른 제약이 없어야 한답니다.
이것이 그들 자유인이 누릴 행복이었습니다.
그러므로 이들은 본질적으로 이집트인과 연합할 수 없었답니다.
필연의 결과로 이들은 이집트인으로부터 학대를 받게 되었고
오히려 탈취와 고역에 시달리는 노예가 되고 말았던 것입니다.

이 때문에 하나님께서는 이집트를 심판하셨습니다.

열 가지의 무시무시한 재앙 이야기는 우연히 생겨나지 않았잖아요?
그 시대의 노예는 전쟁에 져서 끌려가면 얻게 되는 신분이지요?
이스라엘의 출애굽 이야기가 그저 노예를 해방하려는 이야기일까요?
인류가 사는 곳곳마다 싸움은 그치지 않았고
노예와 같은 비참한 처지를 살아가는 사람도 부지기수 많았잖아요?
지금 우리 사는 세상에서도 공정하지 못한 지배구조는 너무 많지요?
정도의 차이는 있을지라도 죄가 만연한 인간 삶에서
이런 종류의 불의는 언제나 넘치도록 존재하잖아요?
우리는 하나님께서 관여한 성경 이야기를 다르게 볼 줄 알아야 한답니다.
출애굽 사건이 그렇습니다.
'아브라함에게 주신 약속을 이행하시려는 목적'
'하나님 백성 본래의 신분을 회복시키시려는 목적'
이것이 출애굽 사건의 본질입니다.
이집트를 떠나 노예로부터 해방되게 하시고
약속의 땅 가나안으로 들어가도록 이끄셨던 거지요.
바다가 갈라지기도 하고,
바위에서 샘물이 흘러나오기도 하고,
하늘에서 만나와 메추라기가 떨어지기도 하였으며,
요단강 흐르던 물줄기가 상류 한 지점에 멈추어 쌓이기도 하고,
하물며 하늘의 해가 중천에 멈추러 서기도 하는 이런 이야기는
모두가 전능자의 함께하신 증거랍니다.
또 이들이 스스로 자신들의 처지와 신분을 자각하지 못할까 염려하시어
하나님께서는 시내산 아래에서 새 언약도 맺는답니다.
'하나님 백성이 될 것'
'하나님 명령하신 말씀에 순종할 것'
이것이 그 언약의 내용이었습니다.

이렇게 그들은 가나안에 정착하게 된답니다.
하지만 이들의 행복은 길지 못했습니다.
하나님의 뜻을 바르게 파악하여 순종하는 일에 실패했기 때문이랍니다.
'하나님의 명령하신 말씀을 바르게 이해하여 순종하는 일'
이 '하나님 백성으로서의 의무'를 저버린 것이었습니다.
하나님께서 그토록 싫어하시는 "우상숭배"에 빠졌던 것입니다.

"우상숭배"
창조주께서 아브라함을 부르시고 자기 백성을 세우신 까닭은
암암리에 활동하던 대적자의 준동이
이미 상당 수준을 넘어섰기 때문이기도 할 것입니다.
이것이 지구촌 어느 마을 아브라함에게로 찾아오신 이유일 것입니다.
왜 가나안에 거주하던 토착민을 진멸하라 하신 걸까요?
가나안을 정복하려는 자들에게는 그것이 하나님 약속의 성취이지만
그 땅에 거주하던 토착민 곧 피정복자의 입장으로 본다면
'이스라엘 민족의 도착'은 '하나님의 심판'과도 같습니다.
그들 토착민이 심판받는 이유도 오직 하나랍니다.
"우상숭배"
그런 까닭에 십계명의 최고 중 최고가
바로 "우상숭배"를 금하는 명령이잖아요?
그 밖의 여러 명령도 실상은 우상숭배와 연관되어 있답니다.
살인하는 것이 그렇고,
거짓말하는 행위가 그렇고,
여러 악한 탐심도 그렇습니다.
그리고 아직은 드러나지 않았을지라도
이들의 배후에는 하나님의 대적자가 있답니다.

그러므로 결국 '죄와 관련한 계명'은 실상은
'하나님의 대적자와 싸워야 할 것'을 의미한답니다.
하지만 영적으로 아직 무지한 인류에게는
초등학생과 같은 수준의 제시와 가르침이 먼저 필요했답니다.
[십계명,
하나님 외에 다른 신을 숭배하지 말라는 지상의 명령과,
인류의 마음 밭에 새겨진 양심과 도덕이
하나님의 선하신 뜻에 얼마나 심각하게 차이가 나는지,
인간의 단순한 생활방식에 얼마나 죄의 요소가 많은지를
분명하게 보여주는 기준 계명이다.
율법,
십계명을 포함한 하나님 백성의 생활 규범이다.
이 생활 규범에는 크게 '행동규범'과 '제사 규범'으로 나뉘어 있다.
행동규범으로는 일주일 중 하루는
일상 노역을 쉬며 하나님 섬기는 일에 사용할 것과,
'율법에 엄히 금한 행동을 의도적으로 저지른 자'는
'반드시 죽음으로 갚아야 하는 규범' 등을 기록,
〈*돌로 쳐 죽이는 형벌을 통해 하나님의 백성 자격을 박탈하려는 수단〉
그 외 수많은 죄의 현상과
그 죄가 어떻게 유발되었는지를 알게 하는 가르침들이다.
이 다양한 행동규범의 꼭대기에 십계명이 있다.
제사 규범이란,
하나님의 백성이 실수로 죄를 범하였을 때
이 죄를 씻어서 하나님과 다시 화목하게 하는 방법에 대한 기록이다.
여기에는 다양한 제사의 방법이 있지만 요약해 보면,
사람이 죄를 지으면 하나님과 원수가 되므로

우선은 그 '죄를 씻는 제사'를 드려야 하고,
다음으로는 '하나님과의 관계를 회복하게 하는 제사'도 드려야 한다.
또 사람의 죄는 죄를 지은 사람으로 인하여
그 '죄가 인간 밖의 만물에로까지도 전가'된다는 사실도 분명히 보여준다.
따라서 때로는 사물을 정결하게 할 필요도 생긴다.
그래서 성소와 그 안의 기물도
정결하게 하는 방법(일종의 제사법)이 필요하다.
그러므로 모든 죄는 심판의 대상이 된다.]
보이시지요?
우리는 때로는 율법이 어떤 의미인지조차 잘 모르기도 하지요?
율법이란 십계명을 포함한 생활 규범과 제사 규범을 말합니다.
반드시 죽임을 당해 자기 백성에게서 끊어져야 할 계명과 그 죄가 있고,
그렇지 않은 죄를 지어서 제사법으로 씻어야 할 죄도 있답니다.
그때나 지금이나 하나님에게서 끊어진 자의 비참은
이루 말할 수 없답니다.
또 율법을 바르게 이해하지 못하면,
때로는 성도가 주 예수의 가르침에 순종하여
지키며 따르는 일조차 불필요하다고 말할 수 있게 된답니다.
율법의 힘과 기능과 능력은 지금도 여전히 살아 작동하고 있지만,
성도는 주 예수로 말미암아
율법의 여러 요구가 충족되었다는 점만 다르답니다.
이런 관계를 바르게 이해하는 일이 매우 중요하답니다.
신천지 등 이단도 구약을 바르게 이해하지 못해서 생겨났잖아요?
반면에 만일 저 율법의 가르침이 오늘 우리의 시대까지 전해지지 못했다면
우리는 죄가 무엇인지 죄의 범주가 어떠한지 죄의 크기가 왜 다른지
이런 일을 이해하기가 얼마나 더 어려웠을까요?

가나안의 하나님 백성은 기어이 우상숭배에 빠졌답니다.
민족 전체에 곰팡이가 피듯 깊이 스며들었답니다.
토착민을 진멸하라는 명령을 철저하게 이행하지 않았고
정착 이후 점차 그들과 어울려 함께 생활한 결과랍니다.
돌이킬 수 없는 우상숭배에 빠졌다는 것이 무슨 뜻입니까?
그들이 '하나님의 대적자가 되었다는 의미'입니다!
그러므로 주께서 미리 모세를 통해 경고하신 대로
또다시 "자기 백성"을 심판하셨습니다.
그들이 다시 노예의 신분으로 바벨론에 끌려가도록 두신 것입니다.
이 무서운 심판이 초읽기에 들어간 어느 시점에
주는 선지자 이사야를 찾으신답니다!

'기록 방법'의 발전!
'문서 작성과 보관 기술'의 발전!
만일 이것이 없었다면
이사야를 통해 '선포하시는 수많은 창조주의 언어'가
온전히 우리에게로 전달될 수 있었을까요?
그 양도 많거니와
생생한 대화 속 '언어 의미 의미가, 그 깊이가' 이전과는 사뭇 다르답니다.
그래서 이것이 선지자 '이사야 시대의 또 다른 특징'이 된답니다.
모세가 전하던 율법의 크기만큼이나
이사야 한 선지자를 통해 주께서는 많은 것을 전달하신답니다.
이는 구원에 필요한 아주 아주 핵심적인 내용들입니다.
그 중요도가 율법 전체를 훨씬 뛰어넘는답니다.
그러므로 이사야, 이사야서의 존재는

성경 기록의 중앙지점
인류 구원 역사의 중간지점 그 언저리 어딘가로 보인답니다!
⟨*물론 우리 주의 탄생이 역사의 정점이지요?⟩

이사야는 "하나님의 백성인 이스라엘의 선지자"입니다.
이사야는 기원전 740년부터 700년경까지 활동을 했답니다.
시기는 유다 왕 웃시야, 요담 아하스 히스기야 왕까지입니다.
⟨*포로 이전의 남 왕국은 유다, 포로 귀환 후에는 유대라 부름⟩
이사야서는 전반부와 후반부로 나뉜답니다.
1장부터 39장까지가 전반부이고 이후의 27장이 후반부입니다.
전반부는 주로 심판을 선포하는 내용인데
후반부는 은혜와 복음의 예언이 가득 나옵니다.
절묘하게도 성경의 구약 39권과 신약 27권의 구성과 같은 구조이지요?
이사야의 중간 부분인 이사야 39장 후반에는
유다 땅을 침공했던 산헤립 이야기가 나옵니다.
이 앗수르 왕 산헤립의 유다 히스기아 왕 정벌 이야기는
산헤립의 비문인 라삼 실린더에도 자세히 기록되어 있다고 합니다.
이사야서를 양분하듯 이야기 형식으로 삽입된 이 부분을 기준으로
이전과 이후의 말씀이 확연하게 달라 보인답니다.
복음 시대를 예언하는 뒷부분은 아름답고 활기가 넘친답니다.
이처럼 묘한 배치와 확연하게 달라져 보이는 분위기 때문에
상당수의 성경학자가 이사야서를 짜깁기한 문서라 주장합니다.
모두 하나님의 능력을 경험하지 못했기 때문이겠지요.

파피루스는 고대 나일강 유역에서 자라던 식물인데
이 식물 줄기가 기록을 위한 매개체로 사용되었습니다.

기원전 3,000년 경의 일입니다.
영어 '페이퍼(종이)'란 단어도 이 파피루스에서 유래했다고 하네요.
파피루스로 기록된 고대 문서가 현재에도 다수 보존되고 있답니다.
인류는 인쇄술이 발달하기 전까지는 문서를 보관하기 위해서는
이 파피루스 위에 한 자 한 자 베껴 써야 하였답니다.
성경도 이렇게 베껴 써서 필사본으로 후대에 전달되었지요.
신약 필사본은 18,000여 종이 넘는다고 합니다.
반면에 보존이 극히 어려웠던 구약은
빈약하기 그지없는 소수만 남아있다고 하는군요.

현존하는 구약의 사본은 이렇습니다.
'민수기 조각'은 성경 민수기서의 여섯 개 장만 남아있는데
이것은 기원전 7세기 후반경에 작성된 사본이라고 하네요.
다음으로 오래된 것이 소위 '70인 역이라 불리는 사본'입니다.
기원전 250년경 이집트 왕 톨레미가
자신이 자랑하는 알렉산드리아 도서관에 소장할 목적으로
성경에 정통한 학자를 이스라엘 각 지파에서 각각 6명씩 차출하여
히브리어인 구약성경을 헬라어로 번역시켰다고 합니다.
적어도 그 당시에는 신뢰할 만한 구약성경이 여럿 존재했겠지요?
차출된 그들을 72개의 방에 격리하여 가두고
각자에게 할당한 구약의 율법서를 나누어 준 후
이를 독자적으로 번역하게 하였다는군요.
그러므로 후대 사람들이 이를 '70인 역'이라고 부른답니다.
〈*그때 번역한 헬라어 원본이 아니라 그때 만들어진 성경의 사본이 현존〉
그러나 이 70인 역조차도
히브리어 원본을 그대로 히브리어로 필사한 것이 아니잖아요?

히브리어 본문을 당대의 언어인 헬라어로 번역한 성경이잖아요?
〈*그래도 '기원전 250년경에 번역한 구약성경'이 현존하는 것입니다!〉
이밖에 '마소라 본'도 있는데 이것은 AD 6~10세기에 작성한 것입니다.
비록 기원후 수백 년이 지났지만
이 성경은 '히브리어 성경을 히브리어로 필사한 구약성경'이지요.
당시에 검증이 가능한 여러 문헌과
헬라어로 번역된 '70인 역' 등을 참고하여
고대 히브리어에 정통한 자들이 심사숙고하여 만들었답니다.
이는 히브리어 자음에 모음 기호를 추가한 '구약성경 정통 본문'으로
현재 유대교와 기독교가 모두
'이 본문을 표준으로 사용'하고 있다고 하네요.
이후 시대부터는 구약성경에 대한 사본이라고 하면
모두 저 '마소라 원본을 베껴 쓴 것'이라고 합니다.
그 밖에도 AD 930년경의 알레포 사본이 있는데 일부는 소실이 되었고
또 AD 1,008년에 베껴 쓴 '레닌그라드 사본'이 있는데
이것이 현존하는 가장 완전한 구약성경 사본이라고 하는군요.
말하자면 1,008년의 레닌그라드 사본이
전체의 내용이 빠짐없이 필사되어 보존된 구약성경이라는 뜻이 됩니다.
이처럼 한 문서가 긴 역사를 지내며 보존되기란 어렵답니다.
구약성경의 보존은 그 자체가 일종의 기적인 것입니다.
사본이 많기도 하였고 또 일부가 누락이 된 그런 사본들일지라도
이들을 통해 살펴본 구약 전체의 내용은 훼손이나 변형이 없답니다.
필사자가 경외함으로 한자 한 획마다 목욕재계 후에 적었기 때문이지요.
무엇보다 성경은 창조주의 절대적인 보존 및 전달의 간섭이 있었습니다.
그 밖의 어떤 이유로도 이 신비한 보존과 전달 능력을 설명할 수 없답니다.
특히 구약성경은 그 양이 많기도 하고 다양하기도 하잖아요?

이런 상황에서 아주 최근인 1946년 11월에
사해 부근의 쿰란 동굴에서 두루마리 구약 성경책이 발견됩니다.
물론 이 두루마리 성경도 일일이 베껴 쓴 사본이지만
'히브리어로 된 구약성경'이라는 점에서 관심이 클 수밖에 없었지요.
사막에서 생활하는 배두인의 목동(모함메드 에드-디브)이
염소를 찾다가 우연히 발견하였답니다.
이후 1956년까지 인근 11개의 동굴에서
약 900편 이상의 다양한 고대 문서가 발견된답니다.

이 발견은 세계적인 탄성을 불렀는데 왜일까요?
무엇이 그토록 대단한 관심을 불러일으켰을까요?
구약성경 이사야서가 온전한 모습으로 함께 발견되었기 때문입니다.
그 구약성경이 언제 필사되었는지 알고 싶었기 때문이랍니다!
이사야서는 모든 신약성경의 뿌리와도 같답니다.
신약 제자들이 서신서를 쓸 때 거의가 이사야서를 인용했거든요.
〈*예수 주께서 지상 사역하시던 동안에 제자들은 주님의 일들에 대한 예언과 성취를 직접 현장에서 보았고 그런 사실을 전달하려고 그 근거로 당시보다 수백 년 전 시대의 기록인 이사야서를 인용했을 것이 명백합니다. 즉 그 당시의 시각에서 이사야서의 기록이란 적어도 700년 전의 기록인 것입니다. 적어도 그 당시에는 이 700여 년 전의 구약성경을 쉽게 찾아볼 수 있었을 것이라는 뜻입니다. 자기 조상들이 얼마나 성경 보존에 철저하였기 때문입니다.〉
누가 언제 그 구약성경 이사야서를 필사하였을까?
이를 알기 위해 다양한 방법을 사용했다고 합니다.
우선 '방사성 탄소 연대 측정법'을 썼답니다.

과학기술의 발달로 매우 신뢰성이 높았거든요.
그 결과는 놀라웠습니다!
기원전 250년부터 기원전 100년경에 필사한 것으로 나온 것이지요!
이 측정은 수없이 반복되었답니다.
함께 발견된 다른 문서도 마찬가지였습니다.
그리고 최종적으로 이 문서가
기원전 250년 ± 50년에 작성됐다는 결론을 냈답니다.
이것은 이후로 반론의 여지가 없는 정설로 인정되었답니다.

둘째 방법은 고문서학적 분석이랍니다.
'서체의 형태와 필기 스타일'을
'다른 고고학 문서와 비교하는 방법'이 그것이지요.
예를 들면 고어체는 BC 250년에서 BC 150년의 서체이고
하스모니안 서체는 BC 150 ~ BC 30년의 서체이며
헤롯시대 서체는 BC 30 ~ AD 70년
장식 서체는 AD 70 ~ AD 135년이라는 분류를 따르는 방법이지요.
이 방법으로 살펴보아도 '방사선 탄소 측정법'과 동일하였답니다.
함께 발견된 유물들을 비교해 보는 방법도 있는데
기원전 2세기 셀류커스 왕조의 물건이라는 사실까지도 밝혀졌답니다.
이처럼 면밀한 검증 과정을 거친 후에
이 히브리어로 된 이사야서의 사해(쿰란) 사본 작성 연대가
BC 250년 ± 50이라 결론지었고
학자들을 모함한 모든 이들이 일치하게 이런 사실을 인정하게 되었답니다.

그렇다면 도대체 누가 무슨 목적으로
이 이사야 사본을 보관하였던 것일까요?

학자들은 '에세네파(Essenes)라는 유대교 종파'라 지목한답니다.
그들은 유대교의 제사가 헬라 문화에 의해 더럽혀졌다고 생각하여
동굴에서 단체 생활을 하면서
금욕주의와 공동 재산, 정결례를 지키는 생활 속에
영적 순수성을 추구했다고 하는군요.
광야가 비록 고립되고 험난한 공간이지만
영적 훈련 장소로는 적절하다고 여겼는가 봅니다.
이들은 성경 사본을 보관하기 위하여
성경을 항아리에 넣고 아마포로 싼 후
동굴 깊숙한 곳에 숨겨 두었다고 합니다.
쿰란 동굴은 건조하고 통풍이 잘되는 석회암 지대라서
수천 년 동안 고대 문서가 보존되도록 하는
최적의 장소가 되었던 것이랍니다.
이들의 존재나 생활방식에 대한 기록은 요세푸스나 필로 등의
역사학자가 자세히 기록하였으므로 신빙성이 있답니다.

쿰란 사본이 절대 가짜일 수 없는 다른 증거들이 많이 있답니다.
함께 발견된 고문서들이 아주 많기 때문이지요.
공동체 규칙서, 감사 찬송서, 창세 묵시록, 희년서 등이 그것이랍니다.
특이하게 구리 두루마리도 있는데
여기에는 보물의 위치가 표시되어 있답니다.
이들은 이사야서 사본의 진가를 더욱 확고하게 보증한답니다.
〈*저런 유물이 모두 현재 세계 유수 박물관에 보존되어 있음〉

그렇다면 구약 이사야서 쿰란 사본은
후대의 사본과 얼마나 차이가 나는 것일까요?

구약 사본 중 BC 2세기 경의 '사마리아 오경'이 있는데
이는 히브리어 구약이기는 하지만 '모세 오경'이므로
이사야서인 쿰란 사본과 비교해 볼 수가 없겠지요?
그리고 BC 3세기 경의 '70인 역'도 구약 전체를 담은 구약성경이지만
애석하게도 이것은 히브리어 성경을
당대의 언어인 '헬라어'로 번역한 것이기 때문에
글자를 한 자씩 비교하며 살펴보려는 작업은 할 수가 없답니다.
그러므로 쿰란 이사야서 사본은 '마소라 원문'과 비교해야 했습니다.
이 마소라 사본은 약 '800 ~ 1000년'쯤 후대에 작성된 것이잖아요?
작성 시기가 거의 천 년 이상 차이 나는 두 성경을 비교하는 것이지요?
그러나 그 결과는 놀라웠습니다!
둘은 완벽하게 일치했습니다!
가장 큰 차이는 발음하기 쉽게 하려고 후대에 추가한 모음이었습니다.
나머지는 그저 아주 사소한 철자의 누락이 몇 개 발견되기도 했지만
내용과는 전혀 무관한 것이었습니다.
유일하게 몇 단어가 빠진 곳이 있었는데
이사야 53장의 '생명의 빛(the light of life)'이랍니다.
이 작은 구절이 마소라 원본에는 없었답니다.
그러나 문맥으로 볼 때
이 부분은 주의 부활과 승천과 숭배의 의미가 동시에 예언된 곳이어서
저 부분이 없어도 전혀 문제가 되지 않았던 곳입니다.
수천 년을 지내오면서
수많은 사람의 손을 거치며
필사에 필사를 반복하며 전달된 성경이
이토록 완벽하게 일치한다는 사실이 경이롭지 않나요?

또 하나님께서는 마지막 세대를 사는 우리 성도를 위해
수천 년을 쿰란에서 보존하신 성경을 근래에야 발견하게 하신 걸까요?
쿰란의 구약성경 사본의 발견으로 인하여
성경이 얼마나 완벽한 책인지
얼마나 놀라운 내용을 담고 있는지
명백하게 드러났잖아요!
수많은 예언의 말씀이 어떻게 성취되었는지도
세세하게 증명하게도 되었잖아요!
그러므로 이제 우리는 그 이사야서에 언급하신 말씀
"지금, 이 시점에"와
이 말씀 가운데에 숨겨진 속뜻을 찾아가 봅시다!

이사야 53장 5절의 바로 앞에는 이런 말씀이 있습니다.
"At first my people went down to Egypt to live;
lately, Assyria has oppressed them."
(처음에는 내 백성이 거주하기 위해 이집트로 내려갔는데
훗날에는 앗수르 족속이 그들을 핍박하였노라)
(이사야 53장 4절)
이 말씀의 뜻을 제대로 살피기 위해
우리도 이사야와 동시대 사람이 되어봅시다.
그리하여 무엇이 과거의 일이고
무엇이 장래에 대한 예언인지 구별해 봅시다.
"하나님의 백성이 거주"하려고 이집트에 내려갔다고 하십니다.
"거주"하러 갔다는 말씀에 주목해야 합니다.
요셉을 따라 "거주"하려고 이집트로 간 하나님의 백성을
그들은 강제로 노예화하였다는 뜻이잖아요?

이 일은 이사야 시대를 기준으로 과거의 일이지요?
"최근에는 앗시리아 족속이 그들을 핍박하였노라"
"최근"이라 하신 이 말씀은 예언에 속합니다.
이사야 시대에는 아직 일어나지 않은 사건을 말하고 있답니다.
그렇다면 여기서 우리는 이사야 52장 5절의 첫머리
"지금, 오늘에 이르러"
이 말씀의 시점을 대충은 가늠해 볼 수 있겠습니다.
그 시기는 아마도 훗날 바벨론에
포로로 잡혀간 후의 어느 날쯤이 될 것입니다.
얼핏 그 시점 찾기가 막연해 보이기는 하나
역사의 돌고 도는 쳇바퀴 시간표 위에서 찾아본다면
분명히 어느 한 지점을 표시할 수도 있을 것입니다!
이것은 다른 의미로 바꾸어 말한다면
주께서 그 말씀하신 행위까지도
우리는 역사적 한 사건으로까지 인식할 수 있다고 본답니다.
그러므로 이제 저 말씀을
역사적 실존의 일로 인식하고 우리의 이야기를 이어가 봅시다.
우리의 이야기가 거듭될수록
왜 이런 인식이 필요한지가 드러날 것입니다.
이런 수고와 열의는 우리에게 필요하답니다.
그렇다면 이제 아주 빠르게 기억을 되살리려고
에덴에서부터 그 시점까지의 과정을 빠르게 요약해 보겠습니다.

하나님께서 인간을 자유롭게 창조하셨습니다.
에덴에서의 삶이 그것을 증명합니다.
인간은 근본적으로 자유인이어야 하며

그래서 인간에게 가장 소중한 권리가 자유이기도 합니다.
이 천부적인 자유란 하나님의 입장에서조차
인간이 그토록 소중한 이유가 된답니다.
그러나 인류의 조상 아담은
창조주 하나님과 자신과의 근원적 관계를 망각한 탓에
하나님처럼 되고자 욕심을 품었고
부추기는 존재가 있었으므로 이를 핑계 삼아
스스로 크고 돌이킬 수 없는 파멸에 이르렀던 것입니다.
여기 이 일에서도 우리는 주의해야 합니다.
비록 부추기는 자가 있었을지라도
그 반역의 일은 아담과 이브가 행한 것입니다.
그러므로 이들은 하나님의 책망과 심판을 피할 수 없었답니다.
에덴에서 쫓겨난 인류는 하나님의 생명에 이르기 위해
스스로 부단히 노력했을 것입니다.
홍수 이전의 인류가 이들입니다.
왜 이들의 사는 날수가 그리도 길었을까요?
환경적 요인도 있겠으나 오히려 하나님께서 이를 허락하셨을 것입니다.
그들은 긴 세월 동안 살면서
스스로 선한 길을 닦았으리라 추측해 볼 수 있답니다.
아담이 그의 자녀들에게 하나님을 이야기하였겠지요?
하나님의 사랑과 능력과 풍성하심을 이야기하였을 것입니다.
창조 후 맛보았던 환희와 영화롭던 에덴의 삶을 전했을 것입니다.
그의 자손들이 하나님을 탐구하고 찾는 것이 당연해 보이지요?
이 일은 그대로 철학이라는 이름으로 우리 마음에 전해져 내려옵니다.
불교의 참선이나 인도 수도승의 추구가
아스라한 예전 추억을 되찾아 가 보는 행위처럼 보이기 때문입니다.

그러나 결과는 모두에게서 비참하였겠군요.
“산은 산이요 강은 강이로다”
어느 한 사람도 생명의 소식을 전하지 못했으니까요.
실패가 누적되면 시도도 무의미해진답니다.
사람들의 삶은 자연스럽게 일시적 쾌락으로 흐르게 되겠지요?
이것이 ‘사람이 육체로 변한 이유’라고 생각되는군요.
홍수 이전 인류가 세월의 흐름에 따라 점차
육신의 쾌락으로 빠져드는 과정이
이와 같지 않았을까요?
이 말을 바꾸어 보면 적어도 그 이전 초기의 시대에는
사람이 어느 정도는 ‘영적 성향’이 남아있었다는 뜻이겠지요?
홍수 심판의 직전에 창조주께서 한탄하시는 소리를 들어봅시다.
“여호와께서 이르시되
나의 영이 영원히 사람과 함께하지 아니하리니
이는 그들이 육신이 됨이라” (창세기 6장 3절)
결국 창조주의 극심한 진노와 심판의 징벌이 홍수로 임하였고
지구상의 생명마저 인류와 함께 몰살당하였답니다.
말하자면 인류의 첫 번째 시도가 실패한 것입니다.
아직 조금이라도 남아있던 ‘영적 성향’을 힘입어
스스로 하나님을 찾아 구원에 이르려던 수고가
결국 실패한 것이지요.
그리고 인류에게 주어진 두 번째 기회,
노아의 씨로 이어진 아브라함의 후손조차
우상숭배에 빠져 하나님의 심판을 면할 길이 없었으므로,
기어이 바벨론에 포로로 끌려가서
그들의 노예가 되고 말았던 것입니다.

이사야 시대의 일은 아닐지라도,
이사야가 예언하고 있는 '예언적 장래'
그 어느 시점에서 보면,
그 실패가 명백하였고 참담하기 그지없었던 것이지요!
창조주께서 한탄하시는 이유가 이런 것이 아니겠어요?
그런데 이 참담한 순간에 놀라운 반전도 있었습니다!

"And now what do I have here?" declares the Lord.
("그런데 지금 여기에 이르러!
내가 얻은 것이 무엇이뇨!!!")
하나님께서 이렇게 선언하시는 이유를 생각해 봅시다!!!
인류는 연이은 실패만 거듭했는데,
하나님께서 직접 이 땅에 오셔서 자기 백성과 함께하기까지 하셨는데,
그런 후 결과에서까지 실패로 끝났다는 것이잖아요!
그 지점에서 창조주께서 얻은 것이 없다는 뜻이잖아요!
그런데 잠깐!
인류의 대표라 할 이스라엘 하나님의 백성이
바벨론에 노예로 끌려가는 심판까지 받았는데,
그런 인류가 하나님을 위해 무엇을 더 할 수 있으리오!
그럼에도 불구하고 저렇게 분노하시듯 선포하시는 말씀은
오직 인간만을 향한 책망일까요?
인간의 입장으로 본다면
저 선언의 시점조차 그 대상조차 모호하기만 하잖아요?
또 다른 제 삼의 존재가 있을 것이라는 생각이 들지는 않는가요?
만일 있다면 그는 대적자 사탄이겠지요!

2. 종일 고통받으시는 창조주

"And now what do I have here?" declares the Lord.
"For my people have been taken away for nothing,
and those who rule them mock,"
declares the Lord.
"And all day long
my name is constantly blasphemed."
("지금, 여기에 이르러 내가 얻은 것은 무엇이란 말이냐?"
"왜냐하면"
주께서 선언하신다.
"내 백성이 대가 없이 팔려 갔는데
그들을 지배하는 자들은 조롱하도다"
"내 성호를 종일 더럽히도다!") (이사야 52장 5절)

하나님의 일을 이해하려면
반드시 '두 가지를 구분하여 이해하는 지식'이 필요하답니다.
하나는 '창조주의 전능하심을 이해하는 것'입니다.
에덴동산에서 처음 문제가 생겼을 때
전능하신 이는 영원으로 흐르던 시계가 멈추고
유한으로 향하는 시계가 작동한 사실을 아셨을 것입니다.
그 유한의 시계가
다시 영원으로 흐르기 전까지
마치 보 안에 갇힌 물과도 같은 시간을
수억만 수억 경 가로세로 다면 큐브를 돌리며

어마어마하게 얽혀버린 큐브를 풀어내듯,
그렇게 그것을 인류의 시간표로 풀어놓으셨을 것 같습니다.
장차 인류의 역사가 될 시간표 말입니다.
그리고 나서야 주께서는 그곳 에덴에서
아담에게 양의 가죽으로 옷을 지어 입히셨고
죄로 수치스러운 아담의 치부를 가리게도 하셨을 것입니다.
이 짐승의 가죽옷으로 인류 구원의 힌트로 삼으셨을 것입니다.
이것이 전능자의 전능하신 한 면목이 아닐까요?

또 다른 한 가지는
이 놀라운 구원의 일을
자신이 그토록 아끼고 사랑하는 대상 인간에게
'자신이 하고자 하시는 바를 이해시키려는 일'이겠지요?
이 일도 먼저의 경우처럼
길고 긴 세월을 분초 단위로 쪼개는 것처럼 어렵겠지요?
'창조주와 피조물 간의 간격만큼 둘 사이에 장애물'이 있잖아요?
이런 간격이라면 눈높이 교육이란 가능하기나 할까요?
어마어마한 사랑의 힘이 아니라면 상상조차 못 할 일일 것입니다.
뭔가 짚이는 바가 이야기 중에 드러나지요?
두 번째의 그 일의 의미란
전능자께서 '분초 단위'로
'인류의 삶에 개입하시는 것'이어야 한답니다.
그것도 지극한 애정으로 말이지요.
즉 이렇게라도 개입하시어서
기어이 이들을 구원하시고자 하시는
'창조주 하나님의 자기표현'과 같은 거겠지요.

장애물은 또 있습니다.
인생은 너무 짧아서 쉬 사라지는 안개와 같았으므로
저 길고 긴 세월 간의 이야기를 어찌, 어찌 담아 전달한단 말입니까!
어쩌면 이런 이유로
성경에는 시기적 길이가 제법 긴 이야기들이 담기는 것이겠지요?
실낙원 후의 이야기들이 그렇잖아요?
홍수 심판 후의 이야기도 마찬가지잖아요?
이집트를 벗어난 가나안 백성 이야기도 이런 유형입니다.
바벨론 노예들의 이야기나 그 후의 이야기도 그렇습니다.
이들 이야기에는 언제나 창조주 하나님 이야기가 있잖아요?
그분의 사랑과 분노가 표현되기도 하고
그분의 요구가 드러나기도 하잖아요?
이 길고 긴 이야기들 속에서
우리는 우리 인간의 실패를 보았잖아요?
인간이 추구하려는 모든 방법에 대해 기회가 제공되는데도 불구하고
반복해서 실패하는 모습을 보았잖아요?
하지만 기이하게도 그분 사랑의 수고가
어디 어느 지점에서 결단코 끝나지 않는다는 사실도 동시에 보잖아요?
아니 아니지요.
창조주의 의도와 그에 대한 노력, 그리고 인간을 향한 사랑이
이야기가 진행될수록 점점 커지고 구체화하여 드러나 다가오지 않나요?
처음에는 작은 상징처럼 양의 가죽을 벗겨 아담에게 입히시더니
모세의 때에는 친히 자기 백성에게 찾아오셔서 그들과 함께 거하셨답니다.
그때 모세와 자기 백성에게는
'아벨의 제사'나 '노아의 방주' 같은 상징물이 아니라
'정결한 짐승의 피를 통해 제사하는 법'을 주셨잖아요?

하나님과 함께 생활하는 방안을 열어주신 거잖아요?
'죄의 문제와 그 해결 방안'에 대하여
구체적인 길과 방법을 제시하신 거잖아요?
이전보다 명백하고 이전보다 구체화하고 이전보다 친근하지요?
죄가 죄를 낳는 악순환의 인간에게
죄와 선을 구분하게 할 기준이 될 '십계명'도 주셨잖아요?
갈 바를 알지 못하는 존재에게
손에 닿을 만큼 가깝고 확실하게 삶의 방위를 알려주시는 것이잖아요?
십계명과 계명을 받았으므로 창세 이후 처음으로 인류는
'죄의 방위표'를 얻었던 것이랍니다.
모세 이후로 세월은 무수히 흐르고 흘렀지요?
인간은 언제나 자기 방법을 찾았고
창조주는 언제나 인간의 방법을 지켜보시며
실패할 때마다 가만히 새 방법을 주셨잖아요?
수천 년에 걸친 수다한 노력이 모두 실패한 후에야
이제야 새롭고 획기적인 '구원의 새길'이 드러났던 것이잖아요!
기막힐 새 길을 창조주께서 예비하셨다는 사실을 알게 되었잖아요?
그리고 마침내 그것을 알게 해 준 큰 공로자 중 하나가
긴 이야기를 고스란히 담아서 전달해 준 성경이 되는 거잖아요?
이것이 바로 길고 긴 시간의 이야기, 성경 속 긴 이야기,
시간의 장애를 극복하시려는 창조주 하나님의 인내 이야기랍니다.

기다리시던 때를, 때에 맞추어 찾아오시는 이야기도 있습니다.
인류 기술이 종이를 생산하기 시작하고
인류 지식이 글자를 거기 적기 시작하여
이전보다 더 정확하게

이전보다 더 오랫동안
글자 한 자라도 틀림이 없이
후세대에 전달할 수 있게 되었을 때,
창조주께서는 선지자 이사야를 찾으셨으므로
빽빽한 구름에서 소나기가 쏟아지듯,
오랜 가뭄으로 숨 막히던 땅에 단비가 내리듯,
하나님 예언의 말씀이 인류에게로 전달될 수 있었을 것입니다.
그동안 참고 또 참으셨던 그분의 애정이 쏟아지듯 내렸답니다.
푸르른 강물처럼 넘실대며 흘렀답니다.
그런 연후에 이제야 너무나 분명하고도 뚜렷하게
창조주의 거룩하신 뜻이 세상에 밝히 드러날 수 있었답니다.
그래서 우리는 알게 되었습니다.
하나님의 구원에 대한 수고가 얼마나 크신지를,
그의 구원을 위한 계획이 얼마나 깊고 치밀하신지를,
그가 얼마나 이를 위해 참으셨는지를,
그가 얼마나 이를 위해 수많은 아픔을 견뎌오셨는지를,
이제야 분명히 알게 되었답니다.
하나님의 인간에 대한 사랑의 배려를 온전히 볼 수 있었던 것입니다.
하나님의 뜻을 비로소 알게 되었던 것입니다.
이것이 봄이 오듯 때에 맞게 찾아오신 그분 구애의 이야기랍니다.
봄이 오듯 사람에게로 찾아오시는 창조주 이야기입니다.

그러므로 주는
이사야 선지자를 통해 이렇게 권하십니다.
“오라 우리가 서로 변론하자
너희 죄가 주홍 같을지라도 눈과 같이 희어질 것이요,

진홍같이 붉을지라도 양털같이 되리라(사 1:18)"
하나님을 찾는 자,
하나님의 사랑을 갈구하는 자,
그의 도우심을 바라는 자,
나는 누구이며 왜 사는지를 알고자 하는 자,
이들은 성경의 이야기 속에서 하나님의 부르심을 듣습니다.
노아의 방주 이야기가 가슴을 뛰게 하지 않던가요?
아브라함과 이삭과 야곱의 이야기에 끌리는 매력이 있었지요?
여호수아나 다윗의 이야기가 마음을 기쁘게 하였지요?
그리고 마침내 이사야의 이야기에 다다르게 되면
우리는 하나님의 변론까지도 이해하게 되잖아요?
하나님의 처지를 다소나마 체득하는 자가 되었다는 의미랍니다.
이런 이해가 우리로 하여금 그에게로 나아갈 수 있게 한답니다.
이런 이해로 우리는 그분 앞에 겸손히 무릎을 꿇는답니다.
우리의 악함을 깨닫기에,
우리의 약함을 알기에,
우리의 무력함을 보았기에,
아, 무엇보다도, 무엇보다도 더욱,
우리의 생명을 그분 없이는 정의할 수 없기에,
그분이 주신 것 생명으로 인한 모두가
우리에게 너무나도 아름답고 황홀하게 좋기에,
아, 무엇보다도, 무엇보다도 그분의 수고로우신 사랑을 보았기에
그분께 나아가 화해를 청한답니다.
도와주시기를 구한답니다.
이것이 그분이 우리에게
"오라 우리가 서로 변론하자"

말씀하시는 속뜻이랍니다.

이제 "값없이(taken away for nothing)에 대해 살펴봅시다.
하나님의 백성 이스라엘이 바벨론에 포로가 되어 끌려간 까닭은
"우상숭배"로 인한 하나님의 심판이었습니다.
그러나 그들은 여전히 하나님의 백성이었습니다.
그런데 정작 끌려간 그들은
하나님께서 자기들을 영원히 버리셨다고 생각했던 모양입니다.
이런 이들을 책망하시는 말씀이
이사야 50장 초반부에 이렇게 적혀있습니다.

"Where is your mother's certificate of divorce
with which I sent her away?
Or to which of my creditors did I sell you?"
(너희 어미의 이혼증서가 어디 있느뇨?
무슨 증서로 네 어미를 멀리 쫓아 보냈단 말이더냐?
어떤 채권자에게 팔았더란 말이더냐?) (이사야 50장 1절)
하나님께서는 자기 백성의 우상숭배로 진노하셨지만
그들을 바벨론에 판 것은 아니었다고 하십니다!
굳이 이 현상을 "팔았다"라는 표현에 대입시키려면
"값없이 팔렸다"라고 해야만 맞겠습니다.
그런데 그곳 바벨론 땅에서 기이한 현상이 생겼답니다.
그들이 이 포로들을 괴롭게 할 뿐만이 아니었답니다!
그들이 이들의 노동력만 탈취할 뿐 아니라
이들에게 정신적 고통까지도 더하게 하려고,
이들을 통해 자신들의 우월감을 더욱 높여 보려고,

"조롱(mock)"까지 하였던 것입니다!
고대 부족 사이의 전쟁은 신들의 전쟁이기도 하였답니다.
이들은 신들이 전쟁에서 서로 힘을 겨룬다고 믿었던 것이랍니다.
그들 믿음은 옳은 것일까요?
지금 과학의 시대 사람이라면 코웃음을 치겠지요?
하지만 성도는 영의 세계를 믿지요?
만일 혼탁한 영의 세계가 정말 있다면
그 세계도 인간 세계처럼 힘의 논리가 존재하리라 여겨지잖아요?
바벨론 시대에도 그랬나 봅니다.
그래서 그들이 유다의 신을 조롱하였나 봅니다.
그러나 창조주는 다른 피조물과는 다릅니다.
그는 지극히 높으시고 홀로 찬양받으시기에 합당하신
유일하신 하나님이십니다.
그가 다음과 같이 말씀하십니다.

"I am the Lord; that is my name!
I will not yield my glory to another
or my praise to idols.
See, the former things have taken place,
and new things I declare;"
(나는 주라, 이는 곧 나의 이름이니
나는 내 영광을 다른 이에게 주지 않을 것이며
나의 찬송을 우상에게 주지 않을지니라
보라, 이전 일들이 성취되었느니라
이제 내가 새 일을 선포하노라) (이사야 42장 8절)
십계명에는 자기 백성이 하지 말아야 할 중요한 계명이 있습니다.

"여호와의 이름을 망령되이 일컫지 말라"
십계명의 제1과 제2가 우상숭배를 금하는 명령이고
제3의 계명이 이 계명입니다.
창조주의 성호를 함부로 입에 올려서는 안 된다는 명령이랍니다.
지금 저 먼 이국땅 바벨론에서
하나님 백성이 조롱당하고 있었습니다.
그들이 조롱당하는 이유는 그들이 전쟁에서 졌기 때문입니다.
바벨론의 다스리는 자들은 저 비난 행위를 습관에 따라 행했을지 모릅니다.
그러나 이 행동이 매우 치명적인 이유는
저들의 생각 속에 신의 존재가 들어 있었기 때문일 것입니다.
하나님의 성호가 더럽혀지는 이유입니다.
전능자께서 종일 고통당하시는 또 다른 이유가 됩니다.
그렇다면 이제 성도가 된 우리도 잠시 생각해 봅시다.
지금, 이 순간에도
성도에게는 하나님 백성으로서의 전쟁이 있으니까요.
우리는 과연 무엇으로 창조주를 기쁘시게 할까요?
'오직 믿음'이 그것이겠지요?
우리의 믿음이 하나님을 기쁘시게 합니다.
그 이유를 보다 자세히 살펴봅시다.

"You will keep in perfect peace
those whose minds are steadfast,
because they trust in you"
(주께서 심지가 견고한 자를
평강에 평강으로 지키시리니
이는 그가 주를 의뢰함이라) (이사야 26장 3절)

'심지가 견고한 자?'
어떤 사람을 말하는 것일까요?
나는 그런 사람에 속하는 걸까요?
아마도 '하나님의 마음에 합한 자' 다윗은 그런 사람일 겁니다.
확실히 그는 그렇겠지요?
다윗의 어떤 모습이 그런 사실을 보여줄 수 있을까요?
다윗의 시를 살펴봅시다.
"여호와여 내가 수척하였사오니 긍휼히 여기소서
여호와여 나의 뼈가 떨리오니 나를 고치소서
나의 영혼도 심히 떨리나이다 여호와여 어느 때까지니이까
여호와여 돌아와 나의 영혼을 건지시며
주의 인자하심을 인하여 나를 구원하소서"(시편 6편 2~ 4절)
다윗의 처지를 보세요.
"내 영혼도 심히 떨리나이다!"
뼈가 떨리며 영혼도 심히 떨리는 상황이랍니다.
하나님과의 관계 회복조차 염려될 지경일 것입니다.
하나님께서 영영 나를 버리셨는가?
나는 이제 이걸로 끝장일 수도 있겠구나!
이런 염려까지도 엄습하고 있다는 의미일 것입니다.
생각해 봅시다.
다윗의 죄악이 얼마나 크고 중하였던가요!
남의 아내 밧세바를 범하였고
그 죄도 크고 무서운데 그것을 숨기려고
밧세바의 남편이며 자신의 가장 충직한 장군 우리야를 죽였으니
이 죄악이 어찌 작겠습니까?

그러나 그는 믿었답니다.
그의 믿음은 '창조주를 아는 지식에서 나온 것'이랍니다.
조상, 선배에게서 들어서도 알았고 자기의 경험으로도 알았습니다.
인격적으로 어떤 분이신지 정확하게 알았다는 뜻이지요.
만일 진심으로 회개하고 주 앞에 나아간다면?
주는 나를 반드시 용서하신다!
주는 우리의 연약함을 아시고 너그럽게 돌이키시리라!
하늘의 해와 별들이 다 사라질지라도
그분의 약속은 변하지 않으신다!
아니, 그분이 나를 받아주지 않으실지라도
그분 외에 내게는 의지할 이가 달리 없노라!
주 예수의 십자가 피 값은 우리 인간의
그 어떤 죄악보다도 비교할 수 없이 크고 값지다!
이것이 바로 우리가 지녀야 할 하나님께 대한 신뢰가 아닐까요?
이것이 바로 다윗이 보였던 하나님께 대한 믿음이 아니었을까요?
이런 믿음은 단순한 지식의 수준을 뛰어넘지요?
예전에는 심지가 견고한 사람이 따로 존재하는 줄 여겼답니다.
그래서 과연 나는 그런 사람일지 아닐지 고민스럽기도 했답니다.
아니었습니다.
그것은 관계였습니다.
새롭게 깨달아 가는 관계였나 봅니다.
믿음으로 더욱 자라가며 선명하게 드러나는 관계인가 봅니다.
어쩌면 부모와 자식의 관계가 그렇듯
하나님과 성도의 관계도 한 번 태어나면
결코 끊으려 해도 끊을 수 없는 관계로 존재하게 되나 봅니다.
아무라도 아무 피조물이라도 끊을 수 없는 그런 관계 말입니다.

왜 그러실까요?
왜 주께서는 우리의 주께로 향한 신뢰를 기뻐하시는 것일까요?

하나님께서는 우리 인간에게 가정을 주셨습니다.
우리의 가정은
모든 피조물 현상 중에서도 가장 잘
삼위일체 하나님을 대변하고 있답니다.
가정이야말로 유일한 사랑과 신뢰의 공동체이기 때문이지요.
성 삼위 하나님은 완전한 사랑과 신뢰의 한 몸이시거든요.
창조주 하나님께서는 여러 가지 신성을 지니셨습니다.
지극히 선하십니다.
온전히 완전하십니다.
온전히 전능하십니다.
그러나 무엇보다 현저한 특징은
세 분의 인격이 완전한 신뢰의 한 몸이십니다.
이것은 완전한 사랑에서만 가능한 현상이랍니다.

우리 가정이 자녀를 낳으면 그 자녀는 부모를 닮겠지요?
자녀가 부모를 닮는 현상은
영적으로도 매우 중요한 분별의 기준이 된답니다.
만약 성도가 하나님의 자녀라면?
당연히 하나님의 성품을 닮아야지요.
성령 하나님의 일하신 결과로 성도는 조금씩 선하여진답니다.
만일 어떤 성도라고 하는 자가
남을 해치려는 술수가 가득하고
자신의 목적을 가로막는 타인을 극히 증오한다면

이 사람은 자신의 본질을 의심해야 합니다.
만일 어떤 성도라는 사람이
생명을 사랑하지 않고 죽이고 파멸하는 일에 흥미를 느낀다면
이 사람은 자신의 본질을 의심해야 합니다.
미워하고 죽이고 파멸하며 분쟁과 문란한 쾌락을 추구하는 일들은 모두
창조주 하나님의 성품에서 비롯한 일이 아니기 때문이지요.
그리고 또 한 가지 특징
그것이 바로 신뢰랍니다.
가족은 믿음으로 세워진 공동체잖아요.
이 신뢰라는 믿음은
본질적으로 모든 사랑의 기초가 된답니다.
사랑이 큰 집이라면
믿음은 그 집의 기초석이어야 한답니다.
모든 바닥 부분에 믿음이 깔려야 하지요.
그리고 이런 품성이 바로 하나님의 품성이랍니다.

우리 매일 사는 삶도 그렇잖나요?
신뢰할 만하기에 우리가 살 수 있는 거잖아요?
사람의 신뢰가 무너지면 그의 삶은 전부가 무너지겠지요?
사고를 만나서 정신적 충격을 받으면
타인의 눈에는 그리 커 보이지 않더라도
당사자는 정신 치료가 필요하다고 합니다.
그래서 온 우주가 충분히 신뢰할 만하도록 조성되었나 봅니다.
우리가 딛고 사는 땅과 올려다보는 하늘도
숨 쉬는 공기도 마시는 물과 떠돌아다니는 바람까지도
살기에 충분하도록 신뢰할 만큼 제공되잖아요?

심한 걱정 안 하고 살잖아요?
왜 그럴까요?
신뢰가 본성이 되시는 하나님께서 지으셨기 때문이랍니다.
이런 본질에 대하여 이사야서 25장에는 이렇게 노래합니다.

"Lord, you are my God;
I will exalt you and praise your name,
for in perfect faithfulness
you have done wonderful things,
things planned long ago."
(주여, 주는 나의 하나님이시오니
내가 주의 이름을 높이고 찬양하리이다.
이는 주께서 그 완전하신 신뢰를 통하여
놀라운 일들을 이루셨으니
곧 옛적부터 계획하신 일들이로소이다) (이사야 25장 1절)

"그 완전하신 신뢰를 통하여(in perfect faithfulness)"
이 부분을 주목해 봅시다.
주께서 놀라운 일들을 행하실 때마다
언제나 "완벽한 믿음"으로 행하셨다는 뜻입니다.
영어 문장을 분해해 보면 이렇게 된답니다.
you have done: 주어 + 현재완료 동사
wonderful things: 목적어
in perfect faithfulness: 부사구 (행위의 방식이나 태도를 설명)
여기 '완전한 신뢰로(in perfect faithfulness)'는 전치사구로,
'일을 마치다 (have done)'이라는 동사 부분을 수식하고 있답니다.

즉, '놀라운 일을 행하신 방식'을 설명하는 '부사구'이지요.
이는 하나님의 행위가
'완전한 신실함에 기반'하였다,
창조주의 본성에서 비롯하였다,
이런 뜻이 된답니다.
히브리어 원문에서도
'신실함과 진실함'이라는 의미의 두 부사어가
동사를 수식하고 있어서
영어 번역과 같다고 합니다.
따라서 이 문장은 이렇게 해석할 수 있습니다:
주께서는 완전한 신실함으로 놀라운 일을 행하셨습니다.
그분의 본성이 이 놀라운 일을 이루게 하신 것입니다.
이런 의미가 된답니다.
또 그러므로 이런 모습을
우리는 창세기 말씀에도 적용할 수 있습니다.
"빛이 있으라!"
주께서 말씀으로 명하실 때
주는 완전한 믿음으로 그 일을 행하셨으며
온 우주에는 빛이 생겨났던 것입니다.

그렇다면 이제 신약의 말씀도 살펴봅시다.
"Now faith is confidence in what we hope for
and assurance about what we do not see."
(믿음은 바라는 것들에 대한 확신이며
우리가 보지 못하는 것의 보증이라) (히브리서 11장 1절)
우리에게 익숙한 히브리서 믿음 구절입니다.

여기 첫 구절이 믿음이 무엇인지를 설명한답니다.
믿음은 '우리가 원하고 바라는 것에 대한 신뢰'라고 말하는군요.
동시에 현재에는 보지 못하지만
'장차 반드시 성취될 것을 보증하는 증서'라고도 하네요.
이 말씀에 따른다면
믿음이란 증권과 같은 거였군요.
운전자가 자동차 보험을 들었습니다.
보험회사가 그에게 증권을 발급해 주었겠지요?
운전자는 그 증권을 보관하면서 운전 중 사고가 나더라도
그 보험회사로부터 약속했던 보상을 받게 되리라 믿겠지요?
같은 방식으로 성도는 이 증권을 하나님께로부터 받았습니다!
하나님의 보증이 도장으로 찍혔답니다.
이 증서는 우선 천국을 보장한답니다.
비록 지금은 눈에 안 보이지만
그 일은 반드시 일어나고야 말 것입니다.
하나님의 다른 약속도 이와 같답니다.
지금 당장에는 눈에 안 보여도 반드시 약속대로 생겨난답니다.
그대로 되고야 말지요.
그분이 창조한 세상이잖아요.
사람은 살면서 땅이 사라질지 하늘이 없어질지
그리 크게 걱정하지 않고 살아가잖아요?
왜 그럴까요?
신뢰가 본성이 되시는 하나님께서 세우신 터이기 때문이 아닐까요?
믿든, 안 믿든, 사람이라면 누구나
그런 본질을 본능적으로 깨달아 알았으므로
은근히 이를 믿고 이에 기대어 살고 있는 것이잖아요?

어떤 사실은 본질을 이해하게 되면
과학이 되어 우리 마음으로 다가온답니다.
히브리서의 이어지는 구절이 이것을 강변합니다.

"by faith we understand that
the universe was formed at God's command,
so that what is seen was not made out of what was visible."
(믿음의 하나님 명령으로 온 우주가 창조된 줄 우리가 알거니와
우리 보는 바의 만물이 보이는 그 어떤 것에서부터 나오지 않았느니라)
(히브리서 11장 3절)
"믿음으로(by faith)"
이 부분의 부사절은 아까의 경우와는 다르게
목적절(that 이하의 절)인 '우주가 하나님의 말씀으로 창조되었다.'
이 부분을 수식하지는 않습니다.
그냥 본 절의 동사인 '알게 된다. (understand)'를 수식하므로
우주가 하나님의 말씀으로 창조되었다는 사실을
우리가 '믿음을 통해서 알 수 있다는 그런 의미가 된답니다.
그런데 우리는 이 말씀의 진실을 아는 방법이 있답니다.
우리에게 믿음이 있기 때문입니다.

히브리서 11장 3절이 강조하는 믿음이란 이런 의미입니다.
우리가 지금 육신의 눈으로 보는 모든 것들이 원래는 없었던 것들이다.
그것들이 모두 하나님의 말씀으로 창조되었기 때문이다.
그 사실이 옳다는 사실은 믿음이라는 눈을 통해서 알 수 있다.
이런 의미이잖아요?
'믿음이라는 눈'

만일 우리에게 영적 믿음의 눈이 있다면 볼 수 있다는 뜻이지요?
그렇다면 이제 그 반대의 상황도 생각하여 봅시다.
우리가 말하는 영적 실상들은 육신의 눈으로는 볼 수 없다.
이런 논리가 생겨나겠잖아요?
이런 이유로 성경에도 '보이는 것을 누가 바라리오'라고 했었지요?
그렇다면 우리가 볼 수 있을 만한 이런 영적 대상들은 언제 생겨났을까요?
에덴동산 시절의 세상에서는 없었던 그 무엇일 것입니다!
이사야의 예언 중에는 이와 관련한 듯 묘한 부분이 있답니다.

"See, I am doing a new thing!
Now it springs up; do you not perceive it?"
(보라, 내가 새 일을 행하리니 이제 나타날 것이라,
너는 모르겠느뇨?) (이사야 43장 19절)
"너는 모르겠느냐? (not perceive it?)"
이 말씀의 뜻은 '감지하지 못하겠느냐?'라고 묻는 것입니다.
비록 예언의 말씀이지만 하나님께서 누군가에게 말씀하시고 계시네요?
누구에게 묻고 계신 걸까요?
새 일을 행하신 후에 그 일로 인하여 영향을 받는 누군가가 대상이겠지요?
"네가 느껴보고 감지해 보아라!
느껴지지 않느냐?"
이렇게 말씀하시고 계시잖아요?
그 '새 일'이 주 예수와 관련한 복음의 일이므로
여기 '너'도 '성도'이어야 한답니다.
과연 저 예언이 선포된 이후에
이전에 없던 무슨 일이 세상에 생겨난 것일까요?
일단 '신뢰'는 아닙니다.

이는 창조주의 본성이므로
창조 시부터 세상과 우주 만물에 가득했을 것입니다.
그러나 복음과 관련한 일들이라면?
그런 일들과 현상들은 의외로 많답니다.
임마누엘 체험이 그렇습니다.
여러 가지 은사도 넘치도록 많습니다.
그렇게 생각하다 보면
우리는 지금 하나님의 말씀으로 새롭게 세상에 드러난,
뜻밖의 특별한 여러 경험을
우리 모두 하였거나, 하는 중이라는 의미가 됩니다!
믿었기 때문에
창조주께서 예언하시고 성취하신 새로운 창조,
그 믿음의 한 열매를
이미 보고 체험하여 알게 된 셈이랍니다.

이어지는 말씀도 봅시다.
"I am making a way in the wilderness
and streams in the wasteland."
(내가 광야에 길을 내겠고
황무지에 시내가 흐르게 하리라) (이사야 42장 19절)
"The wild animals honor me,
the jackals and the owls,
because I provide water in the wilderness
and streams in the wasteland,
to give drink to my people, my chosen,
the people I formed for myself

that they may proclaim my praise."
(자칼과 올빼미 등 야생 동물이 나를 높이게 될 것은
내가 광야에 물을 제공하며
버려진 땅에 시내가 흐르게 할 것이기 때문이로다
내가 이를 나를 위해 지은 내 백성에게 주어 마시게 할 것이므로
그들이 나의 영광을 선포하게 되리라) (이사야 42장 20 ~ 21절)
이제 알 것 같아요.
우리 성도는 모두 광야 메마른 땅에 거칠게 살던
자칼이나 올빼미가 맞겠지요?
그렇다면 우리는 이미 세상이 모르는 물을 마셨잖아요?
그 물을 마신 결과 드러나는 여러 현상을 살아오며 많이도 체험하였잖아요?
우리 영혼이 얼마나 황폐하였는지 기억하시나요?
거기 광야와 황무지로 생명수 시냇물이 흘러왔었잖아요?
이 모든 일들이 주를 믿었으므로 인하여 성취되었던 것입니다.
우리가 수다하게 많은 그 일의 성취를 맛보아 온 것입니다.
온몸과 온 영혼이 이를 체험하였습니다.

믿음이었나 봅니다.
주를 기쁘시게 할 확실한 방법이 이것인가 봅니다.
성도에게 믿음이란 창조주이신 아버지를 닮아가는 길인가 봅니다.
창조주께서 만물에 생명을 불어넣으실 때
완전한 믿음의 토대를 바탕으로 그 일을 하셨으므로,
우리가 만일 우리의 아버지를 온전히 신뢰하게 된다면
그것이 아버지를 꼭 닮은 자녀의 모습일 테이므로,
이 모습을 반기시며 기뻐하시는가 봅니다.
그래서 그런 까닭에 이것을 알게 하시려고

긴 역사를 지내는 동안 끊임이 없이
모든 가정에서 반복적으로
귀한 자녀가 태어나는 것인가 봅니다.
믿음으로 의롭게 되는 원리가
하나님 자신의 본성에 기반한 요구였나 봅니다.
하나님을 기쁘시게 할 성도의 유일한 길인가 봅니다.

하나님께서 종일 고통 받으시는 까닭은
하나님의 성호가 종일 더럽혀지기 때문이랍니다.
하나님의 사랑이 거기 계시기 때문이랍니다.
하나님의 백성이 거기 있었기 때문이랍니다.
하나님의 백성이 믿음이 없으면
언제나 하나님의 이름이 영화롭지 못하답니다.
성도의 믿음은 그래서 중요한가 봅니다.
오직 믿음으로 주를 기쁘시게 하는가 봅니다.
오직 믿음으로 주를 영화롭게 하는가 봅니다.

3. 응답하라, 암흑기 I – 온통 추측

""And now what do I have here?" declares the Lord.
"For my people have been taken away for nothing,
and those who rule them mock,"
declares the Lord.
"And all day long
my name is constantly blasphemed.""
("지금, 여기에 이르러 내가 얻은 것은 무엇이란 말이냐?"
"왜냐하면"
주께서 선언하신다.
"내 백성이 대가 없이 팔려 갔는데 그들을 지배하는
자들은 조롱하도다"
주께서 선언하신다.
"그러므로 내 성호가 끝도 없이 더럽혀지도다.")

"온통 추측"
전부를 추측하였다면
오류가 포함되었을 확률이 매우 높습니다.
오류 가능성이 95% 이상이라 말해도 되겠지요.
창조주에 관한 일도 "온통 추측"에 속합니다.
그러나 그가 계신 것과, 그가 전능하시다는 사실은
0.1%의 오류도 없습니다.
사탄의 존재도 그렇습니다.
"온통 추측"에 속하는 지식이지만

그가 존재한다는 사실은 0.1%의 오류도 없답니다.
성경 기록을 봅시다.
“네가 옛적에 하나님의 동산 에덴에 있어서
각종 보석 곧 홍보석과 황보석과 금강석과 황옥과 홍마노와 창옥과
청보석과 남보석과 홍옥과 황금으로 단장하였음이여
네가 지음을 받던 날에 너를 위하여 소고와 비파가 준비되었도다
너는 기름 부음을 받고 지키는 그룹임이여
내가 너를 세우매 네가 하나님의 성산에 있어서
불타는 돌들 사이에 왕래하였도다
네가 지음을 받던 날로부터 네 모든 길에 완전하더니
마침내 네게서 불의가 드러났도다”
(에스겔 28장 13 ~15절)
그는 매우 특별하게 창조된 존재였기에 온갖 좋은 것을 누리며
창조주의 가까이에서 창조주를 호위하던 천사(그룹)였답니다.
그런 그에게서 불의가 드러났다네요.
무슨 불의일까요?

“You said in your heart, “I will ascend to the heavens;
I will raise my throne above the stars of God;
I will sit enthroned on the mount of assembly,
on the utmost heights of Mount Zaphon.
I will ascend above the tops of the clouds;
I will make myself like the Most High.””
(네가 네 마음에 이르기를
“내가 하늘에 올라 하나님의 뭇별 위에 나의 보좌를 높이리라
내가 북극 집회의 산 위에 좌정하리라

가장 높은 구름에 올라 지극히 높은 자와 비기리라" 하도다)
(이사야 14장 13 ~ 14절)
아마도 사탄은 천사 중에서도 꼭대기 중의 꼭대기였나 봅니다.
그가 노리던 대상이 창조주였으니 말이지요.
그도 스스로 전능자보다 높을 수 없다고는 알았나 봅니다.
하나님과 같이 되고자 했으니까 말이지요.
아마도 저 일은 하나님께서 아담을 지으신 후에 일어났나 봅니다.
에덴동산에서 아담과 하와를 유혹할 때
자신이 품고 있던 이 생각을 이용했으니까 말이지요.
아마도 사탄은 이 기묘한 자기 생각을 떠올린 후에도
이를 즉시 시행한 것은 아니었던 것 같습니다.
은밀히 마음에 품은 그 생각을 시행하기 전까지는
신중하게 상황을 살폈던 것 같습니다.
에덴동산에 있던 선악과와 생명나무 실과에는
어떤 비밀이 담겨 있을지도 조사해 가며 궁리했을 것입니다.
자기 지식뿐 아니라 가능한 여러 통로로 정보를 수집했을 것입니다.
새로 창조된 인류 조상도 빼놓을 수 없는 관심이었을 것입니다.
그의 하나님과의 밀월관계도 관심의 중심이었을 것입니다.
이런 정황을 모두 미루어 볼 때
아담과 이브의 선악과 사건이 생기기 오래전부터
사탄의 마음에는 저 불의가 싹트고 있었다고 보아야 옳겠지요?

역시 "온통 추측"이기는 하지만
몇 가지는 매우 유의미하기도 하겠네요.
첫째는 사탄의 마음에 품은 그 불의한 생각은
비록 전능자의 안테나에 걸려들었을지라도

그 즉시 심판을 받지는 않았을 것이라는 사실입니다.
에덴에서의 선악과 사건은 매우 크고 심각한 일이 맞습니다.
너무 오래된 이야기라 우리에게 전해진 내용은 고작 몇 줄이지만
동산의 가족 모두가 이를 알고 떠들었을 것입니다.
원인과 결과에 대한 추측도 많았겠지요?
사탄은 뱀 족에 속했겠지요?
그의 다른 이름이 옛 뱀 곧 용이니까요?
하나님께서는 아담과 이브와 뱀을 심판하였잖아요?
아담은 땀을 흘려야 했고 이브는 해산의 수고를 해야 했으며
뱀은 흙을 먹으며 배로 기어야 했습니다.
그래서 그때의 이 심판 결과의 모습이 현재 삶에서 드러나잖아요?
하지만 사탄은 심판을 받지 않은 걸까요?
꼬리 자르기에 성공한 것일까요?

둘째로 사탄의 인식에 작은 허점이 있었을 것이라는 추측입니다.
창조주께서 '전능'하시다는 사실에 대한 인식 말입니다.
"전능하시지만 가만히 혼자 생각하는 것도 아실까?"
"전능하시지만 설마 마음에 품은 어떤 생각이야 벌하시겠느냐?"
뭐 이런 의구심이랄까요?
일종의 전능하심에 대한 의심 같은 거잖아요?
조금 더 강도를 높여 볼까요?
"설마 내가 하지도 않았는데 의견을 생각으로 품었다고 벌하실까?"
실제로 사탄은 하나님의 금하신 무슨 일을 하지는 않은 듯 보이지요?
실제로 사탄은 에덴의 심판에서 어떤 책망조차도 듣지 않았답니다.
성경에 이에 대한 아무 기록도 없으니까요.
그 일이 있고 난 후에도 여전히 창조주 가까이에 있었거든요.

반면 인류에게는 선악과를 범한 결과가 비참했답니다.
낙원에서 쫓겨나게 되고 생명줄에서 끊어져 사망에 처한 것입니다.
삶은 시들어 가다 곧 본질인 흙으로 돌아가야 했지요.
자손에게서 자손에게로 이 심판의 벌이 이어져야 했습니다.
생명의 기쁨도 제한되고 축소되었답니다.
이에 반해 사탄은?
창조주의 심판을 잘도 피했지요?
오히려 눈에 가시와도 같았던 인류를
하나님의 사랑으로부터 멀리 추방하였으니
이 얼마나 대단한 성공입니까!

승리를 굳히려면 쐐기를 박아야 하겠지요?
그는 여전히 천상의 천사들에게 영향력이 대단한 존재였으므로
은밀하게 위대하게 거짓의 씨앗도 뿌렸을까요?
지구촌에 흩어져 사는 인류를 은근히 부추기며
여러 종류의 범죄를 저지르도록 유도했을 것 같습니다.
인류에 대한 창조주의 사랑을 훼방할
결정적 한 방을 찾아 동분서주하였을 것 같습니다.
아마도 그 결과가 홍수 이전 세계에서 그토록 유행했던
인간과 천사 사이의 음행일 수도 있겠다는 생각이 든답니다.

지금까지도 온통 추측입니다만
사탄의 행적을 추적하기 위한 우리의 추측을 더 이어가 봅시다.
욥기에는 하나님 가까이에서 욥을 참소하는 사탄의 모습이 나오지요?
사탄은 인류가 하나님 사랑을 받는 모습이 너무너무 싫었던가 봅니다.
홍수의 그 무시무시한 심판을 겪은 후에도

하나님께서 여전히 인간의 좋은 모습에는 특별한 관심을 보이셨거든요.
욥에 대한 칭찬이 그렇잖아요?
사탄의 반응 좀 보세요.
시기하지요?
즉각 이간질하지요?
아주아주 경기를 내잖아요?
오죽하면 그의 '별명'인 사탄, 곧 이간질 하는 자가
이제는 그의 '본명'처럼 되어버렸잖아요.
어쩌면 이런 이유에서 비롯하여서
신약의 많은 부분에서 성도에게 경고하기를
'시기나 질투하지 말라'
'형제를 사랑하라'
이렇게 거듭거듭 권하는가 봅니다.
그러나 이상하지요?
사탄은 시기와 질투로 저렇게 인류를 참소하는데도
여전히 창조주의 옆에 있군요!
그는 아직도 심판받지 않았습니다!
유다서에는 이런 말씀도 있답니다.
"또 자기 지위를 지키지 아니하고 자기 처소를 떠난 천사들을
큰 날의 심판까지 영원한 결박으로 흑암에 가두셨으며"
(유다서 1장 6절)
이 기록은 타락한 천사에 관한 이야기입니다.
흑암의 감옥에 들어간 천사는 여럿이지요?
여기에도 사탄은 포함되지 않아 보이지요?
갇혔다가 다시 놓여난 기록이 없는데도
사탄은 요한계시록의 마지막 때까지 활동한 흔적을 보이잖아요?

성경에는 에덴의 심판 후에 딱 한 번 심판의 장면이 나옵니다.
다니엘의 환상에 보여주는 짐승에 대한 심판의 모습이지요.
심판 모습은 없었을지라도 애굽 신들을 심판하셨다는 기록도 있지요?
이들은 모두 타락한 천사를 심판하셨다는 역사적 증거랍니다.
그러나 "사탄"은 이런 심판까지도 잘도 피했나 봅니다.
여전히 "욥"을 정죄하며 참소하고 있으니까요.

하나님께서 자기 백성을 세우시려고 아브라함을 찾으실 때
세상에는 여러 종류의 우상숭배가 이미 유행하고 있었답니다.
이 우상숭배로 인하여 주는 그들을 심판하시려고
"가나안 백성을 진멸하라" 명령하셨던 거잖아요.
이들 우상의 실체는 무엇일까요?
어떤 우상들을 숭배했던 걸까요?
그 내용을 간략하게 알아보기 위해서
우리는 먼저 인류 문명의 초기 발상지로 가 보아야 하겠네요.

홍수 이후 인류는 벌써 넓게 이동하며 살았나 봅니다.
청동기 시대가 시작되기 이전에
티그리스 유프라테스 강줄기를 따라 이동하며 많은 이들이 살았고
이집트 나일, 인더스, 황하 유역과
기타 지역으로도 이동하였던 것으로 추정된다는군요.
가장 일찍 문명의 꽃을 피운 곳은 역시
티그리스 유프라테스강 인근의 '수메르 문명'이라고 합니다.
이들은 기원전 6,000년 혹은 기원전 5,000년 경부터 출현하여
기원전 3,000년 경에는 하나의 문명으로 발전하였다고 합니다.
역사학자들은 이 수메르 문명을 대충 다음과 같이 나눈답니다.

초기 왕조 시대 : BC 2,900~ 2,350,
아카드 왕조 시대 : BC 2,350 ~ 2150,
우르 제3 왕조 시대 : BC 2,150 ~ 2,000
천년의 시간이 훌쩍 흐르는 모습이네요.
왜 이 수메르 문명이 중요할까요?
이들의 종교의식이 그대로 '고바벨로니아'로 이어지고,
이들의 다신교적 영향이 가나안 우상숭배로 연결되었으며,
이것은 또다시 그대로 '신바벨론' 시대로 전달되었기 때문이지요.
고바빌로니아 왕국은 기원전 2,000년경에
수메르를 정복한 셈족 계통인 '아모리족'에 의하여 세워졌다고 합니다.
이 고대 왕국 바벨론(고바벨로니아)은 다시
기원전 1,600년경에 철제 무기로 무장한 하타이트(헷)족에 의해 무너지지요.
그 후 '앗수르' 지배하에 있던 이들은
기원전 625년에 다시 갈대아인에 의해 정복당하게 된답니다.
이 갈대아인에 의해 세워진 왕국이 바로 신바벨론이랍니다.
유다와 예루살렘을 정복하고 포로로 끌고 간 사람들이지요.
이들은 고바빌로니아 왕국을 계승한다는 의미로
나라의 이름을 '바벨론' 왕국으로 지었다고 하네요.

고바빌로니아의 유명한 유물 중 가장 대표가 되는 것은
기원전 1,790년경에 제정되었다는 '함무라비 법전'이겠지요?
그러나 무엇보다도 우리가 수메르 문명에서 주목할 유적은
'지구라트'이어야 합니다.
'지구라트'는 신과의 접촉을 위한 계단식 플랫폼이었답니다.
이 건축물의 꼭대기에는 작은 신전이 있었고
거기에서 여러 가지 종교의식이 행하여졌다고 합니다.

왜 종교 건물을 이처럼 높게 지었을까요?
바벨탑이 생각나지 않나요?
또 이집트의 피라미드도 계단식 건축인 이 건축물의 동종이라네요.
하늘 신과의 거리를 좁힐 수 있다는 생각에서 그랬겠지요?
지금도 큰 성당이 매우 높게 지어지고 보존되지요?
이런 추구는 어리석기 이를 데 없어 보이잖아요?
바벨탑을 쌓아서 올리는 것이 오히려 하나님을 대적하는 행위가 되잖아요?
그러나 문제는 건물보다 더한 이들의 종교의식에 있었답니다.
이들은 제사 의식을 통해 소 양 등 제물을 바치며
신의 축복을 기원했다고 하네요.
후기에는 극도로 타락하여 인간을 제물로 바치기도 하였다는군요.
또 제사 의식 중에는 신을 찬양하는 노래와 주문을 외웠다고 하네요.
제의가 최고조에 다다르면
신의 대리 격인 여사제와 인간의 대리 격인 왕이나 남성 제사장이
성적 교합도 하였다고 하는군요.
왜 이 일이 중요했을까요?
왕에게 신적 권위를 부여하려는 목적이었답니다.
도시의 번영과 안녕을 기원한다는 의미도 있었다는군요.
그러나 어찌 보면
인류를 홍수 심판으로 멸망시킨 그 예전의 행위(천사와 인간의 교합)가
전승이나 본능(?), 아니면 배후의 어떤 세력(?)에 의해
홍수 후에도 부활했으리라는 느낌이 드는군요.
이 수메르의 고대 건물 가장 높은 곳에는 첨성대가 있어서
이곳에서 별과 행성을 관측하여 농사 시기를 결정하였고
또 이를 신의 뜻을 해석하는 일에도 사용하였답니다.
아주아주 오래된 고대의 이런 일을 어찌 믿을 수 있느냐고요?

신기하게도 이들이 남긴 유물 중에는
수메르 점토판과 설형문자가 있어서
우리가 이야기한 내용들이 생생하게 기록되어 있다고 합니다.
만일 누구든지 이에 대한 사실 여부를 확인하고 싶다면
세계 대형 박물관에 나뉘어 보관 중인 유물을 찾아보시면 된답니다.

신바벨론 왕국은 제2대 왕인 느브갓네살 때 전성기를 누렸으나
벨사살 왕 때 페르시아(아리안족)와 메대(쿠르드족)의 연합군에 무너지잖아요?
벨사살은 나보니두스와 함께 바벨론을 공동으로 통치했었으므로,
다니엘에게 만찬장에 나타난 벽면의 글자를 해석하면
바벨론의 3번째 통치자로 삼겠노라고 약속하기도 했습니다.
이 '신바벨론' 왕국의 2대 왕인 느브갓네살이 유다를 멸망시킨 후
다니엘 등 유대인을 포로로 잡아갔었지요.
신바벨론의 전성기에 이곳은 '세계의 수도'라 불릴 만했다고 하네요.
정치나 경제 과학기술 천문까지도 뛰어났다는데
특별히 갈데아 천문학자들이 작성한 별들의 운행 지도는
지금까지도 천문 연구에 참고할 정도로 뛰어나다고 합니다.
'같은 이름으로 같은 장소에 다시 세워진 바벨론 제국!'
'수메르 문명의 문화와 전통을 이어받은 왕국!'
그러고 보면 이곳 바벨론 땅은
수메르 왕국부터 따진다면
5,000여 년에 이르는 길고 긴 문명의 본거지가 되겠군요.

수메르의 문명은 특별하답니다.
가장 놀라운 것은 '수메르 점토판과 설형문자'일 것입니다.
이것은 세계 최초의 문자 체계로

이때부터 기록 문자가 시작되었음을 알 수 있다고 합니다.
그러나 그보다 더 중요한 사실은
여기 그들 우상 이야기가 생생히 기록되었다는 사실 때문이랍니다.
'신들의 이야기'에는 언제나 신과 인간의 교합 이야기가 있습니다.
수메르에서 시작한 저 이야기 방식은
이후 그리스, 로마의 신화로 이어진답니다.
이들 둘 사이가 아주 똑같지는 않지만,
쌍방 유사점을 증명할 근거는 매우 많답니다.
후대로 이어진 것이 신화뿐일까요?
우상숭배의 방식이나 대상은 더더욱 그러하겠지요?
수메르의 우상과 그 숭배의 행태가 '고바벨로니아'로 이어지고
이것이 가나안을 뒤덮었으며
다시 '신바벨로니아' 및 그리스, 로마와
이후의 시대로 줄기차게 이어져 갔으니까요.
시대에 따라 이름이나 형태가 일부 변하기는 했어도
큰 흐름에서 보면 별로 다를 바가 없어 보인답니다.
그 대강의 모습을 살펴봅시다.

수메르인들이 소위 '지구라트'라는 웅장한 신전에서
숭배하던 대상은 분명했습니다.
여신 '이난나'였지요.
'이난나'를 '아카드어'로 번역하면 '이슈타르'가 되고
'이슈타르'를 페니키아식으로 부르면 '아스타르'가 되며
'아스타르'가 히브리어 성경에서는 '아세라'라 기록되었답니다.
아카드어는 수메르를 정복하여 구바벨로니아 제국을 세운
셈족의 언어이지요.

아카드어는 셈어파 가나안족의 언어이기도 하답니다.
이 언어는 히브리어 모압어 암몬어와 매우 유사하다고 합니다.
그러나 이들 언어는 훗날 그리스 로마어로 신속하게 대체되었답니다.
'하늘 여신'이라 칭하는 이 여신이
가나안과 인근 지역 우상숭배의 중심인 것이 보이지요?
그리고 이런 이곳 가나안 일대 우상숭배 현상의 정점이
가나안 하나님 백성을 노예로 잡아간
바벨론 갈데아 족속에게서 드러나게 되었다는 사실도 기이하지요?
동시에 이런 우상숭배의 시발점이 되는 곳이
수메르 문화를 계승한 '구바벨로니아'라는 사실도 기이하잖아요?
이 여신은 수메르로부터 가나안, 신바벨론, 그리스와 로마에 이르기까지
언제나 사랑, 전쟁, 풍요, 저승, 그리고 권력의 신으로 통했고
그러므로 그를 상징하는 문양도
로제트(장미 매듭), 사자, 별 등이 사용되었다고 하네요.
특히 그리스, 로마 신화에서는
그리스의 아프로디테와 로마의 비너스가 이 여신에 해당하는데
이들을 금성의 신이라고도 불리었다고 합니다.
금성이 이 여신을 상징하는 별이라는 점도 기이하지요?
금성은 아침에 가장 먼저 밝은 빛을 빛내므로 샛별이라고도 불리지만
저녁 석양 무렵에도 보이는 별이므로
사람들이 이를 이중성의 별이라 말하는데
저 여신의 의미와 아주 잘 맞아떨어진다고들 합니다.
성경에서도 금성을 같은 방식으로 표현하잖아요?
빛을 가져오는 천사이지만
동시에 타락한 천사로 묘사되는 이중성을 지니잖아요.
〈*훗날 추가된 대표 여신인 아르테미스는 달의 여신이지요.

그녀는 태양신인 남동생 아폴론과 쌍둥이 여신이랍니다.
큰 낮의 빛인 태양과 작은 밤의 빛인 달의 상징이 이채롭지요?〉

수메르의 우상숭배에서 또 다른 특이점은
제사 의식 절정에 이루어지는 성적 교합이었지요?
이때 사람 왕이 등장하잖아요?
그는 신의 권력을 위임받고자 원했으므로
그 방법으로 신과의 교합을 택했잖아요?
이런 풍습이 훗날 광범위하게 음풍을 유행시킨 계기일 것입니다.
그러나 사람의 능력에는 언제나 한계를 보였겠지요?
더 많은 풍요와 수확은 원하는데
실상은 늘 부족했을 테니까요.
그러므로 상상이 이야기를 낳고
이야기는 또 다른 신을 만들어 숭배의 대상으로 삼았을 것입니다.
그래서 여러 종류의 남신이 등장했을 것입니다.
가장 대표적인 남신이 '바알'이랍니다.
수메르 문화에서도 엔릴, 엔키, 난나 등 남신이 있었답니다.
이난나의 상대 남신인 '드무지드'도 있었는데
이들은 모두 당시 신화에 등장하는 신들의 이름이랍니다.
이후 시대에서는 여신 아스타롯의 상대 남신이 바알로 정해졌는데
왕의 권한이 커진 바벨론의 때에는 이를 '벨'이라고 불렀다고 하는군요.
바알은 폭풍, 비, 천둥의 신이라고 합니다.

"Bel bows down, Nebo stoops low;
their idols are borne by beasts of burden."
(벨은 구푸리고, 느보는 납작 엎드리도다.

그들의 우상이 짐승이 끄는 수레 짐이 되는구나) (이사야 46장 1절)
이 예언은 바벨론의 멸망과 함께 그들의 우상이
짐짝처럼 변하리라는 예언이랍니다.
'짐승의 짐이 되어 실려지게 되리라'
이 표현이 매우 재미있지 않나요?
암시하는 내용도 많고 적절하며 통쾌하지요?
이들은 가나안 남신인 벨을 '마둑'이라고도 불렀다고 하네요.
'세계를 통치하는 나라의 신'이라는 뜻이랍니다.
우리는 '세계를 통치하는 나라'라는 문구를 기억합시다.
알게 모르게 이 언어 속에 자신들의 자부심이 교만으로 담겼답니다.
하지만 그런 그 나라의 우상이 자기 백성을 구하기는커녕
짐승의 짐이 되어 수레에 실린 애물단지가 되리라는 예언이잖아요?
벨, 마르둑, 마루둑이 모두 벨마루둑과 같은 이름의 같은 신이었고
이 이름의 히브리식 발음은 '므로닥(Merodach)'이라고 합니다.
흥미로운 건 '바벨론의 신들'은 '자녀를 출산'했다는 점이겠네요.
므로닥의 아들 신 '느보(나부)가 성경 말씀에도 나오지요?
지혜와 기록, 예언의 신으로 숭배했다고 하네요.
느보는 수성(Mercury)과 동일시하였다는군요.
훗날 그리스의 헤르메스와 로마의 머큐리로 연결된답니다.
그리스, 로마 신화에 신들의 이름이 많기도 하잖아요?
시대가 복잡해지면서 신들의 이야기도 가지를 뻗어내지요?
신화에는 참 다양한 이야기와 많고 많은 신들이 등장하잖아요?
그런데도 '하늘의 여제'가
여전히 이들 숭배의 중심이었다는 사실이 이채롭지요?
특별히 최근인 1902년에는 독일 고고학자 로베르트 콜데바이는
바벨론 성터에서 이슈타르 문을 발견한답니다.

바벨론인들 우상숭배 중심에도 저 '하늘여신'이 있었음을 드러낸 거지요.
수십 미터 높이의 이 개선문은 푸른 유약 벽돌로 장식되어 있었다는군요.
새겨진 문양의 사자는 이슈타르, 용은 마르둑을 상징한다네요.
이 외에도 왕 느브갓네살은 저 여신 우상을 수십 개나 세웠다는군요.
"신화와 끝없는 족보에 몰두하지 말게 하려 함이라
이런 것은 믿음 안에 있는 하나님의 경륜을 이룸보다
도리어 변론을 내는 것이라" (디모데전서 1장 4~ 7절)
신화를 연구하거나,
족보를 연구하거나,
이들 중에 무엇이 사실에 가까운지를 논하거나,
그 각각의 세세한 의미가 무엇인지를 정의하는 등,
이런 수고가 성도의 믿음을 세우지 못한다는 경고이잖아요?
성경에 없는 신화 이야기는 하지 않는 것이 좋겠다는 생각입니다.
우리는 성경에 나오는 우상의 이름이 어디에서 비롯하였는지,
가나안 백성을 파멸시켰던 우상숭배의 대상이 무엇이었는지,
그 원시적 형태가 어디에서 출발하였는지,
시대별 변천 과정은 어떠했는지, 대략 가장 큰 줄기로만 살펴보았답니다.
그리하여 그 결과로 바벨론의 우상숭배는 무엇인지,
그들이 섬기던 신의 존재가 어디에서 왔는지,
그들이 가나안 유다 백성을 조롱할 때 어떤 신이 배경에 있었는지,
대충이라도 가늠해 보고자 하였답니다.
그리고 행여라도 이들의 배후에 영적 다른 존재가 활동했을 가능성을
조금이라도 탐지해 보고자 하였답니다.

4. 응답하라, 암흑기 Ⅱ – 숨바꼭질

““And now what do I have here?” declares the Lord.
“For my people have been taken away for nothing,
and those who rule them mock,”
declares the Lord.
“And all day long
my name is constantly blasphemed.””
(“지금, 여기에 이르러 내가 얻은 것은 무엇이란 말이냐?”
“왜냐하면”
주께서 선언하신다.
“내 백성이 대가 없이 팔려 갔는데 그들을 지배하는
자들은 조롱하도다”
주께서 선언하신다.
“그러므로 내 성호가 끝도 없이 더럽혀지도다.”)

이사야서는 내용상 딱 세 가지로 요약할 수 있다는 생각입니다.
첫째가 타락한 자기 백성에 대한 심판의 예언입니다.
이사야서 전반부 말씀이 대부분 그렇습니다.
둘째가 “우상숭배”를 책망하시는 내용입니다.
세 번째는 물론 우리 주의 탄생으로 말미암는
복음의 새 일에 대한 예언의 말씀이랍니다.
이들 세 가지 중 지금 우리의 관심은 두 번째에 있습니다.
주께서 우상숭배를 책망하시는 말씀을 살펴봅시다.

"It is used as fuel for burning;
some of it he takes and warms himself,
he kindles a fire and bakes bread."
(이는 땔감의 연료로 쓰는 것인데
그중 얼마를 가져다 자신을 덥히고
또 일부를 가져다 불을 피워 빵을 굽노라) (이사야 44장 15절)
이사야 44장 거의 전부가 온통 이와 유사한 설명이지요?
그중에 15절의 말씀은 잘 자란 나무의 일부를 가져와
우상을 만드는 과정을 설명하네요.
"But he also fashions a god and worships it;
he makes an idol and bows down to it."(15절 후반)
(그러나 또 그는 이것으로 신의 형상을 만들고 숭배하도다)
아세라 목상을 만들어 세우고
그것을 신이라 숭배하는 모습을 설명하시지요?
"Half of the wood he burns in the fire;
over it he prepares his meal,
he roasts his meat and eats his fill.
He also warms himself and says,
"Ah! I am warm; I see the fire.""
(절반쯤 나무로 불을 지피고 그 위에 음식을 준비하며
음식을 구워 배를 불린 후 스스로 불을 보며
'저 불을 보라 아하 따뜻하다.' 하는구나.)(16절)
우상을 만들고 남은 나무로는 불을 지피고
하나님께서 주신 지혜로 자연을 이용하여
자신의 필요를 위해 사용하는 모습이지요?
"From the rest he makes a god, his idol;

he bows down to it and worships.
He prays to it and says,
"Save me! You are my god!""
(그 남은 것으로, 자기 우상을 만들어 절하며
'나의 신이시여, 나를 구원하소서' 하도다.
(이사야 44장 17절)
무엇이 저들이 숭배하는 우상일까요?
나무일까요?
나무가 상징하는 다른 무엇일까요?
인간은 왜 이처럼 어리석을까요?
마땅히 섬겨야 할 창조주가 그 마음에 없기 때문이지요?
하지만 어쩌면 말입니다.
은근히 숭배를 받기 위해 부추기는 어떤 존재도 있지 않았을까요?
마치 에덴에서 이브를 부추기던 것처럼 말이지요.
바벨론의 배후에는 과연 어떤 존재가 있었는가?
있었다면 그는 누구인 것일까?
이것이 우리의 관심이랍니다.

"Leave Babylon,
flee from the Babylionians!"
(바벨론을 떠나라,
바벨론 사람들로부터 도망쳐라!) (이사야 48장 : 20절)
이 예언의 말씀은 기이합니다.
이사야가 이 예언을 선포할 당시는
이스라엘이 아직 바벨론에 포로가 되기도 전이거든요.
또 유다의 포로들은 훗날에 예루살렘으로 돌아오지만

그들의 귀환은 도망하여 나온 것이 아니랍니다.
하나님의 허락하심으로 페르시아 왕들이 놓아 보냈던 거랍니다.
유대인 스스로 노력하여 바벨론을 떠난 것은 아니니까요.
그렇다면 저 예언은 누구에게 주시는 말씀일까요?
지금 우리 성도에게 하시는 예언이 아닐까요?
아주 똑같은 말씀이 똑같은 패턴으로 요한계시록에도 나오잖아요?
만일 그렇다면 여기에 사용되는 '바벨론'이라는 용어는
이미 "인류를 사로잡은 악의 존재"에 대한
상징적 의미로 사용되고 있다는 뜻이겠지요?
성도의 싸움은 육신의 싸움이 아니잖아요?
악한 영과 공중의 권세 잡은 자와의 싸움이 분명하잖아요?
악한 세력에 사로잡힌 누군가에게
도망치듯 떠나라는 권고의 말씀이라 해야 맞겠잖아요?
하나님의 권위에 대적하는 존재와 함께 멸망하지 말라는 뜻이잖아요.
하나님의 심판이 내려지기 전에
대적하는 자들과의 관계를 청산하라는 권고랍니다.

성경 예언의 중요한 한 가지 특징이 있답니다.
우선 먼저는 역사적 실존하는 나라나 인물에 대해 예언한답니다.
그러다가 이 대상이 또 다른 예언 대상자의 상징이 된답니다.
그리고 이어서 제2의 대상에 대한 예언으로 계속 이어지게 된답니다.
"상징물을 징검다리 삼아 또 다른 대상에 대한 예언"
성경에 나오는 적그리스도에 대한 예언이 대부분 이런 형태를 취합니다.
물론 복음 시대나 교회가 징검다리 되어 천국으로 이어지는 예언도 그렇습니다.
'바벨론'도 그렇습니다.
우선은 실존했던 그 도시 바벨론의 멸망을 예언한답니다.

그러다가 이 도시는 또 다른 존재의 상징이 되고
이어지는 말씀에서는 상징이 지시하는 자의 미래가 예언되게 됩니다.
이런 관계 때문에 우리는 실존하던 도시뿐 아니라
그 도시가 상징하는 또 다른 존재가 무엇인지도 알아야 한답니다.
그렇다면 바벨론이라는 도시의 배후에는 누가 있는 것일까요?
그 도시가 상징하는 것이 '사탄'이라는 흔적도 찾을 수 있지 않을까요?
우리는 그것을 알고 싶답니다.
이사야서에서도 이런 모습이 드러납니다.
매우 신중하고 면밀하게 살펴보아야 그것이 이해됩니다.
우리는 이들 말씀 속에서 특별히
바벨론을 '외계인의 성'으로 표현한 부분에 주목한답니다.
그 과정을 살펴봅시다.

"You have made the city a heap of rubble,
the fortified town a ruin,
the foreigners' stronghold a city no more;
it will never be rebuilt."
(주께서 그곳을 돌무더기가 되게 하셨으니
난공불락의 성채가 폐허더미로,
외계인의 본거지가 더 이상 성읍이 되지 못하게 하셨으므로
그곳이 다시는 세움을 얻지 못하리라) (이사야 25장 2절)
고대 그리스의 헤로도토스는 바빌론의 성벽을
"세계에서 가장 견고한 성벽"이라 평가했답니다.
바빌론은 두 겹의 성벽으로 둘러싸여 있었고,
그 밖에도 해자(성 외곽의 수로)와 군사 통로가 존재했답니다.
외벽은 두께가 최대 7m 이상, 높이는 15~20m에 달하며,

벽돌과 아스팔트로 견고하게 축조했다네요.
성벽 위에는 전사들이 배치될 수 있는 통로와 망루가 있었고,
공성 무기 방어용 구조물도 많이 있었다고 합니다.
바벨론은 성만 있던 곳이 아니라네요.
성의 안에 한 도시가 함께 있었다는군요.
많은 백성이 거주하는 하나의 도시가
어마어마하게 견고한 성벽으로 보호되고 있었다는 것이지요.
'요새화된 도시(the fortified town)'라는 표현에 딱 들어맞지요?
많은 이들의 생활이 어떻게 이곳에서 가능했을까요?
유프라테스 강이 도시 옆을 관통하여 흘렀기에,
일부 수로는 성내로 유입되어 해자와 연결되었답니다.
이 수로는 방어용 해자, 식수 공급, 농업용 관개,
폐수 처리 등 다목적으로 활용되었고
성읍의 위치나 강과 강의 주변 상황이나 기타 모든 것이
외부 침입을 차단하여 주는 전략적 수단이 되었다고 합니다.
주요 성문은 청동으로 제작된 거대한 문으로,
단단한 구조와 복잡한 잠금장치까지 갖추었답니다.
또 성문 앞에는 외성(outer gate)과 내성(inner gate)이 있어서,
침입자가 한 번에 진입할 수 없도록 설계했다고 하네요.
외벽이 두께가 7m라니요?
높이는 20m라고요?
이런 거대한 성을 짓기가 얼마나 어렵겠어요?
역사적 기념물이라 할 만 하겠네요.
하지만 이런 대단한 요새가 그리 오래 견디지 못했답니다.
그 이유는 바로 하나님 예언의 말씀 때문이었겠지요!

'외계인의 성(the foreigners' stronghold)'
'이방인의 성(the foreigners' stronghold)'
일반적 경우라면 '이방인의 성'이라고 말해야 맞겠군요.
하지만 우리는 하나님의 뜻을 더 깊이 있게 묵상하려고 합니다.
저 이방인이 의미하는 바가 '공중의 권세 잡은 자'일 수 있을까?
이런 의문을 가져 보려는 것이지요.
고대 히브리어에는 현재 우리가 아는 '외계인'의 개념이 없었답니다.
'카이사르'라는 '외계 생명체를 뜻하는 단어'는 신조어라고 하네요.
대신에 '샤마임'이라는 단어가 '천상의' '하늘의'라는 뜻을 지닌답니다.
그러나 일견에도 저 부분에 '천상'이란 단어는 부적절하겠지요?
그러므로 만일 지금 우리가 아는 '외계인'의 개념으로 쓰려고 했어도
당시에는 마땅한 단어가 없었을 것이 분명하지요?
그러므로 여기의 문장에서도 달리 표현할 방도가 없을 터라,
일종의 '상징적' 개념으로 '이방인'이라 적었을 수도 있겠지요?
그래서 우리는 이어지는 말씀에서 이런 의미가 있을지 찾아보려 합니다.
그리고 실제로도 그런 부분이 다수 드러나게 된답니다.
그저 단순한 '이방 민족'의 개념과는 어울리지 않는 부분들 말이지요.
'산고의 고통을 가하는 존재'
'극도의 공포를 유발하는 존재'
단순하게 본다면 이런 표현은 갈대아인이 맞아 보입니다.
그러나 문맥상으로 살펴보았을 때
이 악한 존재가 원초적 악을 의미하는 일반화된 표현이라면?
또 다른 배후의 존재를 암시한다고 보아야 옳겠지요?
과연 그런지 세심한 주의를 기울여 살펴봅시다.
따라서 우리는 감각의 날카로움을 세우기 위해
먼저는 악행의 일반화가 이루어지지 않은 대상,

즉 역사상 존재했던 어떤 나라에 대한 심판의 예언을 먼저 살펴봅시다.
그 말씀은 이사야 21장에 나옵니다.
이사야 21장은 같은 나라 바벨론의 멸망을 예언하고 있습니다.
여기 나오는 바벨론은 악의 대표성이 있는 명칭이 아니라
그저 단순하게 역사상에 존재했던, 유다를 끌고 간 그 나라,
해자와 요새로 건축했던 그 바벨론의 멸망을 예언한답니다.
우리는 이곳 이후에 이어지는 주변국의 심판에도 주목합니다.
이어서는 에돔, 아라비아(21장), 예루살렘의 멸망(22장) 예언과,
두로의 심판(23장) 및 열방 전체(24장)에 대한 심판이 그것입니다.
이 모든 심판에 대한 예언이 있고 난 후에
다시 이어지는 이사야 25장의 바벨론 심판의 예언은
그 자체만 놓고 보아도 이전 심판에 대한 총괄적 성격이 된답니다.
앞의 심판에 대한 심판의 전체를 어우르는 일반화, 보편화가 맞겠지요?
그럼, 먼저 이사야 21장의 바벨론 심판을 봅시다.
이곳의 예언은 유난히 뛰어난 시적 표현으로 쓰여있답니다.

"A prophecy against the Desert by the Sea:
Like whirlwinds sweeping through the southland,
an invader comes from the desert,
from a land of terror."
(바닷가에 선 광야에 대한 예언이라
한 무리 공포의 땅 침략자가 돌풍같이 휘몰아쳐
남쪽에서 오리로다) (이사야 21장 1절)
'바닷가에 선 광야'가 바벨론을 의미한답니다.
원래 바다는 풍요를 상징하는데
비록 바닷가에 자리했을지라도

영적으로는 광야와 같은 불모지인 바벨론을 지칭한답니다.

"A dire vision has been shown to me:
The traitor betrays, the looter takes loot.
Elam, attack! Media, lay siege!
I will bring to an end all the groaning she caused."
(무시무시한 환상이 내게 보이도다
배신자는 배신하고 약탈자는 약탈하도다
엘람이 침공하고 매대는 포위하도다!
나는 그녀가 안겨준 온갖 근심을 끝내리로다) (이사야 21장 2절)
엘람과 매대는 바벨론을 침공한 페르시아 연합군입니다.
이사야 선지자는 장래 바벨론이 무너질 모습을
환상을 통해 보고 있는 것입니다.
"나는 그녀가 ~~끝내리로다"
여기의 나는 선지자 '이사야'이고 그녀는 '바벨론'입니다.
'그녀에게서 비롯한 온갖 근심(all the groaning she caused)'이란?
바벨론으로 인하여 생겨난 자기 백성을 염려하는 마음을 뜻하겠지요?

"At this my body is racked with pain,
pangs seize me, like those of a woman in labor;
I am staggered by what I hear,
I am bewildered by what I see."
(내 몸은 공포에 사로잡혔고
산고 당하는 여인처럼 고통에 붙잡히었도다.
들리는 소리에 내 몸은 휘청거리고
보이는 모습에 혼잡스럽게 되도다) (이사야 21장 3절)

바벨론의 몰락하는 모습이
환상을 통해 바라보는 선지자를 공포스럽게 하고 있지요?
바벨론으로 인하여 생겨난 근심들이 없어질 줄 알았는데
이들이 망하는 모습 때문에 오히려 고통스럽게 되었답니다.
그들 멸망의 현장이 너무도 참혹했기 때문이겠지요?

"Look, here comes a man in a chariot
with a team of horses.
And he gives back the answer:
'Babylon has fallen, has fallen!
All the images of its gods lie shattered on the ground!'"
(보라, 드디어 전차를 탄 이가 무리 진 말을 타고 오도다!
그리고 그가 회신하여 말하기를;
'바벨론이 무너졌도다, 무너지고 말았도다!
모든 신들 우상이 땅바닥에 산산이 부서졌구나') (이사야 21장 9절)
선지자 이사야는 환상 가운데서
파수꾼을 시켜 성루에서 지켜보다가
그 결과를 통보하라 부탁했나 보군요.
"보라, 드디어 도착했다!" 이런 표현이 그것을 암시한답니다.
파수꾼이 전하는 회신을 듣는 장면을 통해 현장 상황을 전하는 거랍니다.
선지자 이사야는 지금 바벨론이 무너지는 현장에 서 있는 거잖아요?
난공불락의 요새 바벨론이 그가 현장에서 보며 전하는 모습으로
장차 그처럼 허무하게 무너지게 된다는 예언인 것이지요.
바벨론을 무너뜨린 메디아는 바벨론의 동쪽 고원지대 사람들이랍니다.
바벨론과 이들 메디아 사이에는 티그리스강이 있었지요.
그런데 성경 예언에는 남쪽에서부터 이들이 온다고 했지요?

아마도 전략적으로 우회하여 남쪽에서 침략한 듯 보입니다.
어쩌면 심판에 대한 강한 이미지를 더 살리려는
시적 표현일 수도 있다고 하네요.
어쨌든 이사야의 예언은 그대로 성취되었답니다.
이사야 21장을 통해 우리도 현장에서 바벨론 멸망을 보았으니까요.
이 부분의 예언은 상징이나 중의적 의미를 거의 포함하지 않은 채
순수하게 그 바벨론의 멸망하는 모습을 보여주었지요?
시적 표현으로 선지자의 환상이 중계되었으니까요.
이제 이사야 25장에 반복되는 같은 예언을 봅시다.
그러나 21장과는 다르게 몇 줄 안에 함축 의미가 담긴답니다.
둘 사이를 비교해 봅시다.

"You have made the city a heap of rubble,
the fortified town a ruin,
the foreigners' stronghold a city no more;
it will never be rebuilt."
(주께서 그곳을 돌무더기가 되게 하셨으니
난공불락의 성채를 폐허더미로,
외계인의 본거지가 더 이상
성읍이 되지 못하게 하셨으므로
그곳이 다시는 세움을 얻지 못하리라) (이사야 25장 2절)
왜 특별히 그 성채에만 다시 세움을 막으실까요?
인류 역사상 이런 사례는 손꼽을 만큼 특별하답니다.
특히 성터에 대한 지적은 찾아보기 어렵답니다.
여리고 성터조차도 아주 못 세운다고 하지는 않았거든요.
또 이 바벨론의 성채는 해자가 있는 성으로 유명합니다.

요한계시록에서는 '바벨론'이라 불리는 음녀를
'물 위에 앉은 자'라고 표현하였잖아요?
'바다 위에 앉은 자'가 아니라 '물 위에 앉은 자'라니요?
방어용 해자로 성 주변에 물이 흐르게 하였고
성안에도 관계용이나 식수 폐수 처리 등을 위해 강물을 끌어들였잖아요?
이사야 25장의 이어지는 다른 구절도 살펴봅시다.

"You have been a refuge for the poor,
a refuge for the needy in their distress,
a shelter from the storm
and a shade from the heat.
For the breath of the ruthless
is like a storm driving against a wall
and like the heat of the desert."
(주는 가난한 자의 피난처였고
극심한 압박 속에서 피할 처소였으며
폭풍을 피할 처소요 살인적 열기로부터 피할 그늘이라.
이는 잔혹 자의 입김이 벽을 때리는 폭풍과도 같고
사막 한낮의 열기와도 같기 때문이라) (이사야 25장 4~ 5절)
"당신은 가난한 자의 피난처가 되셨다."
여기의 당신(You)은 하나님을 지칭합니다.
악한 자의 압제에서 피할 피난처가 오직 하나님이심을 노래하지요?
일순 '악한 자'는 바벨론의 통치자를 의미하지만
'벽을 무색하게 부는 폭풍 혹은 사막의 열기' 같은 잔혹함!
이런 '극한의 폭군'은 단순한 '이방 민족'의 특성과는 안 어울리지요?
메이플라워 호를 타고 처음 아메리카에 도착한 자들은

첫해 겨울나기가 죽음처럼 힘들었답니다.
다음 해의 봄이 왔지만, 그곳 풍토에 맞게 농사지을 수가 없었지요.
그때 그곳 원주민이 옥수수 재배법을 알려주어서
비극적 고비를 넘길 수 있었답니다.
세상에는 선한 이방인도 많았잖아요?
그러므로 모든 잔혹한 악행을 '이방인'으로 일반화시키면 안 되겠지요?
아무리 이사야를 선민의식에 사로잡힌 유대민족이라 인정할지라도

"You silence the uproar of foreigners;
as heat is reduced by the shadow of a cloud,
so the song of the ruthless is stilled."
(주는 이방인의 분노를 잠재우시니
마치 구름 그늘이 태양의 열기를 감해주듯
그렇게 잔혹 자의 노래도 잦아들기 때문이라) (5절)
여기 다시 '이방인의 분노(the uproar of foreigners)'가 나오네요.
"이방인의 분노" "외계인의 분노"
어떤 의미가 더 어울릴까요?
만일 악한 존재를 통칭하는 의미로 쓰였다면?
"외계인의 분노"라고 하는 것이 더 옳아 보인답니다.
지금 저 말씀은 모든 악행과 학대자를 피할 곳은 주님이라는 뜻이잖아요?
만일 굳이 저 악행을 유대민족을 압제하던 이방인으로만 한정한다면?
이어지는 말씀에서 나타나는 일반화된 모습과 매우 모순으로 드러나게 됩니다.
아니 그보다 더 우선으로 모든 이방인이 다 악하지 않잖아요?
또 자기 민족 안에는 그런 종류의 악행은 전혀 없단 말인가요?
유다인은 끌려갔던 곳에서 지금의 교회처럼 보호를 받았나요?
다니엘과 그의 친구들과 또 몇몇은 주의 기적의 보호를 받았지요?

하지만 에스겔서에 드러나듯
선지자에게 묻고자 왔던 많은 유다인은 냉정한 거절을 보았습니다.
이사야가 선포하는 저 예언의 말씀과는 괴리가 많다는 뜻입니다.
이런 이유로 이방인의 압제와 이를 피하려 주께 의지하는 행동들을
바벨론 포로만을 예외적 적용 대상으로 삼지 말아야 한다는 뜻이 됩니다.
세상 모든 압제자와 이를 피하는 자들을 일반화한 표현이라는 것이지요.
그리고 이어지는 절에서 선지자는 '마지막 날의 잔치'를 예언합니다!
고통과 압제를 당한 자들에 대한 보상을 말하는 것이지요!
이런 비약(압제자와 수난자에서부터 곧 이어지는 보상)이란?
이전 부분에서 이미 충분한 일반화가 이루어졌어야 가능하겠지요?
또 바벨론이라는 '이전 상징물이 지시하는 존재'
즉 '사탄'이 명백하게 제시되었기 때문에 가능한 일이 아니겠어요?
왜냐고요?
그래야 우리가 이 말씀이 '사탄'에 대한 예언인 줄 알겠잖아요?
그 악의 세력에 대한 심판의 예언인 줄 이해하겠잖아요?
이어지는 구절을 살펴봅시다.

"On this mountain the Lord Almighty will prepare
a feast of rich food for all peoples,
a banquet of aged wine—
the best of meats and the finest of wines."
(이 산에서 전능자는 모든 민족에게 잔치를 베푸시리니
오래 묵은 포도주의 잔치라
최고의 고기와 최고의 포도주로 베푸는 잔치로다.)(6절)
여기의 '산'은 시온산을 의미한답니다.
세상의 모든 일이 지나가고

천국의 잔치가 그곳에서 열리는 것을 예언하고 있지요?
이런 천국 잔치는 그 대상이 유대인만을 한정하지 않잖아요?
온 세계에서 모여든 하나님의 백성을 위한 잔치니까요.

"On this mountain he will destroy
the shroud that enfolds all peoples,
the sheet that covers all nations;"
(이 산 위에서 주께서는
모든 민족을 휘감고 있던 장막을 파괴하시리니
이는 각 나라를 덮고 있던 큰 보자기라) (7절)
'장막(the shroud)'은 수의를 의미한답니다.
'죽음을 덮는 천'이지요.
'모든 사람과 모든 나라를 덮고 있었다?'
매우 분명하게 일반화된 악의 근원을 지적하잖아요?
바벨론의 멸망에서 시작한 예언이
바벨론이 상징하는 존재의 파멸 예언으로 이어지면서
그 존재가 실상은
'모든 나라와 민족을 죽음의 수의로 덮고 있었다'
'그 수의를 파괴할 것이다.'
이렇게 예언하고 계시는 거랍니다.
이는 명백하게 공중의 권세 잡은 세력의 심판을 말하잖아요?
모든 악한 압제의 근원으로 이것을 지적하는 것이잖아요?
그렇다면 이사야 21절부터 시작된 심판의 과정을
핵심만 짚어 다시 훑어볼 필요가 있겠습니다.
굳이 중복하여 언급하는 이유는
무심한 듯 이어지는 심판의 예언이

실상 내적 흐름으로 서로 밀접하게 연결된다는 사실을 강조하고자 입니다.
우선은 갈대아인의 도시 바벨론의 멸망에서 시작되지요?
그들 멸망의 생생한 현장을 환상으로 보는 거잖아요?
이어지는 예언에는 가나안 주변국들의 심판이 나오지요?
그리고 이런 심판의 결론과 같은 위치에서
다시 바벨론의 심판을 압축하여 예언하였잖아요?
그 성 바벨론을 '이방인의 요새'라고 상징적으로 표현하였잖아요?
바벨론에 형성된 이 강력한 요새를 기초로
이어지는 말씀에서 '이방인의 포학한 압제'를 이야기하였지요?
이런 핍박을 '사막의 열기'로 비유하며 주를 '그늘'로 비유하잖아요?
그리고 마침내 '시온산에서의 축제'를 예언하였지요?
그날에 이르러 주께서는 '민족과 나라를 뒤덮던 수의'를 없앤다지요?
"민족과 나라를 덮고 있던 수의"
이것이 무엇일까요?
앞에서 이야기한 '이방인의 포학한 압제'와 연관이 있잖아요?
사막의 열기와 같이 사람들을 고통과 공포로 몰았잖아요?
그런 까닭에 이를 피할 유일한 곳으로 주의 그늘이 제시되잖아요?
이런 논리적 흐름이 악한 존재의 일반화를 보여주었잖아요?
'바벨론의 강력한 요새'와도 관련이 있잖아요?
가나안 인근의 여러 나라에 대한 심판과도 관련이 있잖아요?
저 수의는 유다를 포함한 모든 민족과 나라를 덮고 있었잖아요?
개별적 심판을 선언한 곳곳에도 이 수의가 영향을 줬잖아요?
이런 까닭에 우리는 이사야 25장 2절에 나오는 "이방인의 요새"를
"외계인의 요새"라고 이해해도 되지 않을까요?

사탄은 언제쯤 하늘에서 쫓겨났을까요?

'온통 추측'이라 엉뚱하기는 하지만 의미가 있지 않을까요?
요한계시록 12장이 이 장면이 나온답니다.
"하늘에 큰 이적이 보이니 해를 옷 입은 한 여자가 있는데
그 발 아래에는 달이 있고 그 머리에는 열두 별의 관을 썼더라
이 여자가 아이를 배어 해산하게 되매 아파서 애를 쓰며 부르짖더라
하늘에 또 다른 이적이 보이니
보라 한 큰 붉은 용이 있어 머리가 일곱이요
뿔이 열이라 그 여러 머리에 일곱 왕관이 있는데
그 꼬리가 하늘의 별 삼분의 일을 끌어다가 땅에 던지더라
용이 해산하려는 여자 앞에서
그가 해산하면 그 아이를 삼키고자 하더니" (요한계시록 12장 1~ 4절)
일단 우선은 이 장면까지만 봅시다.
하늘에 두 가지 큰 이적이 보였다고 말하네요.
앞 장면과 이어지는 장면의
둘 사이의 간격이 얼마나 긴지는 알 수가 없겠습니다만
이 두 이적 사이에 공통부분이 있군요!
큰 용이 하늘의 별 삼분의 일을 땅에 던진 후에
〈*우리는 용이 하늘 별을 던진 동작 후의 시간을 주목합니다.
여자가 해산하려 아파서 애쓰는 모습은
우리 주 예수의 공생애 기간을 표현합니다.〉
그 용이 해산하려는 여자 앞에서
해산하는 아이를 삼키려고 했다는 것이 그것이지요!
그런데 말입니다. 여기에 나오는 '해산하려는 여자'는
시온의 딸 '예루살렘'을 의미하는 것이 분명하답니다.
지금 우리가 일상으로 보고 있는 교회가 바로 이 '예루살렘'이지요.
그가 낳으려고 애쓰는 남자는 누일까요?

그렇지요? 바로 우리 주 예수 그리스도시랍니다!
다음 절도 읽어 봅시다.

"여자가 아들을 낳으니 이는 장차 철장으로 만국을 다스릴 남자라
그 아이를 하나님 앞과 그 보좌 앞으로 올려가더라
그 여자가 광야로 도망하매
거기서 천이백육십 일 동안 그를 양육하기 위하여
하나님께서 예비하신 곳이 있더라" (요한계시록 12장 5~6절)
이제 시간의 흐름이 조금씩 보이지 않나요?
여자는 아이를 낳으려고 하고
용은 그 아이를 삼키려고 하고
그러나 용이 그 아이 삼키기에 실패하므로
아이는 하나님 보좌로 올라가게 되지요?
우리 주 예수께서 지상 사역을 하시는 동안
사탄이 이 일을 망치려고 이리저리 노력한 모습이 보이시나요?
주께서 부활 승천하신 후에
여자가 광야에서 일천이백육십일을 양육 받는다고 하지요?
성경에 명시한 이 기간에는 성도의 보호와 권위가 유지된답니다.
하지만 마지막 때 아주 잠시는
이 권세도 완전히 사라지는 시기가 있답니다.
성도가 성령 충만한 기름으로 준비해야 할 이유이겠지요?
그러므로 지금 성도, 즉 교회는 영적 전쟁을 하는 중이겠지요?
이 전쟁의 상대방 졸개들은 타락한 삼분의 일 하늘 천사이고요,
그 우두머리는 사탄이겠지요?
이제 또 다음의 이야기도 읽어 봅시다.
"하늘에 전쟁이 있으니 미가엘과 그의 사자들이 용과 더불어 싸울새

용과 그의 사자들도 싸우나
이기지 못하여 다시 하늘에서 그들이 있을 곳을 얻지 못한지라
큰 용이 내쫓기니 옛 뱀 곧 마귀라고도 하고 사탄이라고도 하며
온 천하를 꾀는 자라 그가 땅으로 내쫓기니
그의 사자들도 그와 함께 내쫓기니라" (계시록 12장 7~ 9절)

앞부분인 요한계시록 12장 1절부터 6절까지 이야기는
시기를 가늠할 만한 근거와 시간적 흐름이 보였지요?
〈*말씀 중 어느 부분은 긴 역사가 압축되었을 가능성이 있습니다.〉
주께서 지상 사역을 하시던 내용이니까요!
그리고 요한계시록 12장 7절에 '하늘의 전쟁' 이야기가 나오지요?
이제 생각해 봅시다.
비록 '온통 추측'일지라도 우리는 성경 근거를 바탕으로 추측하려고 합니다.
우선 저 이야기가 성립하려면
하늘에서 보였던 두 이적의 발생이 꼭 필요하잖아요?
그래야 두 편이 생기고 그 둘이 싸울 것이니까요!
한 이적은 '여자가 아이를 낳으려는 이적'이고
다른 이적은 '큰 용이 하늘 별 삼분의 일'을 떨어뜨리는 이적이잖아요?
이 둘의 이적은 혹 동시에 발생한 것일 수도 있겠네요.
그러나 "용이 해산하려는 여자 앞에서 아이를 삼키려 하는 모습"은
두 번째인 여자의 이적과 겹친 부분이지요?
만일 이 일보다 이전에 하늘 전쟁이 있어서 두 편이 나뉘었다면?
여자의 낳을 아이를 하늘 군대가 철저하게 지키지 않았을까요?
교회처럼 하나님의 보호가 따르지 않았을까요?
그냥 아무 보호 언급조차 없이
산고의 고통으로 아파서 심히 부르짖었다고만 했을까요?

적군과 아군으로 나뉜 논리와 조금 어긋나 보이지요?
그러므로 이어지는 '하늘의 전쟁'은
이 두 이적의 사건보다는 뒤편에서 발생한다고 이해해야 옳지 않을까요?
만일 그렇다면 사탄이 하늘에서 쫓겨난 시기도
그만큼 훗날로 판단해야 하겠지요?
요한계시록의 이어지는 구절도 살펴봅시다.

"큰 용이 내쫓기니 옛 뱀 곧 마귀라고도 하고
사탄이라고도 하며 온 천하를 꾀는 자라
그가 땅으로 내쫓기니 그의 사자들도 그와 함께 내쫓기니라
내가 또 들으니 하늘에 큰 음성이 있어 이르되
이제 우리 하나님의 구원과 능력과 나라와
또 그의 그리스도의 권세가 나타났으니
우리 형제들을 참소하던 자
곧 우리 하나님 앞에서 밤낮 참소하던 자가 쫓겨났고
또 우리 형제들이 어린 양의 피와 자기들이 증언하는 말씀으로써 그를 이겼으니
그들은 죽기까지 자기들의 생명을 아끼지 아니하였도다
그러므로 하늘과 그 가운데에 거하는 자들은 즐거워하라
그러나 땅과 바다는 화 있을진저
이는 마귀가 자기의 때가 얼마 남지 않은 줄을 알므로
크게 분 내어 너희에게 내려갔음이라 하더라
용이 자기가 땅으로 내쫓긴 것을 보고 남자를 낳은 여자를 박해하는지라"
(요한계시록 9~ 13절)
용이 내쫓기고 나자마자 복음의 기쁜 외침이 울려 퍼지지요?
'주의 구원과 능력과 나라와 그리스도의 권세가 드러났다.'
'형제를 참소하던 자가 쫓겨났다.'

이렇게 큰 소리로 외치잖아요?
쫓겨난 후로는 참소가 아니라 교회를 박해한다고 하였지요?
그 결과 복음으로 사는 자는 복되지만
그렇지 못한 자는 용으로 인한 고통이 더욱 커질 것이라 하였잖아요?
아마 지금은 그 용이 하나님 앞이 아니라
우리 인간의 심령에 대고 속살거리며
우리 죄를 지적하여 사람의 심판자인 양 참소할 것 같습니다.
우리에게 사탄이 땅으로 내쫓긴 시점을 가늠하는 일은 중요하답니다.
하나님께서 한탄하시는 의미를 깊이 있게 이해하기 위해서지요.

'"And now what do I have here?" declares the Lord.'
(지금 여기에 이르러 내가 얻는 것이 무엇이뇨, 주께서 말씀하신다)
이 시점에서 사탄은 창조주께 나아가 자복해야 했을까요?
이제 다시 저 말씀을 듣고 보니
창조주의 분노가 느껴지는 듯합니다.
누군가는 저 물음에 응답해야 할 듯 보입니다!
창조주께서 피조물을 창조하신 목적이 "교제"잖아요!
그러나 인류보다 일찍 창조되었던 천사
그중 저 질문에 답해야 할 것만 같아 보이는 사탄은
자기의 이전 책략의 방식을 고집하며
잠잠이 웅크리고만 있었던 것이겠지요?
하늘에서 쫓겨나기 전의 모습 말입니다.
가만히 속으로만 악한 마음을 숨긴 채
조용히 숨어있는 뱀과 같은 모습이지요.

5. 그들이 알리라

"And now what do I have here?" declares the Lord.
"For my people have been taken away for nothing,
and those who rule them mock,"
declares the Lord.
"And all day long
my name is constantly blasphemed.
Therefore my people will know my name;
therefore in that day they will know
that it is I who foretold it.
Yes, it is I."
"지금, 여기에 이르러 내가 얻은 것은 무엇이란 말이냐?"
"왜냐하면"
주께서 선언하신다.
"내 백성이 대가 없이 팔려 갔는데 그들을 지배하는
자들은 조롱하도다"
주께서 선언하신다.
"나의 성호가 끝없이 욕되도다.
그러므로 내 백성이 나의 이름을 알게 되리니
그날에 누가 이 일을 예언하였는지 알리라
그렇도다, 그가 바로 나니라.")

생명체의 가장 현저한 특징은 무엇일까요?
갈등이 아닐까요?

탄생의 순간부터 생명체는 살기 위해 먹을 것을 갈구합니다.
나무 위 높은 곳 새들의 둥지에서는
갓 태어난 어린 새들의 열렬한 먹이경쟁이 쟁쟁합니다.
바람 소리 거세어도 어미 새 날아드는 소리는 어찌 그리 잘 아는지요!
빨간 입을 크게 벌리고 어서어서 달라고 머리를 흔드는 모습이 아름답습니다.
먹는 기쁨은 너무나 큽니다.
사는 기쁨은 너무나 큽니다.
생명체는 모두가 이 기쁨의 생명을 잃고 싶지 않습니다.
이런 생명의 기쁨은 자유 안에서만 보장이 됩니다.
하지만 시간이라는 굴레가 점차 이 자유를 빼앗습니다.
에덴에서 쫓겨난 후부터 모든 생명체는 이 동일한 아픔을 겪는답니다.
생명의 유한성 때문입니다.
생명을 누리고 싶지만 그걸 누릴 요건이 부족하여 갈등하는 것이겠지요.
"피조물이 다 이제까지 함께 탄식하며
함께 고통하는 것을 우리가 아나니" (로마서 8장 22절)
인류의 죄로 인하여 모든 생명체가 함께 고통을 받는 것입니다.
생명의 환희와 그 누릴 여건 부족으로 인한 갈등
인류가 풀어야 할 영원한 숙제입니다만
이는 애초부터 창조주의 개입이 없이는 불가능한 일이었습니다.

창조주께서 인류를 찾아오신 사건은 놀라운 일이 아닐 수 없습니다!
인류가 다시 실패하여 바벨론의 노예가 된 일은 비극이 아닐 수 없습니다!
그러나 이보다 더 큰 비극은
창조주께서 부르실 때 거기 응답하는 이가 없었다는 사실입니다!
"And now what do I have here?" declares the Lord.
(지금 여기에 이르러 내가 얻는 것이 무엇이뇨, 주께서 말씀하신다)

창조주의 저 한탄스러운 말씀을 감당할 만한 육체가 세상에 어디 있으리오!
더구나 저 말씀의 대상이 딱 자기 백성이라 말하기도 어렵습니다!
그러나!
영적인 의미로 따져본다면
피조물인 인류도 저 말씀에 응답할 의무가 있답니다.
창조주는 오직 교제하시려고 인간을 지으셨으니까요.

"암흑기"
구약과 신약 사이의 약 400년 동안을 의미한답니다.
이 기간에는 선지자의 예언이 없었답니다.
소위 하나님의 백성인 유대인은
페르시아와 그리스(헬라) 그리고 이어서 로마의 지배를 받고 있었답니다.
그동안 그토록 활발하게 예언하던 선지자의 활동도
거짓말처럼 사라졌답니다.
왜 그랬을까요?
구약성경의 완성에 필요한 예언들이 전달되고 드러났기 때문일까요?
그럴 수도 있습니다.
하지만 우리는 이사야서의 예언을 통해
또 다른 이유도 찾아볼 수 있답니다.

"This is what the Lord says:
"Where is your mother's certificate of divorce
with which I sent her away?
Or to which of my creditors
did I sell you?"
(주께서 말씀하시도다

너희 어미를 멀리 떠나보낸 이혼증서가 어디 있느뇨
내가 어느 빚쟁이에게 너를 팔았더란 말이뇨) (이사야 50장 1절)
"Because of your sins you were sold;
because of your transgressions your mother was sent away.
When I came, why was there no one?
When I called, why was there no one to answer?
Was my arm too short to deliver you?""
(너희 죄로 너희가 스스로 팔렸으며
너희의 불법으로 너희 어미가 멀리 끌려갔거늘
내가 다시 돌아왔건만 왜 아무도 없느뇨?
내가 부를 때 왜 아무도 응답하지 않는단 말이뇨?
내 팔이 너희를 구원하기에 너무 짧더란 말이뇨?) (이사야 50장 1~2절)
"Do I lack the strength to rescue you?
By a mere rebuke I dry up the sea,
I turn rivers into a desert;"
(너희를 구원할 능력이 내게 부족하단 말이뇨?
한 번 꾸짖기만 하여도 바다가 마르느니라
강이 변하여 사막이 되게 하느니라) (이사야 50장 2절)

성경 예언이란
장래의 어느 한 시점에 대해 선포하시므로
그 정확한 성취 지점을 단정하기가 곤란스럽습니다.
그러나 어떤 예언이 이미 성취되었다면
그 내용을 바탕으로 성취 해당 지점을 찾아낼 수 있겠지요.
그렇다면 우리도 이사야 50장 2절에서 말씀하시는
'내가 다시 돌아와 부르는데

왜 아무도 대답하지 않느뇨'
이렇게 말씀하시던 그 시점도 대충 추측해 볼 수 있지 않을까요?
내용으로 볼 때 바벨론 포로 이후 어느 때인 것이 분명해 보입니다.
주는 지금 자기 백성의 떠나버린 상황을 한탄하고 계시잖아요?
자기 백성이 하나님 돌아오시기만을 학수고대하고 있기를
은근히 바라셨던 것이겠지요?
왜냐고요?
하나님 자신은 늘 그러시거든요.
어떻게 그것을 아느냐고요?
가정에서도 아이들의 무한한 반항을 보면서
부모는 자녀를 사랑하므로 원하는 대로 방임하기도 하잖아요?
'우상을 섬기는 일을 그토록 원한다면
너의 원대로 해 보아라'
'하나님 섬기는 것과 우상 섬기는 것을 체험으로 비교해 보게 두어라.'
이런 현상이 성경 여러 이야기 속에서 감지가 되잖아요?
가나안의 하나님 백성도 이런 문제에서 결국 넘어졌나 봅니다.
하나님께서 지신들을 영영 버린 것처럼 여겼나 봅니다.
부모와 자식의 관계도 타인처럼 끊어질 수 있을까요?
우리는 이것을 천륜이라 하잖아요?
이것은 오롯이 믿음의 문제일 것입니다.

비록 이사야서가 어려운 예언의 말씀이지만
여기저기 툭 불거지는 한 구절씩의 짜깁기식 전개가 아닙니다.
장래에 대한 예언 말씀이 서로 긴밀하게 연결되어 있답니다.
다만 예언의 특성으로 인하여
그 실현되어 '드러나는 시점이 시대 순서가 아니어서 어려울 따름'이지요.

이사야 50장의 예언도 그렇답니다.
그 내적 흐름을 따라
각 절이 서로가 연결되어 있답니다.
그 전개(이사야 50장)가 이렇습니다.
– 이전 백성의 믿음이 없음을 한탄(50장 1~ 3절),
– 그러므로 장차 드러날 새로운 길이 어떠할지 예언(10~ 11절),
– 새로운 백성의 장래 모습(4~ 9절)
순서가 약간 뒤바뀐 모습이지요?
그러나 믿음이 있는 자들과 그렇지 못한 자들을
대비하듯 순차적으로 나열하는 위의 방식이 오류인 것은 아니잖아요?
먼저 믿음 없는 자들과 믿음 있는 자들을 대비하시고
이어서 새로운 기준이 되는 믿는 자의 처지와 아닌 자의 결국을 말하십니다.
전의 실패를 원인으로 제시하면서 동시에 보다 나은 새 방법을 선포하시지요.
가나안 유대 백성의 신뢰가 없는 것을 지적하시고 한탄하시면서
새 하나님 백성을 부르시기 위한 대원칙 제시함을 의미합니다.
왜 이런 변화가 생겼을까요?
전부터 죽 해오시던 방식이랍니다.
'인간의 방식대로 두셨다가 더 나은 길을 제시하시는 모습'
처음에는 노아의 후손인 아브라함을 찾으셨고
그의 후손을 자기 백성으로 삼으셨잖아요?
그러나 이들이
하나님을 배후 삼아 지나치게 방자해졌으므로
버림을 받게 되는 모습입니다.
사랑하는 분의 뜻을 전혀 무시하고
자기 하고 싶은 것만 맹목적으로 요구하는 자세였습니다.
할아버지 수염을 붙잡고 머리 꼭대기까지 올라간 모습이지요.

창조주는 오직 그가 우리의 주인이 되심은 인정하라 하셨지요.
그러나 이 손자는 할아버지의 요구에는 별로 관심도 없었답니다.
그런 까닭에 이전 형식을 버리시고
지금 새 방식을 제시하고자 하시는 것입니다.
혈통으로 노아의 후손이 아닌
그저 아무나 조건만 맞으면 되는 방법이 이것입니다.
과연 그런지 다음에서 더 알아봅시다.

"Who among you fears the Lord
and obeys the word of his servant?"
(너희 중에 주를 경외하며
그의 종 말씀을 순종할 자 누구뇨?) (이사야 50장 10절 전반)
창조주를 향하여 사람이 지녀야 할 최소한의 예의는
그를 '존숭하게 여기는 것'이 아닐까요?
이것을 '경외(fear the Lord)'라고 한답니다.
하나님을 경외하는 자라면 그의 종이 대신 전하는
하나님 말씀을 순종하여 듣는 것이 당연하겠지요?
어찌 보면 저렇게 말씀하시고 계시는 요구 조건은
너무나 당연한 인간의 최소한 도리로 보입니다.
지금 주께서는 인간의 원초적 도리를 말씀하고 계십니다.
그리고 그 도리가 의미하는 모든 것은
창조주께서 우리를 지으신 주인이심을 인정하라는 한 가지입니다.

"Let the one who walks in the dark,
who has no light,
trust in the name of the Lord

and rely on their God."
(캄캄한 데 걸으며 빛조차 없는 그 사람이
주의 이름을 믿으며
그들의 하나님을 의지하게 우리가 만들자) (10절 후반)
뜻밖의 모습이 보이시지요?
"우리 ~~~을 이리저리하게 하자 (Let ~~)"
성 삼위 하나님께서 서로서로 의논하시는 모습이잖아요?
어떤 사람이 믿음을 소유하리라 의논하시나요?
캄캄한 데를 걸으며 빛조차 없는 사람이라고 하시지요?
어디로 가야 좋을지 심히 고민하는 사람을 말하겠지요?
어떻게 해야 좋을지 세상 살아갈 수단이 없는 사람이잖아요?
아마 이 때문에 부자나 문벌 좋은 자나 지식인 중에
믿는 사람의 수가 적은가 봅니다.

"But now, all you who light fires
and provide yourselves with flaming torches,
go, walk in the light of your fires
and of the torches you have set ablaze.
This is what you shall receive from my hand:
You will lie down in torment."
(그러나 보라, 자신을 위해 횃불을 만들어
자신을 위해 그 홰에 불을 붙이는 너희여
너희의 내게 받을 보상이 이것이리니
너희가 고통 가운데 누우리라) (이사야 50장 11절)
앞 절과는 반대로 여기는 무서운 재앙을 선포하시지요?
자기 횃불을 자기를 위해 준비하여

자기 불빛을 밝혀 인생의 길을 가는 자들은
'믿음'을 소유하지 못한다는 뜻이잖아요?
대신에 주의 형벌이 있으리라고 하잖아요?
이런 상의하시는 모습은 매우 놀랍지 않은가요?

우리는 구원을 '믿음'으로 얻는답니다.
이것은 하나님의 약속이지요.
또 이것은 매우 철저하게 주의 뜻으로부터 나온답니다.
우리의 수고와 노력과는 일체 상관이 없으니까요.
그래서 믿고 안 믿고는 오직 하나님의 주권에 속한답니다.
전적인 하나님의 선택에 달린 일이지요.
그래서 구원을 값없이 받는 선물이라 말하잖아요.
그러나 이런 믿음의 뿌리가 어떻게 생성이 되었는지를
우리는 오늘의 예언을 통해 새롭게 보았습니다.
가나안 백성의 실패 후에 보여주시는 새길의 원리입니다.
또 동시에 가나안 백성의 실패가 무엇인지도 보게 되었습니다.
첫째는 '우상숭배'였지만
둘째로는 그들이 '믿음'을 버렸기 때문이었다는 사실입니다.
그들이 하나님의 부르심에 응답하지 못한 이유가 그것이라는 뜻이지요.
육신의 혈통으로 백성 된 그들 때문에 혈통과 무관한 자들이 백성이 되지요?
'응답하라 암흑기'
하나님께서 돌아오셨으나,
자기 백성을 찾고 부르셨으나,
그 부르심에 아무도 믿음으로 응답하지 않았나 봅니다.
그리고 그런 일이 있고 난 얼마 후에
주는 오늘 바로 앞의 이사야 50장에서 알게 된

“내가 다시 돌아왔건만 왜 아무도 없느뇨?
내가 부를 때 왜 아무도 응답하지 않는단 말이뇨?” (이사야 50장 1~ 2절)
이 예언의 말씀을 이사야에게 기록하게 하셨던 모양입니다.
비록 저 예언의 말씀은 유대 민족에게는 비극이었을지라도
온 세상의 믿는 성도에게는 복이 되었나 봅니다.
하나님 구원의 계획과 그 계시가 어떻게 드러나게 되었는지를
더욱 뚜렷하게 바라볼 수 있게 되었으니까요?

이제 믿음으로 선택을 받은 새로운 하나님의 백성이
어떤 존재일지를 예언한 부분을 봅시다.
이전 백성에 대한 실망과 책망의 말씀에 이어진 예언입니다.
중간 부분에 해당하는 50장 4절부터 9절까지의 이 말씀은
기본적으로는 우리 주 예수 그리스도의 모습을 예언합니다.
그러나 그 예언의 말씀이 대부분 ‘복음 시대의 성도’에게도 적용된답니다.
우선은 아주 미미하게 적용되다가
결국 대부분이 성도의 처지를 대변하는 예언으로 변하게 된답니다.
이런 유의 예언을 읽을 때는 화자가 누구인지,
누구를 대상으로 한 예언인지 등을 주의하며 보면 좋습니다.

“The Sovereign Lord has given me a well-instructed tongue,
to know the word that sustains the weary.”
(대주제 주께서 내게 학자와 같은 혀를 주셔서
피곤한 자를 붙드시는 말씀을 알게 하시도다.)(4절 전반)
이 고백의 화자는 우리 주 예수이시지요?
‘나에게 주셨다.’라고 말할 때 ‘나’의 존재가 주님이시니까요.
그러나 동시에 화자가 ‘성도’이기도 하답니다.

이어지는 말씀이 그것을 알게 합니다.
무엇을 주셨다고 하셨나요?
'지혜로운 말씀'을 주셨다고 하지요?
왜, 무슨 목적으로 어떻게 하라고 주시는 것이지요?
'피로에 지친 자들에게 전하게 하려고' 주셨다 하지요?
전해진 그 말씀을 듣고 세상 풍파에 지친 자들이
'역경을 이겨낸다는 것'이잖아요?
이것이 '복음'이 아니면 무엇이겠습니까?
'지혜 말씀의 은사' 즉, 말씀을 잘 전하는 은혜와
'지식 말씀의 은사' 즉, 말씀의 깊이를 잘 깨달아 아는 은혜가
함께 주어졌다는 의미잖아요?
신약의 고린도전서 12장 8절에 나오는 은사이지요?
그러므로 이 예언의 대상은 우리 주 예수에 대한 예언이면서도
동시에 성도에게 향하는 예언도 된답니다.

"He wakens me morning by morning,
wakens my ear to listen like one being instructed."
(그가 나를 아침마다 새롭게 깨어나게 하시어
내 귀가 잘 교육받은 사람처럼 알아듣게 일깨우시도다) (4절 후반)
그가 누군지 아시겠지요? 하나님이시잖아요?
그렇다면 화자는 누구일까요?
우선 앞 절에서처럼 우리 주 예수이시지요?
이 모습은 우리 주께서 육신으로 오신 후
자라가시는 모습을 잘 보여주고 있잖아요?
그러나 동시에 여기의 화자는 성도이기도 하겠지요?
성도도 부름을 받은 후에는

주께서 그러셨듯이 날마다 성경 말씀을 깨달으며 자라가는 거니까요.
선지자 예레미야도 애가에서 이와 비슷한 고백을 하였잖아요?
“여호와의 인자와 긍휼이 무궁하시므로 우리가 진멸되지 아니함이니이다.
이것들이 아침마다 새로우니 주의 성실하심이 크시도소이다.”
(예레미아 애가 3장 22~ 23절)
이 말씀에 비추어 보면
우리가 말씀으로 자라가는 과정 하나하나가
모두 하나님의 오래 참으시는 ‘인내의 산물’이 맞겠군요.

“The Sovereign Lord has opened my ears;
I have not been rebellious,
I have not turned away.”
(대주제 주께서 내 귀를 여셨으니,
내가 반역하지 아니하였고
내가 뒤로 물러가지 아니하였노라) (5절)
여기의 화자도 주 예수이십니다.
문장의 의미로만 본다면
주 하나님께서 내 귀를 여셨으므로 그 결과
내가 반역하거나 뒤로 물러서지 않았다.
이런 뜻이 되지요?
현실적으로 이 예언을 그대로 성취하신 분은
오직 예수 우리 주 한 분이시겠죠?
그런데 성도에 대한 말씀 중에도 이와 유사한 의미의 말씀이 있답니다.
어떤 말씀이 무슨 의미로 그러한지 살펴봅시다.
“또 미리 정하신 그들을 또한 부르시고,
부르신 그들을 또한 의롭다 하시고,

의롭다 하신 그들을 또한 영화롭게 하셨느니라."(로마서 8장 30절)
여기 이 말씀들은 모두 완료형으로 쓰였답니다.
'의롭다 하시고'
이 부분은 그래도 이해가 됩니다만
'영화롭게 하셨느니라'
이 부분은 매우 충격적인 표현이잖아요?
아까의 경우처럼 이 부분도 모두 완료형이거든요.
이미 영화롭게 하시기를 완료하셨다는 의미를 강조하고 있으니까요.
죄를 사해 주신 것이 '의롭다 하신 것'이라면
천국에 들어가는 것이 '영화롭게 하신 것'이므로
이 일까지 완료형으로 명시했다는 사실이 놀랍지 않나요?
그러므로 저 이사야 50장의 예언의 말씀이 완료형인 사실 때문에
이 로마서 8장 30절의 말씀과 강하게 연결되었다고 말할 수 있겠지요?
성도가 그 귀가 열려서 하나님의 음성을 듣는다면?
아마도 로마서 8장 30절의 음성을 들을 것 같습니다!
성도가 구원의 투구를 쓰는 일과
의의 흉패를 붙이는 등의 무장이 이런 이유로 가능한 것은 아닐까요?
저 예언의 화자가 성도도 될 수 있는 이유이기도 하겠습니다.
참고로 저 완료형의 말씀을
'구속의 황금 사슬'이라고 부른다네요.
한 번 부르신 자는 결코 실패하는 일이 없이
'주께서 구원에 반드시 이르게 하신다.'
이런 의미의 용어로써 '구원의 확신을 제공하는 말씀'이라는 뜻이랍니다.
그리고 헬라어로 쓰인 성경 원본에서도
모두가 같은 의미인 '완료시제(아오리스트 시제)'로 쓰였다고 합니다.

"I offered my back to those who beat me,
my cheeks to those who pulled out my beard;
I did not hide my face
from mocking and spitting."
(나는 나를 때리는 자에게 내 등을 맡기었고
내 수염을 당기는 이에게 내 뺨을 맡겼도다
내가 내게 조롱하는 이와 침 뱉은 이에게
내 얼굴을 숨기지 않았거니와) (6절)
여기의 화자 곧 "나"는 주 예수이시랍니다.
구구절절 우리 주의 고난의 현장을 생생하게 예언으로 담았군요.
주를 조롱하는 생생한 장면이
여기에 예언된 모습 그대로 복음서에 기록되어 있으니까요.
'얼굴을 숨기지 않으심'은 마태복음 26장 67절에
'조롱과 침 뱉음'은 마가복음 14장 65절
'고난을 묵묵히 감당하심'은 누가복음 22장 63~ 65절
'수치와 폭력'은 요한복음 19장 3절에
이렇게 낱낱이 기록되어 있답니다.
예언의 구구절절이 성취된 것이랍니다.
주의 수난을 이처럼 생생하게 예언하다니요!
한편으로는 훗날 교회 시대에 고난받았던 성도의 모습도 보이지요?

"Because the Sovereign Lord helps me,
I will not be disgraced.
Therefore have I set my face like flint,
and I know I will not be put to shame."
(이는 대주제 주께서 나를 도우심이라

내가 수치를 당하지 않으리라
그러므로 내가 나의 얼굴을 부싯돌처럼 굳게 하리니
이는 내가 부끄러움에 처하지 않을 줄을 앎이라) (이사야 50장 7절)
'내가 내 얼굴을 부싯돌처럼 굳게 하였노라.'
이 말씀의 화자, "나"는 역시 우리 주님이시잖아요?
주께서 십자가를 향하여 흔들림이 없이 나아가신 모습이니까요.
"예수께서 하늘로 올라가실 날이 가까워짐에
예루살렘을 향하여 결심하고 나아가시더라."(누가복음 9장 51절)
'내 얼굴을 부싯돌처럼 굳게 하자'
이 말씀은 당시 주님의 마음 다짐을 드러내지요?
주께서 마음속으로 하시는 다짐을
우리는 독백을 듣는 것처럼 저 예언의 말씀을 통해 읽는 것이랍니다.
"믿음의 주요 또 온전하게 하시는 이인 예수를 바라보자.
그는 그 앞에 있는 기쁨을 위하여 십자가를 참으사
부끄러움을 개의치 아니하시더니…"(히브리서 12장 2절)
주께서 십자가를 지실 때의 모습을 히브리서 저자는 저렇게 썼었군요.
"성경에 이르되 누구든지 저를 믿는 자는
부끄러움을 당하지 아니하리라 하니
유대인이나 헬라인이나 차별이 없음이라" (로마서 10장 11~ 12절)
여기 이 말씀은 이사야서를 인용한 것으로 보이는군요.
하지만 우리도 이 말씀들을 읽으며
주님의 본을 받아 강하고 담대할 필요를 깨닫게 되지요?

"He who vindicates me is near.
Who then will bring charges against me?
Let us face each other!

Who is my accuser?
Let him confront me!"
(나를 변호하실 이가 가까이 계시도다
그러므로 누가 나를 대적하여 송사하리오.
우리 서로 상면해 보자
내 고소인이 누구더냐?
그로 내 앞에 마주 서게 하라) (8절)
여기의 화자도 우리 주님이심이 분명하군요.
'내 고소인이 누구냐 나와 대면하게 하라'
우리 주 예수의 당당하시고 의로우신 모습이니까요.
하지만 주는 우리 죄를 대신 지신 것이므로
여기의 말씀에서는 화자가 오히려 '성도'에 가깝답니다.
로마서의 말씀이 그런 사실을 여실히 보여준답니다.
"누가 능히 하나님께서 택하신 자들을 고발하리요?
의롭다 하신 이는 하나님이시니, 누가 정죄하리요?
죽으실 뿐 아니라 다시 살아나신 이는 그리스도 예수시니,
그는 하나님 우편에 계신 자요
우리를 위하여 간구하시는 자시니라." (로마서 8장 33~ 34절)
'죽으실 뿐 아니라 다시 살아나신 이'
이 말씀이 주님의 의로우심과 당당하심을 대변합니다.
동시에 우리의 의가 되어서
이제는 '성도의 의로움과 당당함'이 되었답니다.
놀랍지 않은가요?
주님의 뒤를 따라 성도도 주와 같은 당당함으로
'내 고발자가 누구냐?'
말하게 될 것을 예언하고 있고

그 예언이 우리 오늘의 현실이 되었잖아요?
그리고 이 부분에서부터는 화자가
우리 주가 중심이던 모습에서
점차 '성도가 중심이 되는 현상으로 이동'하고 있답니다.

"It is the Sovereign Lord who helps me.
Who will condemn me?
They will all wear out like a garment;
the moths will eat them up."
(나를 도우시는 이가 통치자 주님이시니
누가 나를 저주하리오?
그들은 모두 옷과 같이 해어지겠으니
좀이 그것들을 먹으리로다) (9절)
"누가 우리를 그리스도의 사랑에서 끊으리요
환난이나 곤고나 박해나 기근이나 적신이나 위험이나 칼이랴…
높음이나 깊음이나 다른 어떤 피조물이라도
우리를 우리 주 그리스도 예수 안에 있는
하나님의 사랑에서 끊을 수 없으리라." (롬 8:35, 39)
'아무도 성도를 저주할 수 없다!'
이런 의미의 다른 말이 로마서 8장 35~ 39절 말씀이겠네요.
성도는 이제 저주와는 무관한 자가 되었잖아요?
이어지는 말씀은 성도와 비신자의 차이를 정의하고 있습니다.
"옷과 같이 낡아지는 존재"
믿지 않는 사람들의 존재적 실상이며
동시에 믿는 자의 생활 지침과도 같은 말씀이 이것입니다.
"너희를 위하여 보물을 땅에 쌓아 두지 말라.

거기는 좀과 녹이 해하며 도둑이 구멍을 뚫고 도둑질하느니라."
(마태복음 6장 19절)
"너희 재물은 썩었고 너희 옷은 좀먹었으며…" (히브리서 1장 11절)
모두가 성도 생활의 지침을 지적하여 교훈하고 있잖아요?
동시에 세상 사는 이들의 생활 행태를 고발하기도 하잖아요?

우리는 지금까지 장차 나타나게 될 하나님 백성의 모습을
예언의 말씀을 통하여 살펴보았습니다.
그러면 이제 이전 가나안 백성의 자세는 어떠하였는지 살펴봅시다.
특별히 대조의 대상으로 삼은 이들은 포로로 잡힌 유대인들입니다.
왜냐하면 그들이 믿음이 없어서 부르실 때 응답하지 않았기 때문입니다.
그리하여 우리는 이전 유대 백성이 추구하던 바와
장차 나타날 주의 백성이 추구하는 바가
어떻게 다른 지를 알고자 한답니다.
시편에는 이들의 기록인 '바벨론 포로의 노래'가 나옵니다.

"By the rivers of Babylon we sat and wept
when we remembered Zion."
(바벨론의 강가에서 우리는 앉아 울었다네
시온을 생각하며 울었다네) (시편 137편 1절)
"There on the poplars we hung our harps,
for there our captors asked us for songs,
our tormentors demanded songs of joy;
they said, "Sing us one of the songs of Zion!""
(그곳 포플러에 우리의 하프를 걸었는데
우리를 사로잡은 자가 우리에게 노래를 청한다네

우리를 괴롭게 하는 자가 기쁨의 노래를 청한다네
"우리를 위해 시온의 노래를 부르라" 그들이 말한다네) (2~3절)
"How can we sing the songs of the Lord
while in a foreign land?
If I forget you, Jerusalem,
may my right hand forget its skill.
May my tongue cling to the roof of my mouth
if I do not remember you,
if I do not consider Jerusalem
my highest joy."
(우리가 어찌 타지의 먼 곳에서 주의 노래를 부를쏜가
예루살렘이여 내가 너를 잊을진대
내 오른손의 기교마저 사라질지로다
내가 너를 그리워하지 않는다면
내 혀는 내 입천장에 붙을지로다
너를 기억함이 내 최상의 기쁨일지니) (4~6절)
"Remember, Lord, what the Edomites did
on the day Jerusalem fell.
"Tear it down," they cried,
"tear it down to its foundations!""
(주여 예루살렘이 멸망하던 날을 기억하소서
에돔인이 그날 소리치던 말들을 기억하소서
"허물어뜨리리라"
"기초까지 철저하게 허물어버리리라"
그들이 이렇게 소리쳤었나이다) (7절)
"Daughter Babylon, doomed to destruction,

happy is the one who repays you
according to what you have done to us.
Happy is the one who seizes your infants
and dashes them against the rocks."
(딸 바벨론이여 파멸에 이를지라
네가 우리에게 하던 대로 너에게 되갚는 이에게 기쁨이 있을지라
네 유아를 잡아 바위에 내리치는 자에게 행복이 있을지라)
(시편 137편 8~ 9절)

시편의 이 찬송은 노예로 끌려간 이들의 처절한 애환을 잘 표현한답니다.
또 슬픔과 고통에 사로잡힌 그들의 마음을 잘 대변하기도 합니다.
이들에게 아직도 자기 민족에 대한 애정이 가득하지요?
예전 솔로몬의 성전과 그 영광을 절절히 그리워 기억하잖아요?
솔로몬은 그 당시 성전을 준공하는 감사의 예배를 드리며
하나님께 이렇게 기도했답니다.
"행여 백성이 범죄로 인하여 먼 나라에 끌려갔더라도,
이 성전을 기억하여 이곳을 향하여 하나님께 기도하거든,
주는 이들을 용서하시고 그들의 기도를 들어주소서"
이들 가나안 백성은 이 말씀을 기억했을 것이 분명합니다.
저 아리도록 슬픈 노래에
자신들의 죄에 대한 회개와 함께
하나님의 회복하심을 간절히 기대하며
예루살렘 성전의 노래를 불렀나 봅니다.
하지만 그들은 하나님의 뜻 이해하는데 이르지 못했나 봅니다.
솔로몬도 그 성전도
실상은 예수 그리스도의 그림자였기 때문입니다.

그것들은 모두 "믿음"의 실체를 위한 상징이었던 것이지요.
율법은 "눈에는 눈, 이에는 이"를 말하나
그리스도는 "사랑"을 말한답니다.
율법은 "죄의 형벌"을 말하나
그리스도는 "대속과 자유"를 말한답니다.
율법은 "정죄"를 말하나
주는 "용서"를 말한답니다.
율법으로 눈이 가려진 자는 잔인한 복수를 말하지만
성령으로 가르침을 받은 새 백성은 "선"과 "용서"를 말한답니다.
성도가 하나님의 성품을 닮아가기 때문이겠지요?

이사야 50장의 말씀은
자기 백성이 아직 바벨론 포로로 끌려가기 전의 예언입니다.
그때 그 백성은 이사야 50장 말씀이
이상하고 생경하여 이해하기 어려웠을 것이 분명합니다.
"And now what do I have here?" declares the Lord.
(그리고 이제 여기에 이르러 내가 얻은 것이 무엇이란 말이냐?
주께서 말씀하시도다.)
이 한탄의 소리에 응답하는 자가 없었으므로
하나님의 새로운 구원계획이 펼쳐지게 되었고
우리가 지금 시점에서
그 변환점을 깨달아 알게 된 것이 아닐지요?
유대인의 무지가 오히려
그들 밖 온 세계 인류에게는 구원의 기회로 작용한 것이 아닐지요?
유대인 얼굴에 가려진 모세의 수건, 율법의 집착 때문에
온 인류에게도 하나님 백성이 될 자격이 주어진 것은 아닐지요?

"깊도다, 하나님 지혜의 오묘함이여!"
성경은 이 현상을 이렇게 말했거든요.
우리는 이런 현상을 "어부지리 구원론"이라 명명해 봅시다.
마땅히 누려야 할 이의 어떤 실수 때문에
다른 이에게 그 행운이 돌아갔으니까요.
같은 원리가 인류 전체를 통한 거시적 관점에서도 그대로 적용됩니다.
우리가 전에 살펴본 대로 인류는 하나님과의 관계에 늘 실패했잖아요?
창조주의 요구에 전혀 바르게 대응하지 못했던 것이잖아요?
특히 선택받은 하나님 백성은 창조주 진노의 대상이었잖아요?
대표로 뽑힌 선수가 실패했으면 인류 전체가 실패한 것이잖아요?
모든 면에서 인류는 철저한 실패자의 모습으로만 드러났잖아요?
그러나 이런 막막한 상황에서 인류에게 뜻밖의 행운이 찾아온 것입니다!
"And now what do I have here?" declares the Lord.
(그리고 이제 여기에 이르러 내가 얻은 것이 무엇이란 말이냐?
주께서 말씀하시도다.)
이 분노에 찬 말씀의 직접적 대상이 바로 '참소자 사탄'이었으니까요.
그러나 사탄은 이 질문에도 침묵으로만 일관했겠지요?
침묵하던 사탄의 모습이 뜻밖에 스가랴 3장의 환상 속에 등장합니다.
우리는 지금 인류 구원의 전환점을 찾아보려는 것이랍니다.
그러므로 인류를 참소하는 사탄의 모습을 보기 전에
먼저 스가랴서가 어떻게 시작되었으며
어떤 과정으로 그곳 사탄의 장면까지로 이어지는지를 이해해야 합니다.
이런 필요로 우리는 대략적 요약을 통해 스가랴서 앞부분을 봅시다.
그리고 순차적으로 스가랴 3장의 그 내용도 살펴봅시다.

스가랴는 BC520년 경에 활동했던 선지자입니다.

그는 포로 귀환 후의 예루살렘에서 활동하며
예루살렘 성전 재건을 도왔던 선지자라고 합니다.
스가랴서의 시작은 포로가 된 유대 백성의 회복부터 이야기합니다.
"내게 돌아오라, 그리하면 나도 너희에게로 돌아가리라!"(3절)
"너희의 악행에서 돌이키고 너희 선조처럼 행하지 말라"(4절)
"우리가 돌아가리이다. 우리 선조는 벌받기에 합당했나이다"(6절)
스가랴서는 이렇게 시작하고 있습니다.
하나님께서 자기 백성에게 돌아가기를 원하셨다는 것과
그들에게도 하나님께 돌아갈 기회를 주셨음을 분명히 밝히는 겁니다.
그런 후에야 스가랴는 예루살렘의 회복을 의미하는 환상을 보기 시작한답니다.

회복의 시작은 역시 하나님의 약속이었습니다.
세상을 두루 다니며 살피는 말의 환상을 통해
전쟁의 어지러움이 그치고
평안이 땅에 가득하다 보고하는 천사의 모습을 환상으로 보는데
놀랍게도 이들 중 한 천사가 예루살렘의 회복을 청원합니다.
"Lord Almighty, how long will you withhold mercy from Jerusalem
and from the towns of Judah,
which you have been angry with these seventy years?"
(전능하신 주여, 유대 도시들과 예루살렘에 대한 진노가
어느 때까지이나이까? 주는 이 칠십 년 동안 자비 베풀지 않으십니다)
이 말씀은 아래 예레미야 29장 10절 말씀을 근거로 삼고 있답니다.
"여호와께서 이와 같이 말씀하시니라.
바벨론에서 칠십 년이 차면 내가 너희를 돌보고
나의 선한 말을 너희에게 성취하여 너희를 이곳으로 돌아오게 하리라."
스가랴는 지금 연속되는 여러 환상을 통해

주께서 약속하신 저 말씀이 성취되는 과정을 보고 있는 것입니다.
그러므로 순찰자의 말 환상 후에 네 장인의 환상이 나오게 되지요.
세상 권력의 판도를 바꾸시는 전능자의 모습을 보는 겁니다.
천상의 '네 장인'은 세상 권력 구도를 조정, 변화시키는 역할을 합니다.
장인이 뿔을 두드려 구푸리면 유대인을 압제하던 권력이 약해지는 겁니다.
그들이 뿔을 수정하였으므로 유대인을 압제하던 세력이 수그러든 것입니다.
그런 후에 스가랴는 '성전 측량자'를 환상에서 만난답니다.
그가 환상에서 만나는 대상이 '인간'이라는 사실에 주목하세요!
스가랴가 그에게 묻습니다.
"어디로 가시나요?"
"예루살렘 성으로 갑니다. 그 치수가 어떤지 재려고요."
그 측량줄을 맨 사람이 그렇게 대답하였지요.
이전의 환상에서는 천상의 인물들만 보았잖아요?
그러데, 지금 스가랴는 사람과 만나 반갑게 대화하고 있답니다.
무슨 의미일까요?
이 측량자는 당시 예루살렘 성전을 재건하려는 유대인이기 때문입니다.
환상 속 이야기는 다음과 같이 이어집니다.
그 사람이 곧 측량줄을 가지고 성전을 측량하러 떠나게 됩니다.
그런데 잠시 후 갑자기 한 천사가 허겁지겁 그들에게 다가왔습니다.
그리고 스가랴와 대화 중인 천사에게 하늘의 말씀을 전한답니다.
그 내용을 봅시다.

"Run, tell that young man,
'Jerusalem will be a city without walls
because of the great number of people and animals in it.
And I myself will be a wall of fire around it,'

declares the Lord, 'and I will be its glory within.'"
(서둘러라!, 그 젊은이에게 이렇게 말하라!
'예루살렘은 벽이 없는 큰 성일지니
그 안에 거할 수많은 사람과 짐승을 인함이니라
내 스스로가 그 성을 두르는 불 벽이 될지니
그 안에 거하는 성의 영광이 될 것이니라'
주께서 선포함이니라) (스가랴 2장 4~ 5절)
정말 전율이 일어날 만큼 놀랍지 않나요?
하나님의 회복 계획이
이전 예루살렘 재건에서 멈추지 않는다는 선언이잖아요?
이 환상으로 보여주시는 예언의 의미는
당시 사람에게는 기이하게 보일지 몰라도
지금 우리 성도의 눈에는 너무나 자명하게 드러나잖아요?
천사가 말하는 그 성은 장차 주께서 일으키실 하나님의 도성이니까요.
이것을 더욱 분명하게 하시려고
이어지는 말씀에는 복음 시대 예언으로 넘친답니다.
이사야 52장의 예언하신 말씀과 쌍둥이 같은 예언이지요.
그렇다면 이제 드디어 우리가 원하는 사탄의 모습을 보러 갑시다.
스가랴 3장에 나오는 이 환상은
스가랴가 활동하던 그 시대의 모습을 보게 합니다.
혹시 아주 먼 훗날에 관한 환상이 아니냐고요?
그런 오해를 방지하려고 바로 앞에 성전 측량자의 환상이 보았답니다.
그 일이나 이번 환상의 일이나 모두 스가랴 당대의 일이거든요.
스가랴 3장의 그 모습을 감상해 봅시다.

"Then he showed me Joshua the high priest

standing before the angel of the Lord,
and Satan standing at his right side to accuse him." (1절)
(그러자 그가 내게 대제사장 조수아를 보여주었는데
그는 주의 천사 앞에 서 있었고
그의 오른쪽에는 사탄이 그를 참소하며 서 있더라.)
여기 나오는 '조수아' 즉 '여호수아'는
그 당시 대제사장의 이름입니다.
스가랴는 환상 속에서도 즉각 그 사람을 알아보았고
그래서 환상의 내용을 적을 때 그가 누구인지 묻지 않은 채,
그가 여호수아라고 분명하게 밝힌 것이랍니다.
그러데, 그곳에는 여호수아와 함께 다른 둘도 있었군요!
여호수아 앞에 하나님의 한 천사가 있었고
여호수아의 오른쪽 옆에는 사탄이 서 있었던 것입니다!
지금 사탄은 대제사장 여호수아 옆에서
여호수아를 하나님께 참소하려고 서 있는 것이랍니다!

"The Lord said to Satan, (성경에 없는 따옴표 주의)
"The Lord rebuke you, Satan!
The Lord, who has chosen Jerusalem,
rebuke you!
Is not this man a burning stick snatched from the fire?""
("너 사탄아, 예루살렘을 택한 주께서 너를 꾸짖노라!
이 사람이 불에서 급히 건져 낸 부지깽이 같지 않으뇨?"
주께서 사탄에게 말씀하시더라) (스가랴 3장 2절)
여기 대화 내용을 유심히 살펴봅시다.
말씀의 내용은 전능하신 창조주의 말씀인데,

기록된 말씀의 문장에서는
묘하게도 삼인칭의 말씀 전달자가 드러나고 있지요?
"나 하나님이 너를 꾸짖노라."
"나 하나님이 예루살렘을 선택했노라."
말씀이 이렇게 선포되지 않았다는 뜻이랍니다.
"예루살렘을 택하신 주께서 너 사탄을 꾸짖노라"
이렇게 말씀하고 계시니까요.
그 이유는 하나님의 천사가 '하나님 말씀'을 전달하고 있기 때문이겠지요?
하지만 그럴지라도
우리는 여기에서 몇 가지를 확인할 수 있답니다.
첫째는 이 당시만 하더라도
사탄이 하나님의 대제사장을 참소하는 자리에 있었다는 사실입니다.
시기적으로도 스가랴의 사역과 매우 가까운 때이잖아요?
왜냐고요?
지금의 상황이 예루살렘 성전의 재건과 관련한 일이거든요.
둘째는 이제 비로소 큰 선택이 하나님께부터 내려졌다는 사실이랍니다.
그것은 창조주께서 사탄의 참소를 듣고 그를 용인하시는 대신에
사탄을 버리고 오히려 '예루살렘'을 선택하셨다는 사실입니다.
이는 그 순간에 '하나님의 대제사장'의 직분이 회복되었다는 뜻이며
동시에 하나님께서 사탄의 '참소'를 받아들이지 않으신다는 뜻이거든요.
'대제사장의 직분'이 회복되었다는 뜻은
'인류가 죄를 용서받을 길'이 여전히 유효하다는 뜻이고
장차 오실 '우리 주 예수의 속죄'가 유효하다는 의미이기도 하답니다.
하나님의 인류 사랑과 그 구원의 수고가
그 지점에서 끝나지 않았다는 것을 의미하며
구원의 계획과 그에 대한 계시가

한 단계 성숙하며 더 뚜렷하게 드러났다는 의미이기도 하답니다.
창조주께서 '사탄의 참소'를 버리고
'인류 구원을 위한 예루살렘과
그 제사장직'을 선택하셨다는 사실을
주께서 스가랴의 저 환상을 통해
생생히 보여주고 계시는 것이랍니다!

"Now Joshua was dressed in filthy clothes
as he stood before the angel.
The angel said to those who were standing before him,
"Take off his filthy clothes."
Then he said to Joshua,
"See, I have taken away your sin,
and I will put fine garments on you.""
(여호수아는 지금 더럽혀진 추한 옷을 입고 천사 앞에 서 있더라.
그 천사가 여호수아 앞에 선 자들에게 말하더라.
"그의 불결한 옷을 벗기라"
그리고 그가 여호수아에게 말하더라
"보라, 내가 너의 죄를 없게 하노라.
그리고 너에게 새 옷을 입힐 것이니라") (스가랴 3장 3~ 4절)
'불타던 부지깽이(a burning stick)' 같던 여호수아에게
깨끗한 옷으로 갈아입히는 모습이지요?
또 그의 모든 죄도 씻어 주셨다고 선언하시지요?
'불타던 부지깽이(a burning stick)'
이 비유가 대제사장직이 얼마나 위태로운 상황이었는지를
암묵적으로 대변하잖아요?

그렇다면 이제 우리는 다시 원래 우리의 이야기로 갑시다.
우리는 지금까지 하나님께서 선포하신 한 말씀을 확인하였답니다.
"너 사탄을 꾸짖노라."
"내가 예루살렘을 선택하였노라."
이런 하나님 선포의 말씀이 그것입니다.

"And now what do I have here?" declares the Lord.
(그리고 이제 여기에 이르러
내가 얻은 것이 무엇이란 말이냐?
주께서 말씀하시도다.)
therefore in that day they will know
that it is I who foretold it.
(그러므로 그날에 그들이 나를 알게 되리니
이 일을 예언한 자가 나인 줄 알리라)
힘들게 먼 길을 돌아온 우리의 이야기를 정리해 봅시다.
창조주의 저 질문에 사탄은 대답해야 하였겠지요?
그러나 '사탄'은 그저 모른 채 웅크린 듯하네요.
스가랴 선지자의 환상에서 보았듯이
그저 예전처럼 인간을 참소하며 모르쇠로 서 있었겠군요.
그러므로 하나님의 선택이 선포되었을 듯합니다.
사탄의 참소를 버리고 예전 제사와 성전 예루살렘을 택하신 것입니다.
말하자면 이것도 어부지리 구원론의 한 장면인 셈입니다.

주께서 사탄 대신에 예루살렘의 제사를 택하셨습니다.
또 주께서는 예전 가나안 백성 대신에
자기 백성이 될 새로운 길도 보이셨습니다.

믿음의 새 길입니다.
하지만 믿음의 새 길을 무슨 방법으로 가게 될 것인가?
그것이 이번 우리 이야기의 핵심 주제랍니다.
"그러므로 그날에 그들이 나를 알리라!"
이 말씀이 무슨 뜻일까요?
무언가 새로운 방법을 주시겠다는 뜻이겠지요?
왠지 과거보다 더 나은 방법이 혜택처럼 주어질 듯하지요?
"이것을 미리 예언한 자가 나인 줄 알리라!"
그렇습니다!
"그들"이라 칭한 자들은 새로운 하나님 백성입니다.
"그날"이라고 선언한 날이 예언이 성취되는 날입니다.
"이것"이라고 표현한 것은 장차 행하실 "새 일"입니다.
이 "새 일"은 이전의 창조에는 없던 일입니다.
말하자면 "새 세상을 새롭게 여시는 일"인 것입니다.
그 "새 일"은 예수 우리 주와 복음에 관한 모든 일입니다.
또 그날에는 자기 백성이 누가 하나님이신 줄 알리라 하시지요?
어떻게 무슨 방법으로 알게 된다고 하시나요?
그것은 바로 "예언의 성취"라고 하셨지요?
"그렇다, 그가 바로 나니라!!!"
"이전에 예언한 일들이 모두 성취되었듯 이 새 일도 그러하리라"
"우상이 있거든 나처럼 예언과 성취를 통해 신임을 증명하라"
이것은 창조주 분노의 음성입니다.
대적자의 준동 때문에 인류가 예언의 성취를 보는 것입니다.
전능하신 창조주의 엄위하신 모습이랍니다.

6. 능력으로 옷 입기 I – 주인공 찾기

"Awake, awake, Zion,
clothe yourself with strength!
Put on your garments of splendor,
Jerusalem, the holy city.
The uncircumcised and defiled
will not enter you again.
Shake off your dust;
rise up, sit enthroned, Jerusalem.
Free yourself from the chains on your neck,
Daughter Zion, now a captive."
(일어나라! 깨어라! 시온아,
능력으로 옷 입을지라!
위풍당당하게 차려입으려무나
거룩한 성 예루살렘이여!
할례 없는 자나 더러운 자가
다시는 그 안에 들어가지 못하리니
너의 발의 먼지를 털어버리라!
일어나 보좌에 좌정하라, 예루살렘아!
비록 지금 포로일지라도 시온의 딸이여
네게 있는 목의 사슬을 스스로 벗어버리라!) (이사야 51장 1~ 3절)

재미있는 꿈 이야기가 있습니다.
제 어릴 적 고향의 시내에 관한 이야기입니다.

우리 동네는 동쪽과 남북이 모두 산으로 둘러 있고
동쪽 높은 바위산에서 흘러내린 물이
보다 지대가 낮은 북쪽 산자락을 타고 서쪽으로 흘러갑니다.
우리는 북쪽 산자락에 자리한 밭의 농사일을 하려면 늘
낮은 돌밭 위로 흘러내리던 그 시내를 건넜습니다.
시내를 덮은 돌들은 납작하고 동글동글하며 하얗게 빛났습니다.
굽이굽이 돌아오는 물줄기가 돌 위를 지날 때의
햇빛에 아른거리는 투명한 물빛이 아름답고 황홀했답니다.
굽이마다 작은 웅덩이가 생겼고
그곳에는 피라미나 가재 엾새우 등이
모래나 자갈 틈새를 헤엄치고 다녔습니다.

아마 초등학교 졸업(?)이 가까워질 무렵인 듯싶습니다.
그 외딴 시골 마을 주변으로도 개발의 바람이 불었답니다.
어느 날 동네 사람들이 일제히 망치를 들고 그 시내에 나갔습니다.
가족끼리 구역을 정해가며
하얀 돌들을 깨서 자잘하게 부수었답니다.
그리고 군데군데 부순 돌무더기를 쌓았습니다.
그러면 며칠 후에 큰 트럭이 드나들며 그것을 실어 갔습니다.
돈 몇 푼을 받으려고 그것을 그렇게 팔았답니다.
그 후 저는 일찍부터 타향살이에 바빴기에
한동안 그곳에 가보지 못했는데
어느 날 매우 이상한 꿈을 꾸었습니다.

우리 집 바로 뒤 논들이 펼쳐진 들녘 그 확 트인 공간에
비스듬한 자세로 오른팔을 머리에 받친 채 누워있었습니다.

허공에서 그런 자세로 누었다는 사실이 지금도 의아합니다.
하지만 꿈속이잖아요.
그런데 보세요!
아주아주 작고 귀여운 꼬마 요정이
마치 구불구불 나 있는 지그재그 계단을 오르듯 이리저리
매우 쾌활하고 씩씩한 잰 걸음걸이로
하늘 쪽을 향해 걸어 오르고 있네요.
비록 앙증맞게 귀여운 모습일지라도
왠지 얼굴에는 수심이 있어요.
아하! 뒤로 보이는 배경에
대홍수가 나서
샛노란 거센 물결이
넘치도록 시내를 흐르고 있군요!
저는 문득 장난기가 발동하여
그 작은 요정과 소통하고 싶어졌습니다.
몸을 일으키려 했지만 쉽지 않았어요.
그래서 얼른 엄지발가락만 까닥거려
내가 여기 있노라고
그 친구에게 신호를 보냈답니다.
그저 마음속으로 "안녕!" 정도의 인사였지요.
하지만 "아뿔싸!"
그 친구가 나를 발견한 듯 화들짝 놀라는군요!
매우 빠르게 이리저리 움직이더니
종국에는 어디론가 사라지고 말았답니다.
꿈은 그렇게 허망하게 끝나 버렸답니다.

세월이 무심하게 흐르고 난 어느 날
마침내 고향의 그곳 시내를
다시 건너게 되었습니다.
그때 그곳에서
그 꿈을 생각하며 소스라치게 놀랐답니다.
평화롭게 졸졸 흘러가야 할 시내가
예전과는 너무 다르게
변하여 버렸기 때문입니다.
넓고 평평하게 하얀 자갈돌로 덮여있어야 할
예전 시내는 더 이상 없었습니다,
대신 깊숙이 파인
흉물스러운 바닥이 보였습니다.
곳곳의 제방은
바닥으로부터 너무 높아서 위태롭게 보였답니다.
어떤 곳은 그 구불구불하던 모습이
사라지고 흔적도 없었지요.
예전과 달라도 너무나 달랐답니다.
너무 안타까운 모습이었어요.
꿈에 그리워야 할 고향을 몽땅 잃어버린 느낌이랄까요?
지금도 그곳을 생각하면 그 꿈이 생각난답니다.
저는 꿈에서 천사를 본 것일까요?

이사야 51장의 시작은
누군가가 성도의 잠을 깨우는 장면에서 시작합니다.
환상 속에서 잠들어 있는 자신을 누군가가 깨우는데
깨어나 보니까 그 현실 상황도 환상 속 일의 연속입니다.

자신이 흙먼지에 뒹굴며 자고 있었고
목은 죄인의 사슬로 묶인 채이며
저 멀리 앞쪽에 매우 아름답고 위풍이 넘치는 왕좌가 보입니다.
자기를 깨운 천사(이사야)가 말합니다.
'정신을 차리고 일어나라!'
'먼지를 털어버리고 목의 사슬도 풀어버리라!'
'여기 준비된 왕자 복장으로 바꾸어 입으라!'
이렇게 말하고 있는 모습 말입니다.
우리는 지금 이사야 52장 첫 부분을 이야기하고 있답니다.
그리고 여기 깨우는 이가 천사(이사야)라고 한다면
잠자는 자는 '예루살렘'입니다.
때로는 이를 '시온'이라 부르기도 하고 있지요?
왜 깨우는 걸까요?
우리는 이미 스가랴서에서 보았지요?
하나님의 성 예루살렘은 그 안에 거주하는 이가 많아서
성의 너비를 측량할 수 없다고 하였잖아요?
그 성이 잠자고 있으므로,
그 성의 주민이 될 자가 잠자고 있으므로,
지금 천사(이사야)가 깨우는 것이겠지요?

"시온"
"예루살렘"
이 두 명칭은 무슨 관계일까요?
현재도 통용되는 지리적 명칭을 기준으로 본다면
'예루살렘'이 제일 광의의 지역명이랍니다.
왜 그럴까요?

예루살렘이라는 지역 안에
'시온산' '모리아산' '감람산' '성전산' 등을 포함하고 있어서
이 이름이 가장 넓은 의미의 그 지역 명칭이기 때문이랍니다.

다윗은 '시온산'의 요새를 여부스 족속에게서 빼앗아
그곳을 다윗성으로 삼았습니다.
이스라엘이 다윗 시대에 이르기까지
이 난공불락의 여부스(이방 민족) 요새는 한 번도 함락되지 않았답니다.
"저 성을 함락하는 사람을 내 군대 장관으로 삼겠다!"
다윗의 이 선포에 요압이 나서서 그 성을 함락시켰고
그 결과 그는 다윗의 군대 장관이 되었답니다.
다윗성은 요새였고
다윗의 간절한 소망을 따라 언약궤도 이곳으로 옮겼지만
하나님의 성전 터로는 뭔가가 부족했던 모양입니다.
다윗은 평생 하나님의 성전 짓기를 진심으로 원했잖아요?
그가 하나님을 얼마나 사랑하였는지 보여주는 증거이지요?
만일 성도가 하나님을 진심으로 사랑한다면
다윗처럼 '하나님 성전 짓기'를 간절히 바라겠지요?
이런 까닭에 다윗은 진심 어린 열정으로 '성전 터'를 찾는답니다.
베들레헴? 헤브론? 실로? 야곱의 하룻밤 돌비석?
그러나 모두 아니었나 봅니다.
그러던 중 불현듯 인구조사 사건이 터지지요?
요압이 반대하는데도 불구하고 다윗은 강행했잖아요?
염려하던 대로 하나님의 진노가 임하였겠지요?
순전히 다윗의 판단 착오로
수많은 백성이 죽어 나갔답니다.

이때 다윗의 심정이 어땠을까요?
이미 그는 노년의 노쇠한 왕이었잖아요?
그런데 그때 놀라운 일이 생겼답니다.
다윗의 영안이 열리고
심판의 칼을 든 천사의 모습이 다윗에게 보였답니다.
그 모습이 다른 사람의 눈에는 안 보였을 것이 분명하답니다.
다윗의 성전터 찾는 열정 때문에 보이는 현상일 테니까요.
다윗의 처절한 간구로 주께서는 그곳 그 시각에 심판의 칼을 거둔답니다.
다윗은 서둘러 천사가 섰던 그곳에 제단을 쌓았답니다.
하나님께 속죄와 화목의 제물을 올리려는 거잖아요?
그때 거기서 다윗은 깨닫는답니다!
그곳이 바로 그토록 찾던 '성전 터'라는 사실을!
그곳은 바로 수천 년 전에
하나님께서 아브라함을 불러
그 아들 독자 '이삭'을 제물로 바치라 하시던 그곳이었지요!
이삭을 묶어 두고 칼을 꺼내 막 죽이려던 그곳 말입니다.
'이삭'은 우리 주 예수 그리스도를 상징하잖아요?
얼마나 놀라운 일치인지요!
수천 년의 시간이 지났으나
수없이 많은 사람들이 살다 사라져 갔지만
하나님의 구원계획은 처음부터 명백하여서
딱 그곳을 '성전 터'로 정해 두셨다는 뜻이잖아요!
그곳은 바로 '모리아 산'
'오르난의 타작 마당'이었답니다.
다윗이 깨달아 정한 바로 그곳에
그의 아들 솔로몬은 '예루살렘 성전'을 건축하잖아요?

그곳은 시온산도 아니고 다윗성도 아닙니다.
지금의 예루살렘 성전이 있는 곳입니다.
그러나 이들 모두는 매우 가까이에 있어서
모두 예루살렘이라는 지역명 안에 포함되게 되지요.

구약시대 지역적 명칭이 신약시대에는
'영적 상징적 명칭'으로 치환된답니다.
과거 '예루살렘'은 이제는 영적 '예루살렘 성전'으로 인식하고자 할 때
더 많이 쓰이는 듯 보이지요?
갈대아인에게 함락되어 무너졌던 예전 성읍 예루살렘과 구별해야 하거든요.
천사가 깨우던 '예루살렘'도 이런 의미이잖아요?
또 이스라엘이라는 이전 가나안 백성과 구별하기 위해서
복음 시대에는 '시온'이라는 상징적 호칭이 주로 쓰인답니다.
왜 그럴까요?
이전의 장소가 지니는 영적 의미가 여전히 살아있기 때문이겠지요?
과거의 지명이나 역사적 사건이 영적인 의미를 지닌다는 뜻이랍니다.
과거 예루살렘 성전이나 다윗성이 간직한 사건마다
과거 이름을 통해 현재 성도에게도 영적 교훈을 전달하거든요.
이런 이유로 예전의 지명과 예전 구약의 이야기들은 모두
성도에게서 뗄 수가 없는 불가분의 관계로 이어진답니다.
그러나 굳이 복음 시대를 향한 예언인 경우는 '시온'이라 칭한답니다.
이 경우 '시온'은 이스라엘을 대신하는 '나라' '백성'의 뜻이 되지요.
만일 성경에서 하나님의 예언하신 말씀에
'예루살렘에 이름을 두신다.'(역대하 6장 6절) 하시면
이는 매우 오래된 과거의 말씀이랍니다.
후대의 선지자일수록 같은 표현을

'시온'이라는 지명으로 표현하고 있으니까요.
과연 그러한지 아래 성경 말씀 가운데서 살펴봅시다.
"내가 내 말을 네 입에 두고 내 손 그늘로 너를 덮었나니,
이는 내가 하늘을 펴며 땅의 기초를 놓으며
시온에게 이르기를 '너는 내 백성이라' 하려 하였음이니라."(이사야 51장 16절)
"여호와께서 시온의 포로를 돌리실 때에 우리는 꿈꾸는 것 같았도다."
(시편 126편 1절)
"발을 저는 자로 남은 자 되게 하며,
쫓겨났던 자로 강한 민족이 되게 하고,
여호와가 이제부터 영원까지 시온산에서 그들을 다스릴 것이다."(미가 4장 7절)
"여호와께서 시온을 택하시고 자기 거처를 삼고자 하여 이르시기를,
'이는 나의 영원히 쉴 곳이라 내가 여기 거할 것은 이를 원하였음이로다.'"
"그러나 너희가 이른 곳은 시온산과
살아계신 하나님의 도성인 하늘의 예루살렘과…"(히브리서 12장 22절)
"또 내가 보니, 보라 어린 양이 시온산에 섰고,
그와 함께 십사만 사천이 서 있는데
그들의 이마에는 어린 양의 이름과 그 아버지의 이름을 쓴 것이 있더라."
(요한계시록 14장 1절)

여기 말씀들에서 우리는 '시온'이나 '시온산'이
'하나님의 영원한 산'이나 '하나님의 거처'
또는 '하나님의 나라'이거나 '하나님의 백성'이라는 의미를 담는다고
이해할 수 있겠지요?
그렇다면 이제 생각해 봅시다.
하나님의 천사가 깨우고 있는 대상은 누구일까요?
천사는 지금 한 사람을 깨우고 있잖아요?

그의 이름을 '예루살렘'이나 '시온'이라 칭하고 있지요?
비록 의인화가 되었다 하더라도
그는 살아있는 존재여야 하겠지요?
영적으로 살아있는 존재!
그러나 상징하는 바 지명으로 대체가 가능한 존재!
그것은 하나님의 도성 '예루살렘'이어야 한답니다.
그 성을 구성하는 하나님의 백성이어야 하겠지요.
결국 깨우는 그 존재는
지금 우리 성도 한 사람, 한 사람이어야 의미상으로 맞는답니다.
성도는 모여서 교회를 이루고
교회는 모여서 우주적 교회를 구성하는데
이 우주적 교회는 하나님의 도성인 예루살렘 성전이 될 테니까요.
성도는 각자 모여서 하나님의 성전으로 지어져 가는 것이니까요.

"저 말씀은 그냥 예루살렘을 회복하신다는 말씀이 아닐까요?"
"포로 회복을 상징적으로 표현한 것이 아닐까요?"
이런 의문이 생길 수도 있겠네요.
그렇다면 우리는 잠시 이사야 51장을 살펴보아야 한답니다.
이사야 51장부터 53장까지는
내적 논리를 따라 죽 하나처럼 이어져 있답니다.
어느 부분에서 불쑥 아무 예언이나 나열하는
그런 형식이 아니라는 뜻이지요.
특히 이사야 51장은
'선지자'와 '하나님'의 주고받는 질의, 응답 같은 형식을 취하며
예언이 이어지고 있거든요.
그 흐름은 이렇답니다.

"의를 찾는 자는 들으라." "옳음을 추구하는 너희는 들으라."
"구원은 영원할 것이며 내 의는 결코 실패하지 않으리라."
이렇게 이사야 51장 1절부터 8절까지 이어진답니다.
여기는 하나님께서 찾으시는 자의 기준을 선포하시는 모습을 담습니다.
특별히 이 말씀은 바로 앞 장인 이사야 50장의 끝부분과 관련이 있습니다.
"빛도 없이 캄캄한 길을 걷는 자로 하여금 우리를 신뢰하게 하자!"
주께서 모의하듯 새롭게 선택하신
장래의 자기 백성 선택의 기준이 이것이었잖아요?
자기를 위해 횃불을 밝히고 자기 길을 가는 자들이 형벌 아래 놓이리라
이렇게 선포도 하셨잖아요!
이 말씀에 대한 보충 선언과도 같은 말씀이
바로 이곳 이사야 51장 1절부터 계속하여 이어지는 말씀이랍니다.
누가 하나님의 믿음에 들 것인가?
이 질문에 대한 해답을
앞의 기준에 보충이라도 하듯 이어서 나오는 것이잖아요?
"의를 찾는 자" "옳음을 추구하는 자"
이들이 바로 하나님의 의와 구원을 얻으며
그 의는 영원히 결코, 실패하지 않으리라고 선포하시고 있잖아요?
그러니까 '삶의 의미가 무엇인지'
'무엇이 인생의 의로운 길인지'
그 바른길을 찾으려고 목말라하는 사람이
하나님의 결코, 실패하지 않는 의를 얻게 된다는 뜻이잖아요?
이로 볼 때 앞 장에서의 "자기 횃불이 없는 자"의 의미는
이곳에서는 '삶의 바른길을 찾으려고 목말라하는 자'
그런 사람을 지칭한다는 뜻이 되겠지요?
생활 수단이 없다는 의미라기보다는 인생길을 헤매는 자지요?

예수께서는 이런 모습을 "의에 주리고 목마른 자"라 했답니다.
이런 말씀이 이사야 51장의 처음부터 8절까지 이어진답니다.
이제 그럼 다음의 9절부터 이어지는 '깨우는 모습'을 살펴봅시다.

이사야 51장 9절에서 '깨우는 모습'이 처음으로 등장한답니다.
선지자의 이 행동은 앞의 하나님 선포에 대한 응대와도 같습니다.
그런데 이렇게 깨우는 선지자의 모습은
우리가 문제 삼고 있는 다음 장인 52장 초반 부분에 이르기까지
같은 모습 같은 형태 같은 용어로 3번이나 반복된답니다.
이를 통해 우리는 이사야서 51장부터 52장까지가
내용으로나, 형식으로나 같은 맥락으로 이어졌음을 쉽게 알 수 있겠죠?
그렇다면 우선 51절의 첫 번째 깨우는 내용을 봅시다.

"깨어라! 깨어라!"
"너 하나님 능력의 검이여, 깨어나라" (이사야 51장 9절)
"예전에 애굽의 신 라합을 찔러 조각내던 칼이 아니더냐?"(9절)
이 부분에서의 화자는 '선지자'의 음성입니다.
선지자가 하나님의 '검'을 깨우고 있는 모습이랍니다.
왜 그랬을까요?
이사야 선지자는 하나님께서 원하신다면
앞에서 제시하신 조건에 맞게
자기 백성을 회복하실 수 있으리라 믿었던 모양입니다.
과거 출애굽 당시처럼 못할 이유가 없다고 생각했던 모양입니다.
선지자는 지금 과거의 일을 회상하며
출애굽 당시의 무시무시했던 창조주의 능력을 소환하려는 것이랍니다.
어쩌면 자기 백성을 향한 하나님의 애정을

소환하여 기억하게 하려는 의도도 있을 것 같습니다.
어쩌면 전능하신 하나님께 향한 다소의 어리광도 있는 걸까요?
왜 예전의 능력으로 우리 백성을 회복하지 않으신가요?
이런 의미가 조금은 있을까요?
"하나님의 백성"
만일 진실로 하나님의 백성이 맞는다면
출애굽의 이적이 이제 드러나야 할 것 같지 않아요?
지금 칼을 깨우는 선지자의 심정이 이와 비슷할 것 같습니다.
과거 이집트 신을 벌하시던 하나님의 모습을 추억하며
자기 민족의 회복을 간절히 기원하는 것입니다!
〈*하지만 하나님은 인간을 기계처럼 지으시지 않는답니다!〉

이사야 51장 11절부터 16절까지는
앞 절 선지자의 깨우는 행위에 대한 '하나님의 응답'과 같답니다.
주께서는 선지자의 질문 같은 '깨우는 외침'에 이렇게 답하시지요?
"주가 구원한 자들이 돌아오리라"
"그들이 찬양하며 시온에 들어가리라"
"영원한 기쁨이 그들을 따르겠고, 한숨과 슬픔이 사라지리라"(11절)
어쩐지 천국에 대한 말씀 같지 않나요?
적어도 가나안 백성만의 회복을 의미하지는 않는 듯하지요?
다음 구절도 봅시다.
"나밖에 너를 위로할 자가 누구뇨"
"그저 풀인 존재를 나보다 두려워하는 자가 누구뇨"(12절)
"하늘을 펴고 땅의 기초를 세운 너의 창조자를 잊은 자가 누구뇨"
"그는 파멸로 향할 압제자의 분노를 두려워하여 매일 떨며 살도다."(13절)
"하늘을 펴신 이가 땅의 기초를 세우신 이가 시온에게 말하노라."

“너희는 내 백성이니라”(16절)
중간 몇 부분은 분량을 고려하여 생략했답니다.
제시된 몇 구절 안에서 ‘시온’이라는 명칭이 두 번이나 나오지요?
모두 “하나님의 나라”라는 의미로 사용되었잖아요?
또 말씀의 내용조차도 훗날 드러날 천국을 의미하지요?
예전 가나안 백성 유다만의 회복을 의미하지는 않잖아요?
오히려 그들을 향한 “믿음”의 부재를 책망하시는 내용도 있었지요?
창조주 대신에 압제자의 진노를 두려워하는 자들을 책망하시고 있군요.
선지자의 간절한 소망에 대해 주는 장래 천국 백성 이야기로 응대하신 것입니다.
이제 두 번째로 깨우는 선지자의 목소리를 들어봅시다.
이번에도 선지자는 유대의 ‘예루살렘’을 깨운답니다.
이 내용도 줄여서 핵심만을 대화 형식으로 아래에 제시합니다.

“일어나라! 깰지어다 예루살렘이여!”
“하나님 손에서 진노의 잔을 마신 자로다.”(17절)
“그녀가 낳은 모든 자식이 그녀를 인도하지 못하도다”(18절)
“그녀가 기른 모든 후손이 그녀의 손을 잡아주지 못하도다”(19절)
“그러므로 너 고통당한 자여, 전능자의 말씀을 들으라!”(22절)
선지자 이사야는 유다의 과거 예루살렘을 깨우자마자
그들의 장래 모습이 투영되는 듯
그들의 암울한 미래 모습을 예언하기 시작하고 있습니다.
예언이 길어지지만, 원하는 좋은 모습은 보이지 않는군요.
그러므로 이어지는 하나님의 응답과 위로가 나온답니다.

“내가 너를 취하게 했던 그 잔을 다시는 마시지 않으리라”(22절)
“그 잔을 너의 학대자에게 주리라”(23절)

"그들이 너에게 말하기를 엎드리라
우리가 길처럼 너를 밟고 가리라 하였느니라"(23절)
여기 선지자가 깨운 사람들은 누구입니까?
바벨론에 포로로 잡혀간 자들이 맞잖아요?
길바닥처럼 엎드리게 만들고
그 위를 길처럼 밟겠다고 말한 자들이 바벨론 사람이잖아요.
실제로 갈대아인들은 유다 포로에게 이처럼 행동하였잖아요?
같은 이름 '예루살렘'이라 칭하며 깨우고 있지만,
얼핏 같은 대상을 깨우는 듯하지만,
이들은 갈대아인에게 붙잡혀 끌려간 그 사람들이 맞잖아요?
어떤 이는 이 장면에서 '하나님이 압제당한 사람을 위해
복수하신다'라고 해석하기도 한답니다.
하지만 그런 해석은 지나친 일반화로 매우 편협한 해석이랍니다.
이 장면에서의 핵심은, 깨우는 대상이 '예루살렘'은 맞지만
이렇게 불러 깨운 후에도
주께서 주실 위로의 말씀은 매우 제한적이라는데 있답니다.
복수를 약속하시는 말씀뿐이잖아요?
이것이 실상 그들이 제일 갈망하던 내용이기도 했지요?
그리고 그 약속이 이루어져서
신바벨론은 오래 가지 못하여 멸망하였잖아요?
〈*이런 모든 내용은 실상 먼 훗날 일어날 예언들이랍니다〉
〈*이사야가 세상을 떠난 오랜 후에 이런 모든 일들이 성취된답니다〉

이제 우리는 같은 방식으로 깨우는 세 번째에 왔답니다.
그리고 우리는 이번에 깨우는 '예루살렘'과 '시온'이
과거 무너졌던 유다의 예루살렘이 아니라는 점도 알게 되었지요?

그에게 권하는 말씀의 내용이나 태도가 이전과 확연히 다르지요?
선지자가 이제야 주께서 원하시는,
마땅히 깨워야 할 대상을 바로 찾은 것 같네요.
하나님의 뜻을 거역할 수는 없을 테니까요.

이제 우리는 말씀 중에 언급하는 '옷'에 대해 알아볼 수 있겠네요.
그런데 말입니다.
그 옷이 능력(with strength)의 옷이라고 하네요!
또 그 옷이 위풍당당한(with strength) 옷이라고 합니다!
원래 이전 백성은 이런 옷이 없었잖아요?
오죽하면 이들을 지렁이 같다고 불렀을까요?
그 말씀을 살펴봅시다.
"지렁이 같은 너 야곱아,
내가 너로 이가 날카로운 새 타작 기계를 삼으리라" (이사야 41장 4절)
예전에는 '지렁이' 같았는데
장차 '새 타작 기계'로 삼으신다는 뜻이지요?
'새 타작 기계처럼 날카로운 그 옷'
지금 이사야서 41장 4절의 예언이
이사야 52장 초반에서 성취되는 현상으로 보여주고 있지요?
예언된 말씀이 미래의 일이므로
그 예언이 성취되는 예언도 미래의 일이겠지만
우리는 예언 가운데서 드러난 재미있는 현상도 보게 되는군요.
저 예언이 성취되는 그 옷은 무엇일까요?

7. 능력으로 옷 입기 Ⅱ – 전신 갑주

"Awake, awake, Zion,
clothe yourself with strength!
Put on your garments of splendor,
Jerusalem, the holy city.
The uncircumcised and defiled
will not enter you again.
Shake off your dust;
rise up, sit enthroned, Jerusalem.
Free yourself from the chains on your neck,
Daughter Zion, now a captive."
(일어나라! 깨어라! 시온아,
능력으로 옷 입을지라!
위풍당당하게 차려입으려무나
거룩한 성 예루살렘이여!
할례 없는 자나 더러운 자가
다시는 그 안에 들어가지 못하리니
너의 발의 먼지를 털어버리라!
일어나 보좌에 좌정하라, 예루살렘아!
비록 지금 포로일지라도 시온의 딸이여
네게 있는 목의 사슬을 스스로 벗어버리라!) (이사야 51장 1~ 3절)

이제 우리는 저 능력의 옷 주인공을 알았습니다.
그러므로 그 옷의 능력이 무엇이지도 살펴봅시다.

에베소서 6장에 그 내용이 나온답니다.

"Therefore put on the full armor of God,
so that when the day of evil comes,
you may be able to stand your ground,
and after you have done everything, to stand."
(그러므로 하나님의 전신 갑주를 입어라.
이로써 너희가 악한 날에 든든히 서고 모든 일을 행한 후에 서게 함이라.)
(에베소서 6장 13절)
"하나님의 전신 갑주"
능력으로 옷 입는 거지요?
왜 입으라고 하나요?
악한 날이 오겠기에 입으라는 것이군요.
그 악한 날에 여러 가지 일들을 행해야 하며
그렇게 일한 후에도 실족하여 넘어지지 않고
굳건히 서기 위함이라고 합니다.
바울 사도도 자신이 달려갈 길을 다 가고
끝까지 '믿음'을 지켰으므로
바울을 위한 '의의 면류관'이 준비되었다 고백했지요? (디모데후서 4장 7절)
이 갑옷은 성도가 믿음의 선한 싸움을 싸우기 위해
필요한 무기라는 뜻이겠네요.
자세히 살펴봅시다.

"Stand firm then, with the belt of truth buckled around your waist,"
(진리의 띠를 허리에 매고 굳게 서라!) (14절)
"굳게 서라(Stand firm)"

무장을 다 갖춘 후에도
군인처럼 굳게 서라고 명령하고 있지요?
허리띠를 매는 가장 큰 이유도 서기 위해서이잖아요?
활동에 자유를 얻게 하는 것도 허리띠지요?
그런데 성도가 매야 하는 허리띠는 '진리의 허리띠'라 하는군요.
그러므로 '진리의 허리띠'가 무슨 의미일지도 생각해 봅시다.

모든 무장의 기본이 바로 '진리의 허리띠'이겠지요?
모든 무장의 마무리도 '진리의 허리띠'이겠네요.
이것이 영적 무기라는 사실이 느껴지지요?
성도의 싸움은 실총 들고 실제 칼 들고 싸우는 싸움이 아니잖아요?
그런데도 이 무장은 실제 전쟁터에 서 있는 군인처럼 무장하는군요.
또 이런 무장은 모든 성도에게 같은 무기가 적용되고 있지요?
여러 가지 무기로 무장하겠지만
특히 '허리띠'는 옷의 모든 중심을 잡고 옷이 몸에 머무르도록 지키잖아요?
'진리를 바로 아는 일이 그토록 중요'한가 봅니다.
진리의 허리띠는 '진리를 아는 자만이 착용'할 수 있으니까요.
그런 사람이 누구일까요?
새로 부르실 하나님의 새 백성은 어떤 자일 것이라 했나요?
이사야 51장 초반부에서 우리는 하나님의 예언하신 음성을 들었잖아요?
그 말씀을 상기시켜 볼까요?

""Listen to me, you who pursue righteousness
and who seek the Lord:"
(옳음을 추구하며 주 하나님을 찾는 너희여 내 말을 들으라.)
(이사야 51장 1절)

여기 말하는 '옳은 것'이 '진리'이겠지요?
하나님이 주시는 옳음, 곧 '그의 의'는 영원히 변하지 않는다고 했지요?
그의 '구원의 약속'이 진리이잖아요?
주의 '말씀'이 진리이잖아요?
변하지 않는 것은 오직 하나님의 말씀뿐이기 때문이니까요.
이 진리에 속하는 것들은 허리띠처럼
한 덩어리로 이어져 있을 것이 분명하잖아요?
옷처럼 입으며 장식처럼 맬 수 있으리라고 여겨진답니다.
누가 이 진리를 맬까요?
옳은 것을 찾는 자라 하였지요.
하나님께서 창조주이심을 알고
그의 뜻이 옳음을 알고
자기를 지으신 이를 찾는 자이겠지요.
그런 자가 진리를 알고 진리를 따르게 되는 것이겠지요.
왜냐고요?
위의 말씀처럼 그렇게 찾는 자라야 하나님의 말씀을 들으니까요.
이사야 51장의 이어지는 구절에서는
이처럼 진리의 말씀을 앙모하는 자가 세상에 많으리라 예언하십니다.
섬들조차도 이를 앙모하게 된다고 하십니다.
이들이 모두 하나님의 백성이 된다는 뜻일 것입니다.
이들이 모두 진리로 허리띠를 매는 자들일 것입니다.

"and with your feet fitted with the readiness
that comes from the gospel of peace"
(평화의 복음으로부터 나오는
잘 맞고 언제나 잘 준비된 신발을 신고) (에베소서 6장 15절)

'복음의 신발'이라는 무장은
우리말로 번역할 때 자칫 중의적 오해가 생길 수 있습니다.
'평안의 복음의 신발'이라고 번역하게 되기 때문입니다.
영어 문장에 보면 '평안' 즉 '평화'가 복음의 본질이라 표현된답니다.
'평안이 본질인 복음의 신발!'
'복음'이란 원래가 평화와 편안을 선언하고 전하는 것이잖아요?
죄를 지어 에덴에서 쫓겨나 창조주에게서 떨어져 나간 인류가
죄의 용서를 받고 창조주와 화평을 이룬 것이 복음이기 때문입니다.
그래서 이 일에 대해 천사가 이렇게 찬송했습니다.
"지극히 높은 곳에서는 하나님께 영광이요
땅에서는 기뻐하심을 입은 사람들 중에 평화로다"(누가복음 2장 14절)
복음을 전한다는 의미는 이 화평을 전한다는 뜻입니다.
전하는 사명을 모든 성도에게 주셨기 때문에
그 사명을 이루는 방편으로
'복음의 신발'을 신으라는 것이잖아요?
말하자면 성도의 가장 큰 사명, 가장 큰 싸움이 이것인 셈입니다.
성도라면 누구나 이 신발을 신습니다.
교회 생활을 하다 보면 성도가
자기 깨달은 은혜 이야기를 무척 하고 싶어 하는 것을 봅니다.
누군가 상대를 찾아 전달하고 싶은 욕망이 성도의 본질이랍니다.
그가 복음의 신발을 신었기 때문이겠지요?
이는 어린 염소가 본능에 따라 머리로 받는 모습과 같습니다,
복음의 신발 자체가 지닌, 가장 도드라진 특징인 셈입니다.
언제든지 누구에게나 전달하도록
잘 준비된 상태의 신발
이것이 바로 말씀 가운데 담겨 있는

'복음의 신발'의 올바른 의미입니다.
성도는 이 충동을 무시하거나 억제하지 말아야 하겠지요?
성령께서 성도를 재촉하시는 현상일 테니까요.
제사장의 복장이 전신 갑주와 연관되는 유사점이 많답니다.
제사장이 성도를 상징하며 그의 장식들도 그와 같기 때문이지요.
특별히 '복음의 신발'은 대제사장이 입는 에봇과 연관된답니다.
에봇 맨 아래 솔에는 방울과 석류가 번갈아 달려있거든요.
왜 방울을 달았을까요?
걸음걸음마다 방울이 울려 소리가 나도록 준비한 것이랍니다.
누가 그것을 시켰을까요?
하나님의 근엄한 명령이랍니다.
대제사장이 지성소에 들어가려면 다리에 끈을 묶고 들어가야 했거든요.
방울 소리가 울리면 살아있는 것이고
방울 소리가 없으면 그가 부정한 행동으로 죽었으므로
묶은 줄로 그를 끌어내야 했답니다.
하나님의 엄위가 너무 크므로 아무나 들어갈 수 없었거든요.
그러므로 방울 소리는 생명의 상징이 된답니다.
살아있는 성도는 지금도 이 '방울 소리'
즉 '복음'을 세상에 전하는 사람이잖아요?
복음이 전해지는 곳마다 거기 보석과도 같은 생명의 열매가 맺힌답니다.
에봇 끝단에 방울과 번갈아 달린 석류가 이것을 상징한답니다.
복음의 신발이 성도에게 얼마나 중요한지!
복음을 전하러 나가는 성도의 발걸음이 얼마나 아름다운지!
복음을 전하는 성도를 주께서 얼마나 기뻐하시는지!

이제 '구원의 투구'와 '의의 호심경'을 알아봅시다.

왜 두 무기를 한꺼번에 이야기하느냐고요?
공통점 때문이랍니다.
이 두 무장은 모두 이중성이 있답니다.
하나는 '자신의 것'
다른 하나는 '다른 이의 것'
물론 다른 이의 것은
우리 주 예수께서 우리에게 주신 것이랍니다.
구원의 투구는
믿음을 통해서
철저하게 나의 것을 버리고
주께서 주신 약속을 머리에 써야 한답니다.
자신의 판단에 의존하는 불안정을 방지하려고 주의 약속을 쓰는 겁니다.
의의 호심경도 이와 같은 원리입니다.
죄의 문제에서는 철저하게
주의 약속을 믿는 믿음으로
자신의 것을 버리고
주의 주신 의로우심을 가슴에 입는답니다.
'구원의 투구'는 '구원의 확신'을 의미한답니다.
이는 주께서 우리에게 보장하신 약속이지요.
천지는 없어질지라도 결단코 변하지 않을 약속이지요.
이것을 마치 진리의 허리띠처럼 머리에 단단히 써야 한답니다.
우리의 머리는 우리 심령의 입과 같답니다.
육신의 입으로는 음식이 들어가 몸이 쓸 에너지를 공급하지만
영혼의 입은 여러 가지 생각이 들어가 심령을 어지럽히잖아요?
그곳의 보초병이 바로 '구원의 투구' '구원의 확신'이겠지요?
그러므로 아무 생각이나 아무 사상이나

함부로 들어가서 함부로 주장하지 못하게 막아야 하겠지요?
들어가는 것은 그나마 폭넓게 수용이 되겠지요?
특히 사람은 평생 배워야 하는 존재이므로
많은 생각과 많은 탐구와 많은 이해와 묵상이 필요할 테니까요.
그렇다고 진리가 흔들리는 상태를 방치할 수는 없겠지요?
구원의 확신이 흔들리는 상태를 말하고 있답니다.
성도가 성숙할수록 장성할수록 더욱 세상일에도 자유롭기에
구원의 투구도 성도의 성숙과 함께 더욱 튼실해질 것입니다.
생각이 처음 일어나는 장소가 어디일까요?
머리일까요? 가슴일까요?
정확히 정의하기가 어렵지요?
다만 애정과 도덕과 양심 등의 감성 문제는 가슴에 가깝고
논리와 이성의 판단과 지적 활동은 머리에 가깝다고 여겨집니다.
우리의 뇌는 로봇이나 AI가 하는 일과 비교적 비슷하다고 보이지요?
우리의 감성은 로봇이나 AI가 흉내 내지 못하는 분야가 되겠지요?
그렇다면 '구원의 투구'가 하는 역할이 한 가지 더 늘겠네요.
잡다하게 안에서 일어나는 여러 생각들을 통제하는 것이 그것입니다.
우리 죄의 본질에서 나오는 악한 생각이나 욕망을 통제하는 것입니다.
주의 명령을 순종하여 날카로운 지적 통제를 바탕으로
자신의 욕망을 절제해야 하겠지요?
그러나 생각해 봅시다.
어떤 욕망이 의에 반하는 정욕이라면
이를 거부하고 차단하는 역할은
구원의 투구와 의의 흉패가 동시에 작동해야 할 내용이 아닐까요?
함께 판단하고 함께 분별하며 함께 막아내야 할 공통의 일인 듯합니다.
실상은 성도가 입는 모든 무장이 함께 일한다고 해야 맞겠지요?

만일 성도가 진리 위에 굳게 섰다면 여러 가지 종류의 세상 풍파가
성도의 믿음과 확신을 흔들지는 못한답니다.
그러나 성도의 믿음을 흔드는 요소가 많으므로
악한 생각이 가만히 자리하여 자라가지 못하도록
열심히 기도해야 한답니다.
기도하면 잡다한 생각들이 사라진답니다.
만일 원치 않는 잡생각이 많아진다면
기도를 소홀하지 않았나 점검해 보아야 하겠지요?
우리는 모두 이것을 경험으로도 알고 있잖아요.

"with the breastplate of righteousness in place"
(의의 흉패를 가슴에 붙이고) (에베소서 6장 14절)
구약의 제사법에서 제사장은 흉패를 붙이지 않았습니다.
오직 에봇을 입은 대제사장만 붙였지요.
대제사장은 주 예수를 상징하고 제사장은 성도를 상징하지요?
대제사장은 에봇이라는 특별한 옷을 입은 후에
수건 모양으로 생긴 '흉패'를
에봇 위에 추가로 매달아 고정시켰답니다.
흉패는 가로 세로 길이가 약 22cm인 헝겊인데
홍색 자색 녹색의 삼색을 섞어 짠 후
이것을 두 겹으로 합친 손수건 형태의 정사각형 옷감이었답니다.
안쪽으로는 주머니처럼 우림과 둠밈을 넣는 곳이 있었고
바깥 보이는 쪽에는 이스라엘 열두지파를 상징하는 보석을 붙였는데
각 보석에 테두리를 만들어 헝겊에 고정하였답니다.
이렇게 만든 흉패를
대제사장이 입는 에봇 가슴부위에 단단하게 고정하여 매달았지요.

이 대제사장의 흉패가
성도가 입는 전신 갑주의 흉패를 상징하는 것으로 보입니다.
왜냐고요?
우선 우림과 둠밈이 그렇답니다.
우림은 '빛과 계시'를 의미하고
둠밈은 '완전함과 진실'을 의미한다네요.
대제사장은 이것으로 하나님의 뜻을 물었답니다.
그 하는 역할 즉 기능이 성도의 흉패와 같잖아요?
성도의 흉패도 '하나님의 의'를 가슴에 붙이잖아요?
붙일 뿐 아니라 그 의를 따라서 살려는 자가 성도잖아요?
그 때문에 하나님의 뜻을 묻는 것이고요.
예수님의 본을 따르는 자가 되었잖아요?
만일 대제사장의 흉패가
오직 우리 주 예수님만을 상징한다면
왜 '우림'과 '둠밈'이 필요했을까요?
이는 인간의 죄와 한계로 인하여 생겨난 필요잖아요?
또 우리 주 예수를 대신하여 성령께서 계시는 것이잖아요?
이 때문에 대제사장의 역할이 성도에게서도 드러나야겠지요?
그런 이유로 성도는 온 교회와 다른 성도를 위해 기도하잖아요?
새 이스라엘의 열두지파를 위해 기도하는 것이잖아요?
이런 모습이 구약의 대제사장 모습과 닮았잖아요?
흉패에 붙인 열두 보석이 그것을 의미하잖아요?

흉패에는 또 다른 비밀도 있답니다
우리가 아까 '구원의 투구'와 '의의 흉패'는
각각 두 종류가 존재한다고 했지요?

자기 것과 주께서 주신 것이라 했답니다.
투구는 내피와 외피가 있는데
특히 외피가 '구원의 확신'에 해당하여 여러 공격을 굳게 막아주지요.
이것은 대제사장이 관모에 붙였던
'여호와께 성결'이라는 문구와도 같답니다.
우리 생각이 마땅히 거룩하고 성결해야 하지만
비록 그렇지 못할지라도
주님의 주신 외피의 약속대로 구원받은 자임을 믿잖아요.
그의 약속이 크고 변하지 않을 것이 분명하므로
우리는 구원을 받아 천국에 들어갈 것을 굳게 믿는답니다.
비슷한 역할이 '의의 흉패'에서도 나타난답니다.
안에 있는 자기의 의로움과 밖에 있는 주께서 주신 의로움이
서로 충돌하여 갈등하는 현상이랍니다.
이런 이유로 대제사장의 흉패는 두 겹의 천으로 만들었나 봅니다.
그리고 이 두 겹의 천 사이에 두었던 '우림'과 '둠밈'은
장차 우리에게 주실 '성령 하나님'을 상징하겠지요?
그렇지 않다면 왜 이 둘의 의미가 '빛과 완전함'일 수 있을까요?
주께서 승천하시기 전에 제자들에게 오실 보혜사를 설명하셨지요?
주께서 '성령 하나님'을 설명하시는 내용이 이채롭잖아요?
"그가 와서 죄에 대하여, 의에 대하여, 심판에 대하여 세상을 책망하시리라
죄에 대하여라 함은 그들이 나를 믿지 아니함이요
의에 대하여라 함은 내가 아버지께로 가니 너희가 다시 나를 보지 못함이요
심판에 대하여라 함은 이 세상 임금이 심판을 받았음이라"
(요한복음 16장 8~11절)
이 구절 말씀에 성령께서 하시는 일이 자세히 설명되지요?
만일 성도가 믿지 못하면 성령께서 책망하시겠지요?

만일 성도가 세상을 따라가면 성령께서 책망하시겠지요?
만일 성도가 의롭지 못해도 성령께서 책망하시겠지요?
"책망"하시는 일을 한다고 하셨잖아요?
어디에서 하실까요?
우리 심령에 오셔서 하시지 않겠어요?
그 지점이 바로 '자신의 의'와 '하나님의 의' 사이이겠지요?
바울 사도도 이 일로 인하여 크게 갈등하였답니다.
"그러므로 내가 한 법을 깨달았노니
곧 선을 행하기 원하는 나에게 악이 함께 있는 것이로다
내 속사람으로는 하나님의 법을 즐거워하되
내 지체 속에서 한 다른 법이 내 마음의 법과 싸워
내 지체 속에 있는 죄의 법 아래로
나를 사로잡아 오는 것을 보는도다
오호라 나는 곤고한 사람이로다
이 사망의 몸에서 누가 나를 건져내랴
우리 주 예수 그리스도로 말미암아 하나님께 감사하리로다
그런즉 내 자신이 마음으로는 하나님의 법을 육신으로는 죄의 법을 섬기노라."
(로마서 7장 21~ 25절)
정도의 차이가 있겠지만 성도에게는 반드시 이 갈등이 있답니다.
기도를 많이 할수록 이 갈등도 선명해진답니다.
왜 그럴까요?
점점 자기의 생각과 방법을 버리고
하나님의 방식으로 변해가려는 것이겠지요?
그것은 마치 돌감람나무 기둥 줄기에
새 감람나무 싹을 접붙인 것과도 같겠지요?
그러나 이 일은 성도의 평생의 여정이랍니다.

이 과정의 여정으로 성도의 영혼은 변화해 가겠지요?
그러나 또 매 순간 매일의 회개에서 회개한 후에는 언제나
주의 주신 의가 대체된답니다.
위의 고백을 했던 바울 사도처럼 말이지요.

'구원의 투구'와 '의의 흉패'에는
또 다른 비밀이 있답니다.
우리 주 예수께서 부활하셨기 때문입니다.
"의에 대하여라 함은 내가 아버지께로 가니
너희가 다시 나를 보지 못함이요" (요한복음 16장 10절)
부활은 '의'의 결과를 눈으로 보게 하는 '증표'입니다.
우리는 주께서 이 땅에 오셨다가
지금은 부활하시고 승천하시어
하나님 우편에 계신 것을 믿는답니다.
그런 까닭에 주는 지구상에 예전처럼 계시지 않습니다.
지금 예루살렘이나 나사렛이나 찾아다닐 필요가 없는 거지요.
예전 베드로나 요한이 그랬던 것처럼 우리는 만나지 못하니까요.
못 만나는 현상이 부활의 증거?
하지만 그럴 수 있습니다.
주 예수께서 "의와 부활"에 대해서 그렇게 말씀하셨잖아요.
성도가 '구원의 투구'와 '의의 흉패'를 붙여야 하는 중요한 이유도
장차 우리 주 예수처럼 '부활'할 것임을 믿는 '증표'이기 때문입니다.
성도는 이 약속을 언제나 몸에 지녀야 한답니다.
천로역정에 하나님이 주신 '신자의 증표'를 잃어버린 이야기가 나오지요?
어디서 무엇 때문에 잃어버렸는지 되돌아 가 찾잖아요?
"예수 그리스도께서 너희 안에 계신 줄을

너희가 스스로 알지 못하느냐
그렇지 않으면 너희가 버리운 자니라" (고린도후서 13장 5절)
무엇으로 압니까?
이 둘의 증표가 아니겠어요?
우리가 살아있는 성도라면 절대 이 둘의 '증표'를 잘 간직합시다.
둘이 한 쌍이요
둘 다 믿음으로만 얻게 되는 확신이랍니다.

"In addition to all this, take up the shield of faith,
with which you can extinguish
all the flaming arrows of the evil one."
(이 모든 것에 더하여 믿음의 방패를 들라
이것으로 악한 존재의 모든 불화살을 소멸할 수 있으리라) (16절)
이제 방어적 무장은 모두 살펴보았습니다.
남은 두 가지 무장은 '믿음의 방패'와 '성령의 검'입니다.
'성령의 검'은 하나님의 말씀이므로
긴 설명이 불필요합니다.
말씀을 묵상하는 것과
말씀을 암송하는 것이
원수 무리를 이기는 핵심적 공격수단이므로
성도는 이 일을 평생 매진해야 하겠지요.
특히 우리 주께서도 공생애 시작 전 금식하실 때
사탄의 유혹을 말씀으로 물리치셨습니다.
'아니다!'
'주의 말씀은 이렇다!'
이렇게 공격적으로 찌르셨지요.

하나님의 말씀에는 능력이 있잖아요?
말씀으로 천지를 지으셨잖아요?
사람의 말에도 힘이 있어
그 사람의 운명을 움직이는 키가 되잖아요?
하물며 하나님의 말씀이 어떠하리오.
'치트 키'
'극강의 비법'
중국 무협 소설에서 '구양 신공'은 다른 모든 무공을 이기잖아요?
수련자의 공력이 커질수록 위력이 폭증하잖아요?
하물며 하나님의 말씀이 어떠하리오.
진리의 말씀을 소리 내어 선포할 때 놀라운 능력이 나타날 것입니다.

'믿음의 방패'도 그 기능이 '성령의 검'과 비슷하답니다.
다만 다른 점은?
'믿음'이 없으면
전신 갑주를 입을 수조차 없답니다.
진리의 허리띠도 복음의 평안의 신도 신을 수 없답니다.
구원의 투구도 쓸 수 없겠지요.
의의 흉패도 쓸모가 없겠지요?
믿음이 없는데
하물며 '믿음의 방패'를 들 수나 있을까요?
그러므로 '믿음의 방패'란 무장은
성도가 지닌 '믿음'을 적극 사용하라는 의미가 된답니다.
그래서 손에 방패처럼 들라는 거잖아요?
믿음으로 강하게 선포하라는 거잖아요?
자신과 상대방 모두에게 확고한 신념을 보이라는 거겠지요?

마치 야곱이 사랑하는 자 요셉에게 색동저고리를 입힌 것과 같지요?
아버지의 특별한 사랑임을 필요할 때마다 숨기지 말고 드러내야겠지요?
이것의 기능이 방패이므로 우선은 막아야 하겠지만
다음으로는 굳게 서기 위하여 밀치고 일어서야 하겠지요?
무슨 말이나 일에나 무엇이든지 대적자의 공격이 있으면
이를 적극적으로 거부하며 방어하여 밀쳐내라는 뜻이겠지요?
자기 뜻을 확고하게 세운다는 것이 이런 의미가 아니겠어요?
"그런즉 너희는 하나님께 순복할지어다
마귀를 대적하라 그리하면 너희를 피하리라" (야고보서 4장 7절)
가만히 있지 말라는 거잖아요?
굳이 하나님의 말씀은 아닐지라도 대적하라는 뜻이겠지요?
또 이것은 우리 무장 중에서 가장 눈에 띄는 무장이지요?
피하여 움츠리지 말고 드러내 막아서야겠지요?
죄는 끈끈하게 들러붙는 특성이 있잖아요.
원수는 쉽게 포기하지 않잖아요.
그러므로 매우 적극적으로
막아서서 반복하여 싸우며 잘라서 끊어야 하겠지요.
이제 다시 이사야서의 우리 처음 이야기로 돌아갑시다.

"Free yourself from the chains on your neck,
Daughter Zion, now a captive."
(너 스스로 네 목의 사슬을 풀지라
지금은 포로인 딸 시온이여)
하나님의 전신 갑주로 옷을 입으라 깨우던 말씀의
마지막 구절이랍니다.
성도는 누구나 처음 믿을 때 죄의 포로인 상태이지요?

인간은 누구나 영적 눈으로 보면 죄의 포로 상태이잖아요?
하지만 전신 갑주로 무장하면 저 노예의 사슬은 자동으로 풀린답니다.
만일 아직도 죄의 종처럼 생각하며 행동한다면?
과감하게 떨쳐버리고 믿음을 옷 입어야겠지요?
우리는 여러 많은 무장에 대하여 하나씩 자세히 살펴보았지만
성도의 생활에서 실제로 드러나는 형태는 다음의 세 가지로 요약됩니다.
가장 중요한 것이 진리에 대한 확신이지요?
이것이 없으면 다른 아무 무장도 아무 의미가 없습니다.
둘째는 구원의 확신입니다.
셋째는 부활의 확신입니다.
둘째와 셋째의 내용은 실상 한 덩어리이기도 하지요?
이상의 세 가지 확신은 성도에게 언제나 있어야 하겠지요?
만일 없다면?
무엇이 문제인지 이 책을 읽으시며 찾기 바랍니다.
만일 있었으나 희미해졌다면 무엇이 문제였는지 찾기 바랍니다.
또 무장한 후에는 "굳게 서라! (에베소서 6장 14절)"고 명령하지요?
믿음의 방패를 들고 원수를 밀쳐내며 넘어졌어도 일어나야 하겠지요?
무장은 서로서로 연결되어 있어서 함께 일하며 협력하여 능력을 드러내지요?
성도가 거꾸러뜨림을 당해도 죽지 않고 일어서는 이유가 이것이겠지요?
또 성도는 늘 자신의 무장을 점검하고 날카롭게 유지해야 하겠지요?
'말씀 묵상과 기도와 성령 충만'이 그것이랍니다.
이 일에는 '성령 충만'만이 유일한 해답이랍니다.

8. 드러내신 거룩하신 맨 팔 I – 원시 복음

"How beautiful on the mountains
are the feet of those who bring good news,
who proclaim peace,
who bring good tidings,
who proclaim salvation,
who say to Zion,
"Your God reigns!""
("평화를 선포하며
 복된 시절을 불러오고
 구원을 알리며
 시온에 말하기를
 '네 하나님께서 통치하시도다'
〈이 복음을〉 전파하는 자들의 산을 넘는 발길이
어찌 그리 아름다운지!") (이사야 52장 7절)

"Listen! Your watchmen lift up their voices;
together they shout for joy.
When the Lord returns to Zion,
they will see it with their own eyes."
("들리는가,
 너희 파수하는 자들의 목청을 높이는 소리가!
 그들이 일제히 환호성을 지르도다.
 주께서 시온으로 돌아오시는 때

그들이 자신들의 눈으로 이를 직접 볼 것이니라") (이사야 52장 8절)

"Burst into songs of joy together,
you ruins of Jerusalem,
for the Lord has comforted his people,
he has redeemed Jerusalem."
("너 예루살렘 황폐한 땅아,
다 함께 기쁨의 노래를 터트리거라.
이는 주께서 자기 백성을 위로하셨으니
그가 예루살렘의 죄를 속하셨도다.") (이사야 52장 9절)

"The Lord will lay bare his holy arm
in the sight of all the nations,
and all the ends of the earth will see
the salvation of our God."
("주께서 자기 거룩하신 팔의 속살을 만천하에 드러내시리니
세상 모든 땅끝이 우리 하나님의 구원을 보리로다") (이사야 52장 10절)

이사야 52장은 1절과 2절이 잠자는 자를 깨우는 장면이었지요?
누구를 깨웠나요?
성도였잖아요?
그렇다면 바로 이어서 복음이나 성도와 관련한 이야기가 나오겠군요?
아닙니다.
'창조주의 회상하시는 장면'이 삽입된답니다.
3절부터 6절까지 삽입된 내용이
우리가 가장 먼저 이야기하던 바로 그 부분이랍니다.

‘지금 여기에 이르러 내가 얻은 것이 무엇이뇨?’
이 분노의 말씀 기억나지요?
네 개의 절로 구성된 이 장면은 다음과 같이 요약되었잖아요?
1) 내 백성이 처음에는 살려고 이집트로 내려갔노라.
2) 후에는 내 백성이 바벨론에 값없이 팔려 갔노라.
3) 바벨론 압제자가 종일 조롱하며 나의 성호를 더럽혔노라.
4) 이제 지금에 이르러 내가 얻은 것이 무엇이뇨

이렇게 주의 회상 부분이 삽입되었으므로 인하여
‘복음 시대로 이어지는 다음 예언의 전개’가
흐름을 방해하나요?
앞의 깨우는 부분 이야기와 단절되어 보일까요?
아니지요?
어쩌면 이런 전개는
창조주의 일하시는 방식일 것입니다.
읽는 자나 듣는 자가 그 이유를 찾다가
주께서 일하시는 방법을 깨닫기도 할 것이거든요.
우리는 그런 과정 때문에 복음 시대가 전개되는 과정도 이해했잖아요?
이제 삽입 후 7절부터 이어지는 ‘복음 시대의 모습’을 봅시다.
또 51장 마지막에서 보여주었던
유다의 과거 ‘예루살렘’ 모습과도 비교도 해 봅시다.
술 취해서 비틀거리며 손을 잡아 부축해 줄 자녀도 없는,
후손마다 길모퉁이에 누워 희망이 없어 보이던,
그 ‘예루살렘’과
다음에서 제시되는
복되고 활기찬 예루살렘 모습을 비교해 봅시다!

"How beautiful on the mountains
are the feet of those who bring good news,
who proclaim peace,
who bring good tidings,
who proclaim salvation,
who say to Zion,
"Your God reigns!""
("평화를 선포하며
복된 시절을 불러오고
구원을 알리며
시온에 말하기를
'네 하나님께서 통치하시도다'
〈이 복음을〉 전파하는 자들의 산을 넘는 발길이
어찌 그리 아름다운지요!") (이사야 52장 7절)
활력이 보이시지요?
생명감이 넘치잖아요?
누구이겠어요?
비틀거리던, 후손조차도 희망이 없어 보이던 그 예루살렘일까요?
능력을 옷 입던, 왕의 자리에 앉으라던 그 예루살렘이겠지요?
복음 시대 최고의 가치는 복음의 전파에 있잖아요?
복음을 전파를 위한 모든 시도와 행위를
주께서 귀하고 아름답게 보시는 것이잖아요.
저 놀라운 예언의 말씀이 지금 우리 현실 가운데에 넘쳐나지요?
저렇게 예언하신 하나님 말씀이 성취된 모습을
우리는 매일 매 순간 목격하며 살고 있잖아요?

안타깝게도 이제 벌써 날이 저물어가고 있답니다.
시대가 혼탁하여지고
속이는 일이 일상 가운데에 스며들지 않은 곳이 없지요?
정직하게 말하는 지도자 보기가 쉽지 않네요.
정의의 사법 심판도 적잖이 타락했나 봅니다.
흑색선전과 되감아 치기 수법이 난무하지요?
복음의 변질도 만만치 않습니다.
많은 이단이 날뜁니다.
분별력이 중요한 이유이지요.
"시제품(prototype)"
"원시적(오리지널) 복음"을 어디에서 찾을까요?
복음서에서 찾을까요?
오히려 예언서에서 찾으면 어떨까요?
마침, 이사야 52장은 이 내용을 잘 축약하여 보여주는군요.
거기, 원시 복음으로 저장된 예언을 통해 자세히 살펴봅시다.
(①평화를 선포하며
②복된 시절을 불러오고
③구원을 알리며
시온에게 말하기를
④'네 하나님께서 통치하시도다') (7절)
이 이사야 52장 7절의 말씀이 바로 그것이랍니다.

복음의 첫째 내용은 평화를 전하고 선포하는 것이어야 하겠지요?
여기서 말하는 평화는
세상에서 말하는 안전이나 안정, 여유 등을 의미하지 않잖아요?

사람과 하나님과 사이의 평안과 평화잖아요?
죄로 원수가 되었던 관계에서 회복되어
신뢰와 사랑의 관계를 회복한 상태를 말하잖아요?
사람의 평안은 죄에서 해방되어야 비로소 얻을 수 있으니까요.

"도르래"
물체를 보다 작은 힘으로 끌거나 들어 올리려고 고안한 장치이지요?
집게나 가위, 핀셋 등도 같은 원리이지만
주로 물체의 양 끝에 줄을 매달아서 사용하잖아요?
도르래에 아주 아주 아주 길고 가는 끈이 연결되어 있다고 생각해 봅시다.
미끼를 문 물고기가 아주 긴 줄을 감아 들이면 딸려 오지요?
창조주와 피조물의 관계가 그렇답니다.
"야곱아 내가 부른 이스라엘아 내게 들으라
나는 그니 나는 처음이요 또 나는 마지막이라
과연 내 손이 땅의 기초를 정하였고
내 오른손이 하늘을 폈나니
내가 그들을 부르면
그것들이 일제히 서느니라" (이사야 48장 12~ 13절)
이 말씀이 창조의 원리를 말하잖아요?
마치 도르래의 원리를 말씀하시는 듯하지요?
만물에는 창조주의 보이지 않는 선이 있다는 거잖아요?
하물며 창조주와 교제하기 위해 지은 사람이야 어떨까요?
더더욱 세세하고 친밀하게 부르실 연결점을 만드셨겠지요?
그것이 끊어진 고장 상태에서라면 무슨 현상이 일어날까요?
사람이 태어나 사는 동안 겪는 지독한 갈증이 그것이 아닐까요?
한없이 목마르지만 채워지지 않는 갈증!

부자가 되어도 끝나지 않고
지위와 권력을 차지해도 채워지지 않는 갈증이지요?
이런 갈증의 이유는 단 하나!
창조주께 연결된 도르래 때문이랍니다.
그 연결점에 남아있는 묘한 기능의 부작용이랍니다.
우상숭배는 모두 이 현상으로 인한 부작용이지요.
성도가 죄의 문제를 해결하고
'주 예수의 의'가 '나의 의'로 드러나면
그 효과로 '평안'이 임하는 것이 그 때문이랍니다.
"평안을 너희에게 끼치노니
곧 나의 평안을 너희에게 주노라.
내가 너희에게 주는 것은
세상이 주는 것 같지 아니하니라.
너희는 마음에 근심도 말고 두려워하지도 말라"(요한복음 14장 27절)
이 말씀이 그런 원리를 말씀하고 계시지요?
'의'의 공통된 효과를 '평안'이라 하잖아요.
사람이라면 이 공통된 증상과 이 공통된 치료 효과가 나타난다는 뜻이지요?
'예수께서 우리 죄를 대신 갚으셨으므로
우리가 창조주 하나님과 평화하게 되었다는 선포!'
이것이 복음이 전하는 첫 번째 '핵심이 되는 내용'입니다.

복음의 두 번째 내용은 '형통의 축복'이라고 말하고 있지요?
"복된 시절을 불러오고"
이 구절이 그것을 말하잖아요?
'승자가 모두 가진다. (The winner takes it all)'
스웨덴 팝그룹 아바의 노래 제목입니다.

이 기이한 현상은 자연의 일반 원칙이기도 하지요?
적자생존의 법칙이라고도 하잖아요?
수많은 알 가운데 소수만 성체로 자라나는 법칙입니다.
자연의 생존경쟁은 냉혹하고 치열하잖아요?
매 순간이 목숨을 담보하는 죽음의 게임 같잖아요?
하지만 복음 안으로만 들어가면 승리가 보장됩니다!
예수께서 이미 승리하셨고
악한 자를 결박하였으며
이제는 승리의 전리품만 나누면 되는 경우이거든요.
이뿐 아니라 원래 부요하신 이가 돌아온 탕자에게 '풍요를 약속'했답니다.
이런 이유로 성도는 축복을 경험합니다.
형통을 경험합니다.
세계 역사를 보더라도
기독교가 전파되는 길을 따라 경제적 풍요와 기술적 발전이 함께했답니다.
하나님께서 승자의 복을 주셨기 때문이랍니다.
"큰 산아 네가 무엇이냐? 스룹바벨 앞에서 평지가 되리라"
스가랴 3장의 이 말씀도 성도 앞의 장애가 평지처럼 된다는 뜻이지요?
이런 축복의 선언은 성경 곳곳에 명시되어 있잖아요?
믿음의 조상 아브라함에게 주신 축복도 그렇잖아요?
'너를 축복하는 자를 축복하고 너를 저주하는 자를 저주한다.'
창조주의 약속으로서 세상 사는 동안 이보다 큰 축복이 무엇이겠어요?
이 약속을 따라서 성도를 해치려는 아무라도 결코 형통하지 못하지요?
이보다 더 뛰어난 권세는 세상에 결단코 없답니다.
이처럼 복음은 축복으로 가는 통로랍니다.
영적 충만과 현실에서의 형통 및 풍요가
모두 복음을 통해 찾아오는 것입니다.

세 번째 내용은 '영원한 구원'입니다.
"구원을 알리며"
이 구절이 이것을 의미하지요?
앞의 두 가지는 우리가 예수를 믿자마자 얻게 되는 행복입니다.
그리고 이 세 번째 축복은 성도의 '영생'을 의미한답니다.
'영생'의 축복은 '부활'의 축복과 동일하지요.
성도는 오직 주 예수의 의를 힘입어서 주와 함께 부활할 것입니다.
성도에게 가장 크고 가장 중요하고
축복 중의 축복이 이것이랍니다.
혹 성도가 이 세상을 살아가는 동안에
믿음의 장성이나
주의 영광을 위해
시련과 고난에 빠지기도 하지만
모든 성도에게 하나같이 보장된 축복이 이 영생의 복이랍니다.
이 축복이 보장되었으므로
성도는 구원의 확신을, 부활의 확신을 늘 지닐 수가 있답니다.

네 번째는 주께서 성도와 함께 사시는 '임마누엘'의 축복입니다.
"네 하나님께서 통치하시도다"
이 구절의 말씀이 그것이지요?
창조주와 가까이하는 축복!
너무 기막히게 좋은데
한편으로는 다소 부담되는 부분도 있을까요?
왜 그런 느낌이 들까요?
성도가 아직 죄의 덩어리로 살아가기 때문이겠지요?

가장 부유한 분의 저녁 식사에 초대받았다면 어떨까요?
한 번은 좋지만 자주는 부담되나요?
그러나 만일 우리가
포악한 악당이나 사기꾼에게 인질로 잡혔다고 생각해 봅시다.
〈*실제로 인간은 간악한 손에 인질로 잡힌 노예 상태랍니다.〉
그 손에서 벗어나기를 얼마나 간절히 바라게 될까요?
온 우주의 가장 선하시고 인자하시고
가장 부요하신 이가
'임마누엘' 하나님이시랍니다.
너무 너그러우셔서 우리는 자주 그분 존재조차 잊고 산답니다.
주는 우리 가운데 계시며
죄에 대하여 의에 대하여 심판에 대하여 책망하시지만
강제하지 않으십니다.
권하며 기다리시는 것이지요.
고통을 말없이 인내하시는 것이겠지요?
성도의 악행이나 불의한 추구를 오래오래 참으신답니다.
오직 사랑하시기 때문에 분초 단위의 수고를 인내하신답니다.
사춘기 같은 성도도 빨리 철이 들어야 할 필요가 있겠지요?
복음을 전하면서
'임마누엘 하나님'을 전하지 않으면 안 되겠지요?
복음은 반드시 위의 네 가지 내용을
모두 포함해야 한답니다.
네 가지 중 하나라도 없거나 변형이 되면
그 복음은 이단이 된답니다.
이제 이사야의 다음 구절로 넘어가 봅시다.

"Listen! Your watchmen lift up their voices;
together they shout for joy.
When the Lord returns to Zion,
they will see it with their own eyes."
(들리는가,
너희 파수하는 자들의 목청을 높이는 소리가!
그들이 일제히 환호성을 지르도다.
주께서 시온으로 돌아오시는 때
그들이 자신들의 눈으로 이를 직접 볼 것이니라)
(이사야 52장 8절)
앞의 7절에서는 '복음 시대의 모습'이 생생하게 묘사되었지요?
그런데 8절 이 부분의 예언은 복음 시대의 모습과 함께
'첫 번째 크리스마스의 모습'이 교묘하게 섞이어 있네요.
초점이 점차 우리 주 예수의 탄생으로
이동하고 있는 느낌이 든다는 뜻이랍니다.

한 개인이 그리스도 복음을 수용하기까지에는 많은 난관이 있나 봅니다.
자신도 모르는 사이에 복음이 여러 번 그를 스쳐 가는 경우가 많답니다.
무인도에서 구해 줄 배를 기다리는 조난자를 생각해 봅시다.
날마다 바다를 향해 얼마나 목마르게 배 그림자를 찾을까요?
자기 영혼이 구원받기를 바라는 또 다른 자아가 있다면
본인은 세상에 취해 비틀거리며 무감각하게 살지만
또 다른 자아, 그 구원을 기다리는 파수꾼은
'배다!'
감격으로 함성의 소리가 터져 나오겠지요?
그 모습이 8절의 모습이 아닐까요?

'주께서 시온으로 돌아오실 때'
많은 사람이 그 모습을 반기겠지요.
실제로 우리 주 예수께서 예루살렘에 입성하실 때
수많은 사람들이 길가로 쏟아져 나와
양손에 종려 가지를 흔들며 환호하며 환영했답니다.
영적 파수꾼의 모습으로 깨어있던 몇몇 사람도
무한한 감사와 감격으로 주의 오심을 기뻐하였잖아요?
어떤 이는 상상하던 자기 욕망이 성사된 줄 오해도 하였겠지요?
어쨌든 그분 소문은 급속히 곳곳으로 퍼질 것이 분명합니다.
파수꾼이 보았던 이야기가 입에서 입으로 전해질 것입니다.
첫 번째 주 오신 이야기는 이처럼 강력한 전파력이 있었답니다.
지역을 넘어 시간을 넘어 지칠 줄 모르고 전해졌으니까요.
'들리는가! 일제히 환호하는 파수꾼의 목소리가!'
들릴 듯하지요?
예언서의 말씀을 통해 들리는 저 신비한 원초적 모습은
사진으로 찍은 듯 그대로 복음서에 기록되어 증명하고 있잖아요?
지금도 여러 성도를 깨우며 환호하고 있잖아요?
당시 영으로 깨어있던 자들의 환호하던 소리가
이제는 내 영혼의 환호하는 소리가 되어 소리치잖아요?
아직 예수를 구세주로 영접하지 않으셨나요?
저렇듯 환호하는 파수꾼의 소리가 들리지 않으신가요?
이제야말로 그 소리에 귀 기울여야 하지 않겠어요?
성전에서 기도하던 여 선지 안나,
동방에서부터 먼 길을 돌아 마구간에서 경배하던 박사들,
들에서 양치던 목자들과 천사들,
왜 이들이 환호하였는지 알 것 같지 않나요?

누가, 무엇이 이들을 준비하여 저렇게 환호하게 하였을까요?

이사야 52장의 말씀입니다.
"When the Lord returns to Zion,
they will see it with their own eyes."
(주께서 시온으로 돌아오실 때
그들이 이것을 그들 자신의 눈으로 볼 것이라) (이사야 52장 8절)
이제는 더 확고하게 여기 내용을 알 수 있겠지요?
'시온으로 돌아오실 때'
여기 '시온'이라 말씀하시는 것도
예전의 가나안 백성이 아님을 드러내는 모습입니다.
하지만 여기 이 문장
'그들이 자기 눈으로 직접 이를 보게 될 것이다.'
이 예언은 과거 유대 땅의 첫 번째 크리스마스와 관련이 있겠네요.
주께서 제자들과 유대 땅을 다니시던 모습이 상상되는 예언이지요?
또 예언하는 말씀의 방향도
복음 시대의 활기찬 기쁨의 모습을 예언하다가
여기서는 차츰차츰 재건한 예루살렘 인근으로
시선이 옮겨지는 느낌이 들지 않나요?
그러나 말씀의 핵심은
확고하게 복음 시대를 예언하고 있지요?

"Burst into songs of joy together,
you ruins of Jerusalem,
for the Lord has comforted his people,
he has redeemed Jerusalem."

("너 예루살렘 황폐한 땅아,
 다 함께 기쁨의 노래를 터트리거라.
 이는 주께서 자기 백성을 위로하셨으니
 그가 예루살렘의 죄를 속하셨도다.") (이사야 52장 9절)
여기 호칭은 예루살렘이지만
위로받고 속죄를 입은 자는 역시 복음 시대의 성도이겠네요.

"The Lord will lay bare his holy arm
in the sight of all the nations,
and all the ends of the earth will see
the salvation of our God."
("주께서 자기 거룩하신 팔의 속살을 만천하에 드러내시리니
세상 모든 땅끝이 우리 하나님의 구원을 보리로다") (이사야 52장 10절)
'창조주께서 자신의 맨 팔을 드러내 보이셨다.'
누구를 빗대 하신 말씀일까요?
예수 우리 주 아니겠어요?
그래서 제자들이 하나님을 보게 해 달라 요청하셨을 때
'너희가 이미 보았거늘 어찌 보여 달라느냐?' (요한복음 14장 8~ 9절 요약)
하셨지요?
비록 우리 성도는 예전 열두제자처럼 현장에서 주를 보지는 못했지만
실상 그들과 일치하게 믿음과 영의 눈으로 주를 보았답니다.
복음서가 전하는 말씀들을 믿고 알았기 때문입니다.

9. 드러내신 거룩하신 맨 팔Ⅱ – 구약시대 성도

"The Lord will lay bare his holy arm
in the sight of all the nations,
and all the ends of the earth will see
the salvation of our God."
("주께서 자기 거룩하신 팔의 속살을 만천하에 드러내시리니
세상 모든 땅끝이 우리 하나님의 구원을 보리로다") (이사야 52장 10절)

바벨론 포로 유다의 귀환 후
400여 년간 그들에게는 선지자가 없었답니다.
물론 그들이 자기 민족을 사랑하지 않은 것이 아닙니다.
다만 선지자의 이런 환희에 찬, 복음을 환호하는 예언의 말씀이
포로 귀환 유대민족을 향한 것이 아니라는 사실입니다.
이 사실을 분명하게 아는 일은 매우 중요하답니다.
하나님의 새 일이
유대인의 과거에서 이어져 왔으나, 그럼에도 불구하고
유대인의 그 이후의 역사로 계속 이어지지 않았다는 사실은
성경을 바르게 이해하는 핵심 중의 핵심이기 때문입니다.
구약 성경을 기록하게 하시고
구약 성경에 자기 일들을 드러내신 창조주께서
복음 시대로 이어지는 교회 시대에서도
같은 주께서 같은 구원의 사역을 하고 계시다는 사실을
분명하게 이해해야 하기 때문이지요.
그러므로 이미 믿음에 선 자들에게는 다소 불필요해 보일지라도
우리는 과연 그런지를 확인하기 위하여

그 이후 유대민족의 발자취를 따라가 보려고 한답니다.
그러나 먼저 다니엘서 예언의 말씀부터 이해해 보기로 합시다.
구약에는 뛰어난 믿음의 선조 이야기가 많이 있지만
그들 중 한 명인 다니엘 이야기나 그의 기록에도
주께서 사랑하시고 드러내시어 일하신 흔적이 너무나 아름답답니다.
그러므로 다니엘의 예언을 통해
그와 그의 백성의 일들이
어떻게 예언되고 어떻게 실현되었는지를 알아보려는 겁니다.

우선 다니엘 환상의 한 부분을 살펴봅시다.
다니엘 9장 후반부의 메시아 탄생을 예언한 내용 말입니다.
"Know and understand this:
From the time the word goes out to restore
and rebuild Jerusalem until the Anointed One, the ruler, comes,
there will be seven 'sevens,' and sixty-two 'sevens.'
It will be rebuilt with streets and a trench, but in times of trouble."
(이것을 이해하여 알라!
예루살렘 회복을 위한 명령이 나가고 난 후
통치자 곧 기름 부음을 받은 자가 오기까지 시간은
일곱이레와 예순두 이레일지라
그때 여러 어려움 속에서 길과 도랑이 재건되리라) (다니엘 9장 25절)
여기 마지막의 '그때'는 예루살렘 성과 도시가 재건될 때를 말한답니다.
또 "회복의 명령을 내린 때"도
성과 도시 전체의 회복을 허가하는 명령이 내려진 때를 의미한답니다.
이 명령은 페르시아 왕 아닥사스다의 칙령을 의미하므로
기원전 445년경으로 본다고 합니다.〈*차이가 있을 수 있음〉

그렇다면 주 예수께서 오시리라 예언한 날수 계산이 가능해 지지요?
문제는 일곱이레(seven 'sevens')를 어떻게 계산하느냐가 되겠네요.
다행히 저런 형태의 표현 방식이 히브리인에게 벌써 있었다고 합니다.
일곱이레는 칠일씩을 일곱 번 곱한 수를 의미한다고 하네요.
그러므로 육십구 이레(69x7)를 계산하면 483년이 나온답니다.
그렇다면 483년 - 445년을 계산하면 38년이 나오잖아요?
그런데 유대인의 일 년에 대한 일수 계산은 360일이라는군요.
그 차이만큼을 보정하고 나면 31년 수개월이 되는데
주 예수의 공생애 사역 혹은 주의 죽으심과 일치하게 된다네요.
이제 이어지는 내용도 살펴봅시다.

"After the sixty-two 'sevens,'
the Anointed One will be put to death and will have nothing.
The people of the ruler who will
come will destroy the city and the sanctuary.
The end will come like a flood:
War will continue until the end, and desolations have been decreed.
He will confirm a covenant with many for one 'seven.'
In the middle of the 'seven' he will put an end to sacrifice and offering."
(육십이 이레 후에 기름 부음을 받은 이가 죽게 되고 아무것도 없을지라
사람 지배자가 와서 도시와 성전을 파괴할 것이며
마지막이 홍수처럼 닥치리라
전쟁이 마지막까지 계속될지니 황폐함은 정해진 운명이로다
그가 많은 이와 한 이레의 언약을 맺을 것이나
그 이레의 중간에 제사와 희생을 중지할 것이니라) (다니엘 9장 26~ 27절)
"주께서 죽으시고 아무것도 없다(will have nothing)"는 표현은

오직 주의 사망하심을 지적하신 말씀이라고 합니다.
'그럴 리가 없는데 정말 죽으셨다.'
'정말 죽으신 후 놀랍게도 잠잠해졌다'
이런 식의 표현이지요.
세상의 입장으로 보면
주의 죽음은 (사람들 보기에) 헛된 것 같았다는 의미이기도 하지요.
그리고 이어지는 다음 절의 내용을 바르게 이해하려면
우리는 반드시 앞 구절과의 사이에 시간의 흐름도 염두에 두어야 한답니다.
예언의 말씀에서는 매번의 구절마다 이런 세심한 주의가 필요합니다.
주 예수 부활 후 얼마간의 시간이 지난 사건을 예언하고 있거든요.
그 사건은 도대체 무엇일까요?

"그 어떤 지도자의 사람들(the people of the ruler)(26절)"은
그 의미로 볼 때 명백하게 장래의 역사적 사건을 말하겠지요?
"어떤 지도자의 사람들"
여기 나오는 '어떤 지도자'는 누구일까요?
이 사건이 AD 70년의 유대 민족의 마사다 항쟁을 의미한다면?
'그 어떤 지도자(the ruler)'는 로마의 네로 황제가 되겠네요.
'네로 클라우디우스'
수많은 기독교인을 박해하여 순교하게 하였던 로마 황제이지요.
이 황제가 장차 나타날 '적그리스도의 대표적 예표'이거든요.
그러므로 그는 적그리스도의 상징이 될 수 있어서
그를 징검다리 삼아 장래의 적그리스도에 대한 예언으로
이어지는 연결점이 된답니다.
"그가 많은 이와 한 이레의 언약을 맺을 것이다."(27절)
이렇게 장래의 예언으로 계속 이어질 수 있다는 의미랍니다.

그렇다면 이제 다시 앞의 내용을 봅시다.
"그 어떤 지도자의 사람들" '네로 황제의 사람들'
즉 네로의 군대와 그의 지휘관들을 말하겠군요.
이들은 훗날 네로를 이어서(혼란기 이후) 로마의 황제가 되는
'베스파시아누스'와 그의 아들 '티투스', 그리고 그의 군사들입니다.

AD 70년에 이들 로마 군대는 예루살렘을 점령하고 성전을 파괴했답니다.
그 끝이 '홍수가 휩쓴 것 같다(like a flood)' 말하고 있지요?
정말 그랬답니다.
그 일로 수많은 유대인이 사망하였고
다른 이들도 대부분의 자살하거나 세계 각처로 철저하게 흩어진답니다.
"마지막까지 전쟁이 있겠고 황폐가 운명으로 정해졌도다." (26절 후반)
이 예언의 말씀 때문에 예루살렘 인근의 전쟁이 그치지 않는 걸까요?
지금도 중동에는 예루살렘 인근에서 전쟁이 진행되고 있지요?
그렇다면 AD 70년의 이 사건 후, 예루살렘은 어떤 모습이었을까요?

AD 132년에는 그곳에서 다시 '바르 코크바'의 반란이 일어난답니다.
'바르 코크바'가 아람어로 '별의 아들'이라는 뜻이어서
잔존 유대인들은 이 사람이 오실 메시아라고 믿었다고 하네요.
당시 존경받던 랍비 '아카비 벤 요셉'도 그를 메시야라 인정했으므로
총력으로 뭉친 유대인들의 로마에 대한 항전이 시작되었답니다.
하지만 결과는 비참했답니다.
수많은 사상자를 내고 노예로 끌려갔으며
생존자도 세계 각처로 뿔뿔이 흩어지게 된답니다.
당시 로마 황제 하드리아누스는 모든 유대인을 예루살렘에서 추방하였고
도시 이름까지도 '아일리아 카피톨리나'로 바꾼답니다.

이후 오랫동안 그곳은 유대인 출입 금지 구역이 되었고
철저하게 로마식 재건을 하였다고 하네요.
유대 정체성을 말살하려는 것이었지요.
하지만 이들의 정체성은 없어지지 않았답니다.
세계 각처 흩어진 곳에서 디아스포라 공동체를 만들었으며
'랍비와 탈무드 중심의 유대교'로 탈바꿈하였답니다.
예루살렘은 마치 큰 나무가 베이고 밑동만 남은 것처럼
예전 선민의 영화를 간직한 상징으로만 남게 되었던 것이지요.

혹시 말라기 선지자 이후 시작되는 암흑기에
포로에서 돌아온 유대인에게는 무슨 일이 있었을까요?
이들에게서 저 복음과 연관된 무슨 단서라도 있었던 걸까요?
주로부터 받은 무슨 약속이나 축복의 모습이 있었을까요?
만일 있었다면 우리가 보았던 저 복음의 모습과 연관이 있을까요?
이런 의문조차도 해소하기 위하여 유대인의 '암흑기'로 가봅시다.
우리는 다니엘의 믿음과 충성을 익히 잘 알잖아요?
그가 간절한 마음으로 금식하며 기도할 때
자기 민족의 회복을 위해 간청하였겠지요?
그러므로 우리는 이 일로 인하여 주께서 다니엘에게 보여주신
그의 민족 유대의 미래에 대한 예언도 살펴봅시다.
그 내용은 다니엘 11장에 있습니다.

다니엘 11장을 이해하려면
다니엘 시대와 그 이후의 역사를 조금은 이해해야 한답니다.
먼저 간략하게 다니엘 시대와 그 직후의 상황을 알아봅시다.
페르시아 왕의 허락으로 스가랴 선지자와 다른 종교 지도자들은

예루살렘 재건에 온 힘을 쏟는답니다.
그러던 중에 알렉산더 대왕의 세계 정복으로
유대 지역도 마케도니아의 속국이 된답니다.
그러나 알렉산더는 인도 정복에서 돌아온 후
바벨론에서 짧은 생애를 마감하게 되지요?
그의 죽음의 장소가 바벨론이라는 사실이 매우 인상적이군요.
그의 사후에 그의 왕국은 네 개로 나뉜답니다.
'셀레우코스' '프톨레마이오스' '안티고노스' '카산드로스'
이들 네 개의 나라 중 다니엘의 묵시는
남쪽과 북쪽의 두 나라
즉 이집트(프톨레마이오스 왕조)와 시라아(셀레우코스)의
전쟁 이야기에 집중된답니다.
왜 그럴까요?
유대 민족의 장래를 예언하고자 하는 환상이잖아요?
다니엘이 자기 민족의 회복을 간절히 원하며 기도했잖아요?
약속하신 칠십 년의 기한이 찼으므로
이제는 예전의 하나님 백성으로 돌아가리라고 믿었을 테지요?
다니엘은 그들의 회복된 모습 보기를 간절히 원했던 것이잖아요?
하지만 환상에 드러나는 내용들은 어떠했을까요?
이리저리 생각해 봐도 도무지 잘 이해가 안 되었겠지요?
이런 다니엘을 위해 자비로우신 주는 특별한 배려로
가까운 장래에서부터 시작하여 장차 유대 백성에게 일어날 일들을
상세하게 보여주셨을 것이라는 생각이 든답니다.
다니엘 11장의 내용이 그렇답니다.
유대 땅과 관련하여 장차 있을 일들을 상세하게 보여주시려고
남 왕국 이집트와 북 왕국 시리아의 전쟁 이야기를

마치 역사책을 읽듯, 그러나 신비한 축약의 문장으로 세세하게 예언한답니다.
이 이야기 중 일부를 잠시 살펴봅시다.
유대 민족에게 직접적인 영향을 미칠 그 부분의 이야기랍니다.

"The king of the South will become strong,
but one of his commanders will become even stronger than he
and will rule his own kingdom with great power.
After some years, they will become allies.
The daughter of the king of the South
will go to the king of the North to make an alliance,
but she will not retain her power, and he and his power will not last.
In those days she will be betrayed, together with her royal escort
and her father and the one who supported her."
(남방 왕은 강해지겠으나 그의 장수 중 하나가 그보다 더 강해질 것이며
막강한 힘으로 자신의 왕국을 다스리게 될 것이라
수년 후에 그들은 서로 동맹하게 되리라
남 왕국 왕의 딸이 제휴하기 위해 북 왕국의 왕에게로 가겠으나
그녀는 자기 권력을 유지하지 못하리니
그와 그의 권력도 지속되지 못하리라
그 시기쯤 그녀는 배신을 당하게 되고
그녀의 왕실 수행원들과 그녀의 아버지 그리고 그녀를 지지하던 자들이
함께 버려지리라) (다니엘 11장 5~ 6절)
여기 남방 왕은 프톨레마이오스 2세인 필라델푸스를 가리킨다고 합니다.
'그의 장군 중 하나(one of his commanders)'는 셀레우코스 1세 '니카토르'로
남방 왕의 부하였으나 북방 왕국(셀레우코스 왕조)의 시조가 된다고 하네요.
'남방 왕의 딸'이라 지칭한 인물은 프톨레마이오스 2세의 딸로서

그녀의 이름은 베레니케(Berenice)라고 한답니다.
그녀는 북쪽 왕 안티오쿠스 2세인 테오스와 정략적 결혼을 하지만
결국 비참하게 버려진다(죽는다)고 예언하고 있답니다.
안티오쿠스가 왕비 베레니케의 아버지, 곧 장인인 남방 왕이 죽자
이를 계기로 정략 결혼했던 남방 출신 왕비를 배신하고
이들의 결혼 조건이었던 이전 자기의 왕비를
다시 아내로 삼았기 때문이랍니다.
다시 왕비가 된 예전의 아내 라우디케(Laodice)는
남편인 북방 왕 안티오쿠스를 독살하였고
폐위된 왕비 베레니케와 그녀의 아들까지 살해했다고 하는군요.
이런 역사적 사실들이
너무나 세세하게 예언되어 있답니다.
또 예언하는 문체도 사람의 방식을 훨씬 뛰어넘지요?
구절 하나하나, 아니 단어 하나까지도 허투루 들어있지 않잖아요?
이제 또 다음의 내용도 살펴봅시다.

"His successor will send out a tax collector to maintain the royal splendor.
In a few years, however, he will be destroyed, yet not in anger or in battle.
"He will be succeeded by a contemptible person
who has not been given the honor of royalty.
He will invade the kingdom when its people feel secure,
and he will seize it through intrigue.
Then an overwhelming army will be swept away before him;
both it and a prince of the covenant will be destroyed.
After coming to an agreement with him, he will act deceitfully,
and with only a few people he will rise to power.

When the richest provinces feel secure,
he will invade them and will achieve
what neither his fathers nor his forefathers did.
He will distribute plunder, loot and wealth among his followers.
He will plot the overthrow of fortresses—but only for a time."
(그의 후계자는 왕실의 위엄을 유지하고자 세금 징수원을 보낼 것이나
수년 이내에 다툼이나 전쟁터도 아닌 일로 죽을지라
그의 계승자는 경멸받아 마땅한 자일 것이라
왕실의 인정을 얻지도 못한 채 그의 후계자가 되리라
그는 왕국의 백성이 평안한 시기에 그들을 칠 것이며
음모로 이를 취할 것이라
그의 앞에서 어마어마한 군대가 무용지물일지며
이들과 한 언약의 왕자가 죽게 되리라.
그가 권좌를 약속받은 후부터는 기만하려니와
그저 소수 사람을 동반하여 권좌에 오를 것이라
가장 부요한 지역이 평안히 거할 때
그는 거기를 침탈하므로
자기 부친이나 조상이 이루지 못한 업적을 남길 것이라
그가 약탈한 것과 부를 자기 추종자와 나누리라
그가 요새를 정복할 음모를 꾸미려니와 그저 잠시일 뿐일지라.
(다니엘 11장 20~ 24절)
여기 등장하는 인물이 바로 적그리스도를 상징하는 인물입니다.
장차 나타날 적그리스도와 유사성이 많을 것이기 때문에
이 부분을 중심으로 자세히 소개하고자 한답니다.
원래 그는 왕이 될 수 없는 처지였지요.
아버지 북쪽 시리아의 왕 안티오쿠스 3세의 아들인 것은 맞지만

자기보다 적장자인 안티오쿠스 4세인 '필로파토르'가 있었기 때문이지요.
이 왕자의 아버지가 아시아와 그리스를 침범하였다가
로마 장군에게 대패하였으므로
기원전 188년에 로마와 아파메아 조약을 맺는다고 합니다.
이 일로 인하여 그의 장자인 '필로파토르'는 로마에 인질로 끌려간답니다.
또 아버지도 막대한 배상금을 마련하려고 제우스 신전을 약탈하다 죽습니다.
아버지 사후에 로마에 붙잡힌 인질 아들은
로마의 보석금을 마련하려고 세금 징수원을 내보냈나 봅니다.
"세금 징수원을 내보낸다."라는 구절이 위의 20절에 예언되었지요?
(이 아들은 자기가 보낸 세금 징수원의 손에 죽었다는 설이 있답니다)
이때 안티오쿠스 4세인 그의 동생 에피파네스가 등장하게 된답니다.
이 사람은 모략으로 왕이 된답니다.
대표적 특징이 평안할 때 쳐들어가 몰살하는 것이었지요.
처신하는 방식이 기본적으로 거짓과 속임수였다잖아요?
또 유대 성전을 혐오했다는 점이 예언 속에 두드러지네요.
그리고 다음의 구절부터가 드디어 유대 민족에 대한 언급이랍니다.
"언약의 한 왕자(a prince of the covenant)"가 죽게 된다.
"요새를 전복할 계획을 세운다 (plot the overthrow of fortresses)"
'언약'이나 '요새'라는 단어를 쓴 이런 예언의 말씀이 그것이지요.
여기 사용된 '언약'을 히브리어 원본에서 찾아보면
'하나님과의 언약'을 의미하는 단어라고 하는군요.
실제로 당시에 유대의 대제사장 '오니아스 3세'를 폐위했다고 합니다.
만일 유대와 무관한 역사적 사실의 예언이라면
이런 세세한 유대의 언급이 전혀 불필요해 보이는 장면이잖아요?
이후의 말씀도 관심의 축이 유대의 성전으로 급속히 기울지요?
다니엘 11장 예언의 목적이 처음부터 이곳 이야기였으니까요.

그렇지 않다면 왜 굳이 북방 왕의 남방 왕과의 전쟁만을 다뤘겠습니까?
또 굳이 변방의 힘없는 민족을 언급할 필요가 있겠습니까?
다니엘이 품었던 견딜 수 없는 궁금증을 풀어주시려고
저렇게 자로 잰 듯 세세한 역사 이야기를 보여주셨던 것이잖아요?
또 예루살렘에 대한 언급이 나올 때마다
'영화로운 땅' '언약의 왕자' '강력한 요새'
유난히도 두드러진 이런 표현을 사용하여 강조하고 있잖아요?
다니엘 11장 25절부터 28절은
이 음흉한 북방 왕 '에피파네스'와 남방 왕 '필로메트로' 사이의 이야기랍니다.
이 기간에도 북방 왕은 성전을 향한 적대감이 더욱 끓어오르잖아요?
그 내용을 잠시 살펴봅시다.

"The king of the North will return to his own country with great wealth,
but his heart will be set against the holy covenant.
He will take action against it and then return to his own country."
(북방 왕은 많은 부를 가지고 자기 나라로 돌아가겠으나
그는 거룩한 언약을 대적하기로 마음을 정할 것이라
그가 이같이 행동을 취하려니와 자기 나라로 돌아가리라) (다니엘 11장 28절)
에피파네스는 필로메트로와 식탁에 마주 앉기까지 하지만
이집트를 정복하지는 못하고
그저 많은 전리품을 챙겨 본국으로 돌아갔답니다.
그러나 가던 길에 유대를 향한 적대감으로 마음이 타오르게 되지요.
실제로 돌아가기 전에 상당수 유대인을 죽였다고 합니다.
그의 유대인에 대한 분노가 점점 더 이글거리기 시작한 것이랍니다.
왜 다니엘의 이 예언은 이 부분을 이토록 세세하게 전할까요?
이전처럼 그저 남과 북의 전쟁 이야기나 예언하면 되지 않았을까요?

이 허망한 자의 묘한 심리상태까지 드러내려는 의도가 무엇일까요?
그러면 이제 곧 그의 대대적인 하나님 대적의 행위가 드러나겠군요!

"At the appointed time he will invade the South again,
but this time the outcome will be different from what it was before."
(정해진 시점에 그는 남방을 다시 침범할 것이나
이번에는 이전과 그 결과가 다를 것이라) (29절)
"Ships of the western coastlands will oppose him,
and he will lose heart.
Then he will turn back and vent his fury against the holy covenant.
He will return and show favor to those who forsake the holy covenant."
(서방 해안국의 배가 그를 대적하리니 그를 낙심하게 할 것이라
그는 물러나려니와 그가 자기 분노를 거룩한 언약을 향해 쏟으리라
그는 돌아와서 거룩한 언약을 배반한 자들에게 호의를 베풀리라) (30절)
"His armed forces will rise up to desecrate the temple fortress
and will abolish the daily sacrifice.
Then they will set up the abomination that causes desolation."
(무장한 그의 군사가 성전의 위엄을 손상할 것이며
매일 드리는 제사를 폐하리라
그리고 그들은 멸망할 가증한 것을 세울 것이라) (31절)
"With flattery he will corrupt those who have violated the covenant,
but the people who know their God will firmly resist him."
(아첨을 통해 언약을 배신한 자들을 더럽히려니와
자기 하나님을 아는 자들은 굳게 서서 그를 저항할 것이라) (32절)
에피파네스가 왜 분노를 유대에 쏟았을까요?
처음에는 헬라식 문화로 통일하려고 했다고 합니다.

그 일에 유대 민족의 고집스러운 전통이 방해된다고 여겼다네요.
하지만 교만이 교만을 낳았고 자신을 신격화하고자 온갖 악행을 저지른답니다.
그 이야기가 다음절의 예언에서 이어져 나오지요? (33절~ 35절)
많은 유대인이 이 지독한 박해의 현장에서 굳건하게 신앙을 지킨답니다.
어쩌면 다니엘의 이 예언이 저들에게도 큰 힘이 되었으리라 보인답니다.
많은 이들이 칼에 죽고 불타기도 하며 갇히고
재물을 몰수당하기도 하였답니다.
그 과정에 그들이 도움을 조금 받을 것이나
신실한 이들은 굳세게 믿음의 길에 동참하리라고 예언하고 있지요?
또 넘어질지라도 더욱 정결하게 되어
정한 날까지 이르게 될 것이라 말하고 있습니다.
이 부분의 예언은 이중성을 보이는 듯합니다.
요한계시록의 마지막 기독교 수난을 예언하는 모습과 같기 때문입니다.
에피파네스 학대일지, 세상 끝 날의 예언일지,
이 두 가지 모두를 싸잡아서 예언하는 말일지 분별하기가 애매한
묘한 여운이 남는답니다.
또 앞에 보았던 '한 왕의 사람'에 대한 예언과는 무엇이 다른지도 궁금합니다.
그러므로 이 문제를 해결하기 위한 방책으로
조금 전에 이야기하였던 다니엘 9장 26절을 다시 살펴봅시다.

"The people of the ruler who will
come will destroy the city and the sanctuary.
The end will come like a flood:
War will continue until the end, and desolations have been decreed."
(그 지배자의 사람들이 와서 도시와 성전을 파괴할 것이며
그 마지막은 홍수의 휩쓸고 감과 같으리라

전쟁이 마지막까지 계속될지니 황폐함은 정해진 운명이로다)
(다니엘 9장 26절)
이 부분의 말씀은 AD70년의 사건이라고 이야기했잖아요?
"한 지도자의 백성들"
"도시와 성전을 파괴한 그 끝이, 마치 홍수처럼 쓸려버릴 것이라"
이런 내용의 예언으로 볼 때 이것은 '에피파네스'의 일과는 맞지 않지요?
우선 에피파네스는 자신이 직접 유대를 정복하였잖아요?
그는 현장에 있었고, 현장 명령으로 학살과 파괴를 자행했잖아요?
또 '에피파네스'의 악행은 비교적 일시적이어서
그 끝이 홍수와 같았다는 예언과도 맞지 않지요?
실제 역사의 진행도 에피파네스가 저 유대 성전을 더럽힌 후
북 왕국 시리아는 급격히 쇠퇴하기 시작하였고
유대 마카베오가 시리아를 대항하여 독립운동을 시작하였으므로
그 결과 약 20년 후에는 동생인 시몬 마카베오 주도로
유대 독립 국가인 하스몬 왕조가 성립된답니다.
〈^포로에서 귀환 후 처음으로 독립된 자기 나라를 세운 겁니다.〉
이런 사실로 보아도 훗날 AD 70년에 로마 제국에 짓밟힌 후,
모두 죽거나 세계 각처로 도망쳐 쑥대밭처럼 변한 모습과는 다르지요?

그러므로 우리는 이제 이 둘 사이의 예언에 대해 분별할 수 있습니다.
다니엘 9장 26절의 예언도 유대 민족의 장래를 예언하고 있지만
이는 로마 지배하의 AD 70년 사건을 예언하였다는 사실이지요.
다만 이곳의 예언이 다니엘 11장의 예언과 다른 점은
이곳 11장의 예언이 시작부터 매우 세세하게 쓰였던 특성에 맞게
그가 상징하는 적그리스도에 대한 예언도
다른 어느 곳보다 더 세세하게 계속하여 이어진답니다.

그러므로 이제 이어지는 이야기 속에서 과연 역사적 사실이 무엇인지,
더 오랜 훗날 드러날 적그리스도에 대한 예언은 무엇일지,
이 둘 사이를 구분해 가면서 다음 구절도 읽어봅시다.

"The king will do as he pleases.
He will exalt and magnify himself above every god
and will say unheard-of things against the God of gods.
He will be successful until the time of wrath is completed,
for what has been determined must take place."
(그 왕은 자기 좋을 대로 행하리라
그는 자기를 극대화하여 모든 신 위에 높이고
신들의 대주제를 대항하여 못할 말을 할 것이라
그는 진노의 시기가 마칠 때까지 성공적일 것이니
그에게 정해진 바가 반드시 도래할 것이기 때문이라) (36절)
이 부분의 예언은 둘 모두에게 해당한다고 보아야겠네요.
에피파네스의 이런 행동과 심적 자세가
장차 나타날 적그리스도의 모습을 드러내기도 하니까요.

"He will show no regard for the gods of his ancestors
or for the one desired by women,
nor will he regard any god,
but will exalt himself above them all."
(그는 자기 조상의 신들을 무시할 것이며
여인들의 앙모하던 신이나 어떤 신조차 무시하려니와
이 모든 것들 위에 자기 자신을 높일 것이라) (37절)
이 부분의 예언은 둘 모두에 해당할 듯하지만

저울추가 다소라도 장래의 적그리스도에게로 기운 느낌이 드네요.
'여인들이 흠모하던 신'을 무시한다거나
다른 모든 신들 위에 자신을 가장 높인다거나
이런 표현에서 묘하게 그런 모습을 느끼게 됩니다.

"Instead of them, he will honor a god of fortresses;
a god unknown to his ancestors
he will honor with gold and silver,
with precious stones and costly gifts."
(그들 대신에 그는 세력의 신을 높일 것인데
그의 조상들이 모르던 신이라
그가 금과 은 그리고 보석이나 값진 선물로 숭배할 것이라) (38절)
에피파네스는 실제로 자신을 신이라 칭했다고 합니다.
에피파네스라는 이름의 의미가 '신의 현현'이라고 하네요.
당대 사람들은 그를 조롱하여 '에피바네스(미친 자)'라 불렀답니다.
'조상들의 신'이란 헬레니즘 전통 신들로 제우스나 아폴로 등이겠지요?
'여자들이 흠모하는 신'은 '타무즈'나 '아도니스'같은 미남 신인 걸까요?
에피파네스는 유대 성전을 파괴하고 거룩한 제사를 폐하며
성전에 제우스 신상을 세웠습니다.
다니엘이 환상을 보고 기록한 때가 다리우스 첫해이므로
기원전 521년경이었을 것입니다.
에피파네스가 성전을 모독한 해가 기원전 167년이므로
약 350년 전의 다니엘 예언은 그가 본 그대로 실현된 것입니다.
이 기간에 대한 예언은 다니엘서 8장 14절에 있습니다.
"He said to me, "It will take 2,300 evenings and mornings;
then the sanctuary will be reconsecrated.""

(그가 내게 대답하더라.
“이는 2,300주야이니 그때 성전이 다시 정하여지리라”)
2,300일이 약 6.3년이므로 정확하게 이 기간이 지나서 회복되었다는군요.
그러니까 대략 기원전 161년경부터는 성전이 회복되었겠군요.
에피파네스는 기원전 163년에 아들에게 왕위를 물려주지만
이후부터 그의 나라는 음모 술수가 난무한 동맹관계와 투쟁이 이어집니다.
하지만, 이 사건과 인물을 매개로 이어지는
적그리스도에 대한 예언은 아직 실현되지 않았잖아요?
같은 하나의 예언이지만 절반만 성취되고 나머지가 남은 셈이잖아요?
무엇이 이 예언들을 적그리스도에게로 이어지게 하는 근거가 될까요?
조상의 신이나 여인이 흠모하는 신 등을
모두 무시했다는 내용이 그 시작입니다.
이런 내용이 에피파네스에게도 해당이 되는지는 애매하기도 합니다.
그가 성전에 제우스 신을 세웠다는 점 때문에 그렇답니다.
그는 유대교를 말살하고 헬라식 개혁을 원했던 자잖아요?
혹시 훗날 점차 자신을 신격화하며 변했을 가능성도 있으니까요.
이처럼 미묘한 지점을 기점으로 하여서
예언은 훗날 나타날 인물과 그의 사건들로 가만히 건너가게 된답니다.
이것이 예언에서 드러나는 시간의 순간이동 모습이잖아요?
그 내용도 봅시다.

“He will invade many countries and sweep through them like a flood.
He will also invade the Beautiful Land.
Many countries will fall, but Edom, Moab
and the leaders of Ammon will be delivered from his hand.”
(그는 많은 나라를 침략하겠으며 홍수처럼 휩쓸게 되리라

그는 또한 영화로운 땅에도 침범할 것이고 많은 나라가 무너지려니와
에돔과 모압과 암몬의 지도자들은 그의 손에서 벗어나리라) (41절)
여기서 우리는 이어지는 문장의 '주어'에 주목해야 합니다!
"예언의 대상자"가 여전히 '그(He)', 즉 '에피파네스'이잖아요?
남방 왕과 북방 왕의 전쟁 이야기를 예언하는 내용을 보면서
문구 하나나 단어 하나까지도 허투루 쓰이지 않았지요?
그러다가 유독 두드러지게 유대민족과 그들의 제사 이야기가 나왔지요?
그리고 그들을 도륙하고 성전을 더럽힌 이 왕의 이야기가 나왔잖아요?
이제는 역사적 사건에서는 찾아볼 수 없는 이야기가
그 왕의 이름으로 계속되고 있지요?
이 부분이 바로 적그리스도에 대한 예언이겠잖아요?
그가 주변 국가들을 홍수처럼 휩쓸리라 예언했지요?
이런 내용은 에피파네스와 전혀 다르지요?

"He will extend his power over many countries;
Egypt will not escape."
(그가 많은 나라에 자기 권력을 넓히려니와
이집트도 피하지 못하리라)
"He will gain control of the treasures of gold and silver
and all the riches of Egypt,
with the Libyans and Cushites in submission"
(그는 모든 이집트의 부 곧 금과 은의 보물들을 장악하리니
리비안과 구스도 그리하리라) (다니엘 11장 42~ 43절)
에피파네스는 실제로 이집트를 침공하지만
로마의 개입으로 인하여 정복은 고사하고 황급히 철수하게 됩니다.
그러나 예언의 말씀에서는 이집트를 정복하였다고 말하지요?

리비아와 구스(에티오피아)까지 영향력을 확장한다고 말하지요?
이것을 예언의 오류라고 말할 자가 있을까요?
그러기에는 이전까지의 내용이 너무나 완벽했지요?
또 성경은 언제나 이중으로 증거가 있잖아요?
에피파네스가 적그리스도의 상징이라는 사실이 여실히 드러났잖아요?
이처럼 역사적 사실을 바탕으로 드러난 상징물이 징검다리 되어
더 멀고 먼 훗날 대상자에 대한 예언으로 이어지게 되는 것이랍니다.
물론 장래의 적그리스도도
자신의 상징이었던 에피파네스의 모습을 그대로 드러낼 것입니다.
이런 까닭에 성도는 예언자처럼 미리 알고 대비할 수가 있게 되지요?
그렇다면 적그리스도의 마지막 모습은 어떨까요?

"But reports from the east and the north will alarm him,
and he will set out in a great rage to destroy and annihilate many."
(그러나 동과 북쪽에서 소식이 오게 되자 그가 놀랄 것이라
진노로 파괴하러 일어나 많은 이를 진멸하리라) (44절)
"He will pitch his royal tents
between the seas at the beautiful holy mountain.
Yet he will come to his end, and no one will help him."
(그가 바다와 아름다운 산 사이에 왕의 텐트를 칠 것이나
그의 끝이 다다라서 아무도 도울 자가 없으리라) (다니엘 11장 45절)
이곳 예언에서 그는 '성산과 바다 사이에 텐트를 친다.'라고 하였지요?
여기의 바다는 '지중해'를 말한답니다.
에피파네스는 그런 적이 없습니다.
장래 나타날 적그리스도가 보이게 될 행동을 예언하고 있는 것입니다.
안티오쿠스 4세는 질주하던 전차에서 떨어져 고통스럽게 죽었다고 전해집니다.

사람들 앞에서 신의 흉내를 내 보려다가 실수하여
인간이 겪을 수 있는 가장 비참한 죽음을 맛보았다고 합니다.
훗날의 적그리스도는 인간의 손이나 세상 사건으로 죽지 않는답니다.
마지막 심판을 앞둔 전쟁이므로 우리 주의 능력에 붙잡힐 것입니다.
모든 성도가 보는 가운데 불 못에 던져지는 최후를 맞을 것입니다.

지금까지 암흑기의 유대 역사를 다니엘 예언을 통해,
예언이 어떻게 성취되었는지,
그리고 그 결과는 어떠했는지를 살펴보았습니다.
주님 오시기 전에 유대는 로마의 속국이었답니다.
북 왕국 왕 에피파네스의 성전 훼파가 있었지만 (일부 믿음의 순교)
이 일로 마카비 형제의 독립운동이 있었고
그 결과 약 100년간 독립하여
하스몬 왕조가 세워지기도 하였답니다.
그 후 기원전 63년에는 다시 로마에 정복되어 속국이 된답니다.
암흑기에도 그렇고
우리 주께서 오신 후에도 그렇고
포로에서 돌아온 자들의 예루살렘 중심 공동체는
과거 영화를 회복하지 못한 채,
처절한 수난의 역사를 지내온 것이 맞겠습니다.
1948년 5월 14일에 이스라엘이 가나안 땅에 건국을 선언할 때까지
거의 2,000년이라고 하는 기나긴 세월 동안을
이들은 이후에도 세계 각처를 떠돌며 살아야 했잖아요.

"among all the children she reared
there was none to take her by the hand."

(그녀가 기른 모든 아이 중에는
그녀를 손잡이 줄 이가 아무도 없노라)
"These double calamities have come upon you—
who can comfort you?-
ruin and destruction, famine and sword-
who can console you?"
(이 쌍으로 닥친 재앙-파멸과 황폐, 기근과 칼-
을 누가 위로할 수 있을꼬?)
"Your children have fainted;
they lie at every street corner,
like antelope caught in a net."
(네 아이들은 헐떡이도다;
그들은 거리 모퉁이마다 누웠노니
그물에 걸린 영양 같도다) (이사야 51장 18~ 20절)
이상의 말씀은 선지자 이사야가 비틀거리는 예루살렘을 깨운 후
한탄하듯 전하던 예언이지요?
이런 모습이 포로 귀환 후의 저들 모습과 매우 어울리잖아요?
어찌 보면 저 애달픈 선지자의 예언이 성취된 듯하잖아요?
비록 비유적 표현이기는 하지만 매우 적절한 예언이라 느껴지지요?
그러나!
이사야 선지자는 이천여 년의 긴 역사를 통으로 예언하는 듯 보입니다.
기원전 700년부터 현재까지 본다면 약 2,700년이나 된답니다.
이 선지자가 저 예언을 하나님께 전해 들은 지가 이리도 예전의 일입니다.
이렇게나 긴 세월의 일에 대한 저리도 예리한 비유적 표현이라니요!
그에 비한다면!
다니엘의 예언이 암흑기 유대민족에게서 성취된 일은

겨우 350여 년 후의 일입니다.
그럼에도 불구하고 적은 세월이 아닙니다.
다니엘은 자기 민족의 지독한 시련의 일을 히브리어로 썼습니다.
유독 더욱더 그 예언이 자기 민족에게 해당한다는 사실을 강조한 것입니다.
포로에서 귀환한 유대인들은 그 긴 350여 년 동안 속국으로 지냈습니다.
그때까지도 자기들의 왕이 없었던 것입니다.
이런 이유로 그들은 더욱 간절하게 다윗과 같은 메시야를 기다리는지도 모릅니다.
그들은 다른 성경보다 더욱 다니엘의 예언을 사랑했을 것이 분명합니다.
포로 귀환 후 유대인에게 다니엘은 자기 왕보다 귀한 존재였을 테니까요.
그러던 그들에게서! 아니 그들의 후손들에게서!
다니엘서 11장의 예언이 복음처럼 알려지기 시작했을 것입니다!
그 예언이 하나씩 성취되기 시작했거든요!
헬라의 왕 알렉산더가 죽고 네 개의 나라로 분할된 일부터
그 후 남과 북의 전쟁 이야기들이 현실로 드러나기 시작한 것입니다!
많은 이들이 다니엘의 예언을 연구하기 시작했을 것입니다.
그 의미를 묵상하기 시작하는 것이지요!
그리고 하나님 경외하기를 더욱 철저히 다짐했을 것입니다!
그리고 마침내 에피파네스가 성전을 모독하던 그 시절에
경건한 많은 이들이 강한 믿음을 바탕으로 이에 맞섰을 것입니다.

"돌로 치는 것과 톱으로 켜는 것과 시험과 칼로 죽임을 당하고
양과 염소의 가죽을 입고 유리하여 궁핍과 환난과 학대를 받았으니"
(히브리서 11장 37절)
사회적 현상이 장래 일의 예표로 드러난 경우가 두 가지 있습니다.
하나는 유대인이 성전 제사 문제로 순교한 현상이 그것입니다.
다른 하나는 성도가 신앙을 지키기 위해 순교한 경우입니다.

로마 시대 순교자와 그 이후의 역사에서 순교한 자들의 모습이지요.
이 둘의 순교가 주님 보시기에는 하나로 동일하답니다.

"Then each of them was given a white robe,
and they were told to wait a little longer,
until the full number of their fellow servants,
their brothers and sisters, were killed just as they had been."
(그러자 그들 각자에게 흰옷을 주었고 말씀하시기를
그들의 동료 종들과 형제나 자매들이
그들처럼 죽임을 당하여 그 수가 차기까지 기다리라 하시더라.)
(요한계시록 6장 11절)
다섯 번째 봉인을 뗄 때의 모습입니다.
그때 먼저 순교한 자들이 하나님께 자신들의 억울한 원한을 호소하지요?
주께서 대답하시는 내용을 자세히 봅시다.
"동료 종들과 형제자매들"
이렇게 구분해서 말하고 있군요.
별 의미가 없을 수도 있지만 어쩌면 이것이 두 가지 구별일 수도 있겠지요?
아직 우리 주 예수의 복음이 세상에 전해지기 전에 순교한 자들 말입니다.
어쩌면 교회의 마지막 순교의 시기에도
유대인 중의 많은 순교자와 성도 중의 많은 순교자가 나와서
예전에 형성된 예표의 모습을 따라 두 가지 형태로 실현될지도 모릅니다.

그렇습니다!
에피파네스의 성전 모독에 대항하여 죽은 자들은 모두 순교자입니다!
하나님을 굳게 믿고 신앙의 절개를 지켰던 자들이니까요.
무엇이 이들을 이처럼 용감하게 만들었을까요?

다니엘이 전해준 예언의 힘이 아닐까요?
그 예언들이 성취되는 모습을 그들이 직접 보면서
하나님을 더욱 변함없이 의지하지 않았을까요?
예언과 성취란 이처럼 놀라운 힘을 발휘합니다.
암흑기에 섬광처럼 타올랐던 그들의 아름다운 불꽃 뒤에는
성경 예언의 성취가 있었을 것입니다.

그러나 그럼에도 불구하고 유대인의 축복은 이어지지 못했답니다.
그들이 모세의 율법에, 그 얼굴의 광채에, 눈이 가려버렸기 때문입니다.
하나님의 뜻 분별하기에 실패했기 때문입니다.
믿음의 길 찾기가 곤란했던 것입니다.
그 결과 구약시대에는 하나님의 역사가 유다 민족과 그 땅에 넘쳤으나
암흑기를 지나는 그들과 그들의 후손에게로 까지는 이어지지 못했답니다.
반면 같은 하나님의 역사가 세계 각처 교회를 통하여 분명히 드러났지요?
이전 가나안의 일들이 이어지고 있는 모습을 선명하게 보여주지요?
이제 다시 우리 본래의 이야기로 돌아가 봅시다.
이사야 52장의 말씀입니다.

"The Lord will lay bare his holy arm
in the sight of all the nations,
and all the ends of the earth will see
the salvation of our God."
("주께서 자기 거룩하신 팔의 속살을 만천하에 드러내시리니
세상 모든 땅끝이 우리 하나님의 구원을 보리로다") (이사야 52장 10절)
"창조主께서 자신의 맨 팔을 드러내 보이셨다."
"세상 모두가 우리 하나님의 구원을 보리라"

아름다운 예언의 말씀이지요?
우리들 눈앞에 선명하게 성취되어 드러내셨지요?
세계 만민이 우리 주 예수의 구원 이야기를 들었잖아요?
그의 사랑이 어떠함을 보았잖아요?
창조주의 거룩하신 팔을 본 거잖아요?
그리고 이에 더하여 이제 우리는
구약 성경에 기록한 여러 이야기의 주인공이 되기도 했답니다.
주께서 아브라함을 찾으셨듯 스스로 우리에게 나타내신 것이기 때문입니다.
우리 한 사람 한 사람을 부르시고 자기 백성을 삼으셨으니까요.
이제 우리는 기독교가 구약시대와 무관한 척 말하지 맙시다.
우리는 구약 이야기를 유다에게서 빌려오지 않았습니다.
구약의 모든 이야기는 우리 자신의 것이랍니다.
이제 우리는 복음의 세세한 부분까지도 예언과 성취로 아는 자가 됩시다.
이제 우리는 당당한 하나님 백성으로 삽시다.
이제 우리는 창조주 하나님을 본 자들로 삽시다.

10. 바벨론 탈출하기 I -꼬리 자락 뷘다.

“Depart, depart, go out from there!
Touch no unclean thing!
Come out from it and be pure,
you who carry the articles of the Lord’s house.”
(떠나가라, 떠나가라, 그곳에서 나올지어다!
불결한 것들을 만지지 말지니라!
너 하나님 성전의 성물을 옮기는 자여,
거기로부터 나와 스스로 정결할지라!) (이사야 52장 11절)

‘사람은 나이가 들어도 변하지 않는다!’
이런 말을 하는 성도가 의외로 많습니다.
그런 이야기가 설교 중에 나오기도 한답니다.
나이가 들도록 오래 살아보니 그렇더라는 것입니다.
‘우리 솔직하게 다 까놓고 말해봅시다!’
‘사람이 어디 변하던가요?’
‘그건 모두 허구에 불과하다.
안 변한다고 말해야 진실하고 바른 표현이 아니더냐
우리가 다 경험하지 않느냐.’
이런 논리입니다.
일견 맞을 듯하잖아요?
자신을 돌아보아도 처지가 비슷해 보이거든요.
무엇이 옳은 걸까요?
무엇이 문제인 것일까?

더욱 고민하게 되었답니다.
스스로 열매 맺기를 더욱 분발하게 되었답니다.
또 글로도 남기게 되었답니다.

“Flee from Babylon!
Run for your lives!
Do not be destroyed because of her sins.
It is time for the Lord’s vengeance;
he will repay her what she deserves.
Babylon was a gold cup in the Lord’s hand;
she made the whole earth drunk.
The nations drank her wine;
therefore they have now gone mad.”
(바벨론으로부터 탈출하라!
네 생명을 위해 도망칠지라!
그녀의 죄로 인하여 멸망 당하지 말지어다
이제 하나님 복수의 때이니
그가 그녀에게 마땅한 것으로 갚으시리라.
바벨론은 주의 손에 들린 황금 컵이었노라
온 세상이 그녀의 포도주를 마시었으니
그 때문에 그들이 미쳤었노라.) (예레미아 51장 6~7절)

‘황금 컵’이 사탄의 화려한 탄생을 상징한답니다.
‘포도주’는 죄를 상징한다고 합니다.
죄를 술에 빗대어 상징하게 한 것은 매우 적절해 보입니다.
죄의 특성이 술 취함의 특성과 같기 때문이겠지요.

술에 인이 박이면 술이 깨어날 때 다시 술을 찾게 된답니다.
죄에 인이 박이는 현상도 이와 같지 않을까요?
술에 취하면 과거와 현재와 장래를 잊는다고 합니다.
현재의 흥분상태와 쾌락에 취하기 때문일 것입니다.
그렇다면 그렇지 않을까요?
우리가 잘 분별하지 못할지라도 죄의 맛도 이와 비슷하겠지요?
앞과 뒤 과거와 미래를 몽땅 포기한 상태로
현재의 죄 맛에 집중하는 것이겠지요?
'바벨론'은 이제 '사탄'의 별칭이 되었답니다.
그러므로 죄와 심판을 이야기할 때
우리는 바벨론에 대한 예언의 말씀을 보아야 합니다.
바벨론과 한 덩어리인 그 배후의 존재를 분별해 내야 합니다.
예언의 특성을 이해하고 그 세미한 변화를 집어내야 합니다.
이제 매우 구체적으로 선포된 '바벨론'의 최후를 살펴봅시다.
이 심판의 말씀 속에 '사탄'의 과거 행적도 나온답니다.

"Go down, sit in the dust,
Virgin Daughter Babylon;
sit on the ground without a throne,
queen city of the Babylonians.
No more will you be called
tender or delicate."
(내려가라!,
먼지 가운데 굴지라 처녀 딸 바벨론아!
보좌 없이 땅에 앉거라
너 바벨론인의 여황제 도시여

더 이상 너를 온화하거나
섬세하다 부르지 않으리.) (이사야 47장 1절)
성경에 도시를 처녀로 표현한 곳이 많답니다.
바벨론을 '처녀'가 아닌 '여황제'로 표현하는 이유가 있을 텐데
솔직히 이 표현이 옳은지는 아직은 잘 모르겠답니다.
"바벨론인의 여황제 도시"
바벨론 사람들이 여황제를 섬겼다는 뜻일까요?
바벨론에는 당대를 호령하는 왕이 다스렸잖아요?
"바벨론 사람들의 여황제" 그리고 "그 도시"
자꾸만 이런 식의 해석이 될 법도 하지요?
도시 자체를 여성으로 비유했으므로 이렇게 표현했을까요?
일단 가능성은 인정하더라도 무언가 배후 존재가 의심되기는 하지요?
"내려가라, 먼지 가운데 굴라"
이런 명령은 분명 심판을 의미하지요?
심판을 선언하는 조롱 섞인 표현이잖아요?
"더 이상 부드럽거나 섬세하다고 말할 수 없다"
이런 표현도 매우 의아하지요?
이들은 북방의 난폭한 침략 세력으로서
부녀와 아이들도 매정하게 죽이던 자들이 아니었던가요?
포로가 된 유대인의 마음 판에 피맺힌 한처럼 맺혔기에
같은 방법(바위에 매치기)으로 되갚아 주기를 기원하였잖아요?
그런데 부드럽고 섬세한 존재로 말하기는 민망스럽지요?
아무리 도시를 여인으로 비유했다고는 하지만
그 도시 성격을 이야기하면서까지 여성처럼 볼 일은 아니잖아요?
그러므로 여기 이 부분의 표현에 이르러서는
'사탄을 암시한다.'

아니면 적어도 가능성은 높아 보인다고 말해야겠지요?

"Take millstones and grind flour;
take off your veil.
Lift up your skirts, bare your legs,
and wade through the streams."
(맷돌을 취하여 밀을 갈지라
네 베일을 벗으렴.
네 치마를 들어 올리고 넓적다리를 드러내라
그리고 걸어서 강을 건널지라) (2절)
"맷돌을 취해서 밀을 갈라"
이 표현은 신분의 급격한 하락을 의미한답니다.
고대에는 맷돌로 가루를 빻는 일을 노예가 하였다고 하네요.
"베일을 벗고 치마를 올려 다리를 드러내고"
이런 모든 행위를 명령하는 이유는
그녀가 심판을 받아서 비천하게 되었다는 것을 의미한답니다.
또 심판받을 자의 신분을 보세요.
맷돌을 갈거나 치마를 걷는 행동은 모두 여성임을 말하지요?
신기하잖아요?
바벨론의 왕 느브갓네살은 천하를 호령하던 남성 왕이었잖아요?
더군다나 심판의 성격을 보세요.
신분이 급격히 하락한 모습이지요?
하지만 바벨론은 폭삭 망하여서 흔적이 없어졌잖아요?
옷이 벗겨지는 수치 정도를 이런 파멸과 비유하다니요!
'네 베일을 벗으렴'
이런 조롱하는 표현은 감췄던 비밀이 들통나는 모습이잖아요?

처절한 파멸의 노래는 아니잖아요?
때로는 이 부분을 멸망한 바벨론 사람의 피난 모습이라고도 해석한답니다.
맨발로 시내를 건너는 모습이 철저한 신분 하락과 도망자의 모습이라는 것입니다.

"Your nakedness will be exposed
and your shame uncovered.
I will take vengeance;
I will spare no one."
(네 벌거벗은 몸이 드러날지니
네 수치가 드러나리라.
내가 복수하리니
내가 더 이상 참지 않으리라) (3절)
"네 벌거벗은 몸이 드러난다."
이 표현도 매우 수상하지요?
바벨론이 유다를 멸망시키고 잡아간 일은
하나님께서 이미 허락하신 형벌이었으며
만천하에 드러내신 징벌적 사건이잖아요?
우리가 이런 반문을 하는 이유는 예언하시는 이가
유다를 징벌하신 동일하신 하나님이시기 때문이랍니다.
하지만 저 문장은 '꼭꼭 숨겨진 죄악이 낱낱이 드러난다.'
이런 의미를 담았잖아요?
'사탄의 비밀스러운 행보가 드러난다.'
이런 의미로 해석해야 더 자연스럽겠잖아요?
'바벨론도 외부인이 모르는 숨겨진 죄악이 많이 있다?'
이렇게 반론할 수도 있겠군요?
'도시 바벨론만 해당할지, 배후 사탄의 존재까지 포함일지'

이 둘 사이의 팽팽한 진실 공방이 이어지는 모양이지요?
다음의 말씀에서도 같은 분위기가 느껴지시나요?
"더 이상 참지 않으리라"
그동안은 많이도 참아왔다는 뜻이겠지요?
바벨론일까요? 사탄일까요?

"Our Redeemer—the Lord Almighty is his name—
is the Holy One of Israel."
(우리 대속자는—대주재(大主宰)는 그의 이름이시라—
오직 한 분 이스라엘의 거룩하신 이시라) (4절)
여기 갑자기 '대속자'가 언급되는 것이 이채롭지요?
무언가 '복음 시대'와의 연관성이 느껴지네요.
아니면 '우상숭배'와의 연관성도 있을까요?
'오직 한 분'이신 유일하신 거룩한 하나님!
이렇게 선포하는 이유가
아마도 '우상숭배'를 벌하시려는 암시적 내용 같아 보입니다.
만일 숨은 우상숭배 우두머리에 대한 심판 이야기를 하는 중이었다면?
여기 이 시점에서의 이런 언급은 매우 적절해 보이지요?
그리고 이어서 홀연히 다시 바벨론의 심판 내용이 이어진답니다.
삽입절 이전에서 전하던 말씀과 연속선상의 말씀이랍니다.
과연 그러한지 확인하며 살펴봅시다.

"Sit in silence, go into darkness,
queen city of the Babylonians;
no more will you be called
queen of kingdoms."

(잠잠한 곳에 처할지라.
캄캄한 곳으로 들어갈지라
바벨론인의 여황제 도시여
더 이상 너를 여왕의 왕국이라 부르지 못할지라) (5절)
이 시적 형식의 같은 말씀이 '1절, 2절, 5절에서도 반복되었지요?
삽입절 후에 다시 맨 첫 구절로 되돌아간 모습도 재미있지요?
시적 운율로 맛을 살린 심판의 명령문, 조롱도 섞였겠지요?
마치 꼭꼭 숨은 자를 향해 가만가만 비꼬듯 얕잡아 선포하잖아요?
"조용한 곳과 캄캄한 곳"
모두 하나님 심판의 감옥을 의미하겠군요.
여유일까요? 풍자일까요? 위트일까요? 분노일까요?

"I was angry with my people
and desecrated my inheritance;
I gave them into your hand,
and you showed them no mercy"
(나는 내 백성에 대하여 분노하였으므로
그들의 더럽혀짐을 방관하였노라.
내가 그들을 네 손에 두었거늘
너는 그들에게 자비롭지 않았거니와
하물며 연장자에게까지
과도한 멍에를 지웠느니라) (이사야 47장 6절)
이 부분의 말씀에서 우리는 분명하게 알 수 있겠네요.
"그들이 더럽혀지는 것을 방관하셨다." (무엇이? 하나님의 백성이)
"그들을 네 손에 맡겼다." (무엇을? 하나님의 백성을)
"자비롭지 않아서 연장자까지 과도한 멍에를 지웠다." (누가? 바벨론이)

책망을 받고 심판을 받는 자가 '바벨론'이 맞잖아요?
하나님께서는 선의로 자기 백성을 그들에게 맡기셨군요.
형벌 받게 내어주신 하나님의 고통과 애정이 여실히 드러나지요?
하지만 그들은 이것을 심하게 악용하였던 거로군요.
그자는 바벨론일까요? 아니면 그 배후 어떤 존재일까요?
이제 다음 절도 살펴봅시다.

"You said, 'I am forever—
the eternal queen!'
But you did not consider these things
or reflect on what might happen."
(네가 말하기를 '나는 불멸이라
영원한 여황제로다' 하도다
그러나 너는 장차 무슨 일이 일어날지
또는 그 같은 일들은 미처 깨닫지 못하도다) (이사야 47장 7절)
'나는 영원이라'
'영원한 여왕이라'
이런 독백이 '의인화한 도시'에서도 가능은 하겠지요?
사실 바벨론은 매우 요새화하여
세상에서 가장 뛰어난 도시라 할만하므로
이런 자부심을 품었노라 말할 수도 있겠네요.
하지만 이제는 조금 더 어떤 특정한 존재가 있으리라
'의심도 커지는 모양새'입니다.
만일 저 말을 마음에 품은 자가 사탄이라고 한다면?
온통 추측이긴 하지만 사탄은
주께서 사람을 남자와 여자로 만드시는 것을 보고

자신은 하나님의 옆을 지키는 여황제가 되고 싶었던 모양입니다.
'영원한 존재다.' '영원한 여왕이다.'
자꾸만 에덴동산의 사탄이 생각나는 구절이잖아요?

"Now then, listen, you lover of pleasure,
lounging in your security
and saying to yourself,
'I am, and there is none besides me.
I will never be a widow
or suffer the loss of children.'"
(그러므로 너 쾌락의 애호가야 들으라!
네가 네 안락 가운데에 뒹굴며 스스로에게 말하기를
'내로라, 나를 제외하고는 아무도 없노라.
나는 결코 과부가 되지 않을지니
자녀 잃은 아픔도 당하지 않으리라') (이사야 47장 8절)
"쾌락의 애호가"
"안락 가운데 뒹구는 자"
이런 표현도 의인화한 도시에 쓸 수는 있을 것입니다.
바벨론이라는 도시 거주민이 자신의 요새를 믿고
평안한 가운데서 쾌락을 만끽한 모습일 수 있으니까요.
그럴지라도 우리는 앞에서부터 이어져 온
두 존재를 상징하는 중의성에 주의를 더욱 기울이게 된답니다.
하지만
"과부가 되지 않으리라"
"자녀를 잃지 않으리라"
자녀를 잃지 않는다는 의미는 후손을 말할까요?

하지만 여기에 더해서
“과부가 되지 않으리라?”
“내 옆에는 아무도 없다?”
이상하지요?
옆에 아무도 없는데 과부가 안 된다고요?
여기까지 오니까 이제는 대상이 변하지요?
‘바벨론’이라는 도시보다는
‘바벨론’이 상징하는 ‘사탄’이어야 더 맞는 내용이 되었잖아요?
또 있지요?
‘나로라. (I am)’
‘창조주이신 대주재(大主宰)께서만 쓰시는 표현’이 아니던가요?
그 부분의 말씀과 이곳의 말씀을 비교해 볼까요?

“I am the Lord, and there is no other;
apart from me there is no God.”
(나는 주라 나 외에 다른 이가 없노라;
나를 제외하고 다른 신은 없노라) (이사야 45장 5절)

말하는 방식이나 구조가 똑같지요?
전능하신 창조주의 자기 선포 방식을 그대로 모방했잖아요?
모세가 떨기나무 불꽃을 보며 하나님 음성을 들었을 때
주께서 자신을 밝히신 말씀이 그랬잖아요?
히브리어로 “에히에 아쉐르 에히에(אהיה אשר אהיה)”,
“나는 곧, 나로라.”(“I AM WHO I AM”)
또 요한계시록에도 똑같은 내용이 나옵니다.
“In her heart she boasts,

'I sit enthroned as queen.
I am not a widow;
I will never mourn.'"
(그녀 마음으로 자랑하기를
'나는 여황으로 앉은 자니
나는 과부가 아니라
나는 결코 슬피 통곡하지 않으리라) (요한계시록 18장 7절)
이 말씀을 이사야 47장 7절 및 8절과 비교해 보세요.
아주 정확하게 일치하지요?
그러므로 만일 저렇게 우쭐해하는 이가 '사탄'이 맞다면
우리는 창조주께서 그동안 사탄을
안전하게 뒹굴도록 두셨다는 사실도 알 수 있겠네요.
마치 난공불락의 요새를 옛 도시 바벨론처럼 만들어 놓고
스스로 만족해하며 그 안에서 마음껏 자족하였던 것 같습니다.
자녀 잃은 아픔을 겪지 않겠다는 말은
인간에 대한 지배권을 잃지 않을 것이라는 자신감이겠지요?
아마 이런 자신감은 에덴에서보다 더욱 자라난 듯 보이네요.
자기 승리에 도취한 듯한 모습이 은근히 드러나지 않나요?

"Both of these will overtake you
in a moment, on a single day:
loss of children and widowhood.
They will come upon you in full measure,
in spite of your many sorceries
and all your potent spells."
(한순간, 곧 한 날에 이 두 가지가 네게 미치리니

자녀를 잃는 것과 과부가 되는 그것이니라.
네 모든 많은 요술과 강한 마법에도 불구하고
이것이 온전히 네 위에 임하게 되리라) (이사야 47장 9절)
'네 많은 술책과 모든 강력한 마법에도 불구하고'
마법(spell)은 주문을 외워서 부리는 마술이랍니다.
단위별로 하나씩 부리는 술책을 말하지요.
이런 마법은 사람이 부리는 기술이 아니잖아요?
더군다나 마술사도 아닌, 바벨론이라는 도시에는 어울리지 않습니다.
'강력한 마법들(potent spells)'은 천사에게 더 어울리는 표현이지요.
천사들은 인간을 대상으로 여러 마법 같은 상황도 만들잖아요?
요술(sorceries)은 '거대한 일련의 마법'을 의미한답니다.
예를 들면 '악한 영들을 특정 지역에 불러오는 것과 같은 마술'입니다.
'여러 가지 종류의 마법이 모이고 중첩'되어 하나의 결과를 만든답니다.
이처럼 요술은 마법의 총합체로 구성되는데
요술의 결과물은 주로 어두운 악의 모습으로 드러나게 된답니다.
누가 이런 대상에 적합할까요?
'사탄'이라야 맞겠지요?
바벨론이라는 도시를 심판하던 말씀이
바로 앞 절에서부터 '사탄'을 심판하는 말씀으로 추가 기울지요?
'나는 유일한 존재 여황이다'
'나는 과부가 되지 않겠다'
'자녀도 잃지 않으리라'
그가 이렇게 혼자 독백처럼 속삭이므로
이어지는 절에서 이에 대한 심판도 선포되겠지요?
하나님 심판은 언제나 대적하는 일이나 그런 모습에 반대하여 내려지잖아요?
'그 둘을 한 날에 잃으리라!'

'과부도 되면서 동시에 자녀도 잃는 것!'
'자신은 하늘에서 쫓겨나고 인류는 속죄로 노예 상태에서 해방되고'
이 한 방의 일이 우리 주의 승천으로 성사가 되었잖아요?
저 예언하신 말씀과 정확하게 일치하잖아요?
이런 일련의 과정이 우연일 수 있을까요?
교만으로 들뜬 존재의 두 가지 커다란 자부심이 한순간 무너진다?
누가 이런 일을 하실 수 있을까요?
오직 전능하신 분이라야 가능하겠지요?

"You have trusted in your wickedness
and have said, 'No one sees me.'
Your wisdom and knowledge mislead you
when you say to yourself,
'I am, and there is none besides me.'"
(너는 네 사악함을 믿고 말했느니라
'아무도 나를 못 보누나'
'내로라, 내 옆에는 누구도 없누나'
네 지혜가 너를 잘못 이끌어 스스로 이렇게 말하는도다.)(이사야 47장 10절)
"아무도 나를 보지 못하노라."
이 부분의 독백을 조금 더 생각해 봅시다.
혹시 사탄은 '전능자의 전능'을 아주아주 조금은 오해했던 것일까요?
자기 마음속의 생각은 모르리라 여겼던 것일까요?
어떻게 '아무도 보지 못하리라' 생각했던 것일까요?
혹시 성도도 마음의 생각을 하나님께서 모르시리라 여길 수 있을까요?
그렇다면 혹시 가만히 자기 생각을 숨기는 것이
사탄의 예전부터의 책략이었을까요?

'마음속에만 간직하고 드러내지만 않으면 된다.'
이런 계산 말이죠
"네 지혜가 너를 잘못 이끌었다."
이 지적이 그것을 말하는 것 같잖아요?
"스스로 속이지 말라 하나님은 만홀히 여김을 받지 아니하시나니
사람이 무엇으로 심든지 그대로 거두리라." (갈라디아 6장 7절)
피조물은 언제나 자기 꾀로 망하는가 봅니다.
그것은 진리이므로 그것이 하나님의 전능하심을 증명한답니다.
무슨 꾀를 내든지 반드시 거기에 반대되는 심판을 하시잖아요?
우리가 사는 세상에서의 일도 이런 법칙이 작동하고 있잖아요?
그러므로 성도는 바르고 정직해야 하겠습니다.

"Disaster will come upon you,
and you will not know how to conjure it away.
A calamity will fall upon you
that you cannot ward off with a ransom;
a catastrophe you cannot foresee
will suddenly come upon you."
(재앙이 네게 임하리니
무슨 술책으로 물리칠지 네가 알지 못하리라
비극이 네 위에 임하리니
네게 보호망이 될 인질조차 없게 되리라
예상하지 못한 재앙이
갑자기 너를 덮칠 것이라) (이사야 47장 11절)
"보호망이 되어 줄 인질"
그가 바로 인간이겠지요?

그는 인류를 속여 선악과를 범하게 하였고
하나님의 인간 사랑을 빌미로
자신의 지위를 확보하려 했나 봅니다.
'반드시 사망해야 하는 인류' '그 지엄한 심판의 법인 십계명'
'공의로우신 하나님의 심판에 대한 선언'
온통 추측이긴 하지만 얽히고설킨 이 난제가
'사탄의 지혜'에서 비롯하였는지도 모르겠습니다.
그는 처음에는 하나님의 수호천사였는데
후에는 하나님 공의의 감시자처럼 행세하며
십계명을 근거로 인류의 죄를 조목조목 들춰내어
하나님 앞에서 우리를 참소하였잖아요?
이제 하늘에서 쫓겨났으므로
인류 양심에 새겨진 '십계명'을 바탕 삼아
사람들의 양심에 조용히 속살거리는 자가 되었을 것입니다.
혹은 정죄하기도 하고 혹은 변명하게도 만들면서
자신이 심판자인 양 행세하고 있지나 않을까요?
성도는 더 이상 이런 공격에 당하지 말아야겠지요?
예전의 우리는 사탄의 '담보물'이었으나 이제는 아니잖아요?
창세 이후 가장 어려웠던 수수께끼가 풀린 거잖아요?

"Keep on, then, with your magic spells
and with your many sorceries,
which you have labored at since childhood.
Perhaps you will succeed,
perhaps you will cause terror."
(자, 네가 어린 시절부터 힘쓰던

네 요술과 많은 술책을 계속 부려 보아라
어쩌면 성공할는지,
어쩌면 공포를 유발할 수 있을는지) (이사야 47장 12절)
'어쩌면 성공할지 모르잖아?'
'어쩌면 공포가 휘몰아칠지 모르잖아?'
이 표현은 조롱하는 말이랍니다.
성공 못 할 것이 뻔하다는 것이며
공포가 몰아칠 리 만무하다는 이야기이지요.
우리는 이 시점에서 몇 가지 매우 중요한 사실을 발견할 수 있겠지요?
'사탄은 에덴 시절부터 술책(spell)과 요술(sorceries)을 연습했다는 것'
'사탄이 부리는 술책과 요술의 결과는 공포를 유발한다는 것'
그런 까닭에 사람은 귀신과 근접했을 때
커다란 공포에 휩싸이는가 봅니다.
사람에게 주어지는 공포 중에 가장 큰 것은
'사망에 대한 공포'이겠지요?
"어쩌면 공포가 휘몰아칠지 모르잖아?"
이런 표현이 무엇을 말하고 있을까요?
성도에게 더 이상의 공포는 무의미하다는 뜻이잖아요?
"사망아 너의 승리가 어디 있느냐
사망아 네가 쏘는 것이 어디 있느냐
사망이 쏘는 것은 죄요 죄의 권능은 율법이라
우리 주 예수 그리스도로 말미암아
우리에게 승리를 주시는 하나님께 감사하노니
그러므로 내 사랑하는 형제들아 견실하며 흔들리지 말고
항상 주의 일에 더욱 힘쓰는 자들이 돼라
이는 너희 수고가 주 안에서 헛되지 않은 줄 앎이라"

(고린도전서 15장 55~ 58절)
'예수 믿음과 부활의 확신'
성도가 두려움에서 벗어나게 되는 방법이군요.
부활 신앙이 가장 확실하게 원수를 이길 방법인가 봅니다.

"All the counsel you have received has only worn you out!
Let your astrologers come forward,
those stargazers who make predictions month by month,
let them save you from what is coming upon you."
(그동안 온갖 충고들로 인하여, 이미 지칠 대로 지쳤지만!
그래도, 네게 별 점치던 점성술사들과
달마다 운세를 말하던 별쟁이들을 불러내 보거라
그들이 과연 네게 닥칠 일을 막아줄 수 있을지) (13절)
여기 말씀은 분노를 바탕으로 한 매우 비꼬는 투가 확실하지요?
사탄은 그동안에 이런저런 시도를 많이 했다는 투잖아요?
충고와 시도는 주로 하늘 별의 운행이 이용됐나 보네요.
점성술사(astrologers)는 별의 위치를 기반으로
탄생이나 운명을 점치던 사람이라고 합니다.
별쟁이(stargazers)는 주로 달의 주기에 초점을 맞추어
예언하였다고 하는군요.
이들 둘 사이에는 이처럼 뚜렷한 구별과 차이가 있나 봅니다.
바벨론에도 이런 유의 일을 하는 이가 많이 있었다고 본답니다.
특별히 구바벨로니아 시대에는
지구라트라는 신전의 꼭대기 층에
별을 관찰하고 이를 통해 점을 보던 장소와 사람이 있었잖아요?
별을 보고 점을 치는 일은 매우 오래된 방식이면서도

타락한 천사들 사이에서는 유난히도 관심이 가는 분야였나 봅니다.
세계에 흩어져 존재하는 여러 불가사의한 건축물이
특별한 한 별(묘성)을 초점으로 맞추어 건축하였거든요.
피라미드나 안데스 산지 등의 고대 건축물들에서 보이는 현상입니다.
'그런 이를 다 불러 재앙을 막아보시지?'
이렇게 말하고 있잖아요?
매우 냉소적인 표현이잖아요?
이들 존재가 하나님 심판의 불을 피하지 못한다는 뜻이겠지요?
추측이기는 하지만 우리 주의 탄생을 축하하러 온 동방박사도
어쩌면 점성술사였을지도 모릅니다.
들에서 목축하며 밤하늘 별을 보는 것이 일상인 민족에게서는
뛰어난 점성가가 비교적 쉽게 나올 수도 있을 거라는 뜻이랍니다.
암흑기 유대인 대신에 뜻밖의 준비로 주 오심을 드러내며
동시에 이 일이 온 땅의 큰 일인 사실을 널리 드러낼 수 있었잖아요?
세상에는 신기한 일들도 참 많군요.
〈*하늘 존재는 큰 영광의 광채가 있으므로 이들 이동 모습이 영인 천사의
눈으로 본다면 관측될 수가 있을지 모릅니다〉

"Surely they are like stubble;
the fire will burn them up.
They cannot even save themselves
from the power of the flame.
These are not coals for warmth;
this is not a fire to sit by."
(장담하거니와 그들은 베인 곡식 밑동 같을지라
불이 그들을 태우리니

불의 능력에서 그들은 자신조차 구하지 못하리라
이는 몸을 덥힐 불이 아니니라
곁에서 몸 녹일 불이 아니니라) (이사야 47장 14절)
불로 심판한다는 내용이군요.
그리고 그 불은 히브리어 원문에도 심판의 불(lehavah)로
일반적인 불(ur)이 아니라고 합니다.
그것은 '지옥의 불'이거나
아니면 적어도 상징적인 '심판의 불'이라는 뜻이라고 합니다.
가령 구약시대 다른 도시의 파멸을 이야기할 때도
굳이 '심판의 불'을 언급하는 경우는 드물었다고 합니다.
하지만 이곳에 예언하시는 바벨론의 파멸을 말할 때는
드러나게 '심판의 불'이라는 단어로 표현하고 있군요.
이는 요한계시록에 나오는 심판과도 일치한답니다.
마지막 때 적그리스도는 음녀를 배신하여
파멸하게 만들고 불로 태운다고 예언하고 있으니까요.

"That is all they are to you—
these you have dealt with
and labored with since childhood.
All of them go on in their error;
there is not one that can save you."
(이것이 네게 있어 그들이 의미하는 모든 것이니라
네가 어릴 때부터 함께하며 의지하였느니라
그러나 그들 모두 잘못으로 나아가고
너를 구원할 자가 아무도 없도다 (이사야 47장 15절)
바벨론이라는 도시 발전이 점성술사나 별쟁이의 힘인가요?

설마 바벨론의 흥망성쇠를 이들이 곁에서 지킬 수나 있을까요?
'어려서부터 함께 하였다?'
'그들 모두가 잘못된 길로 가고 있다?'
예전부터 계속 잘못된 방향으로 가고 있다는 뜻이잖아요?
쇠퇴하던 때는 잘못된 길일지라도 자라기 시작하고 발전하던 시기에는?
바벨론이 흥성하였으므로 어마어마한 요새도 지었잖아요?
하지만 저 말씀은 그들 모두가 함께한 어릴 때부터 어긋 갔다는 거지요?
이런 여러 이유로 저 말은 오히려 '사탄'에게나 어울린답니다.
사탄도 어릴 때가 있었을까요?
만일 그렇다면 불의가 태동하던 초창기를 의미하겠지요?
에덴에서 이브를 꾀던 그 시절 전후의 기간 말입니다.
이 시기에 벌써 은밀한 공모자가 있었을 수도 있었겠습니다.
14절과 15절의 말씀이 이런 정황을 은근히 암시하기 때문이랍니다.
그가 어쩌면 '적그리스도'일 수도 있다는 생각도 든답니다.
우리는 지금까지 바벨론이라는 도시와
그가 상징하는 사탄을 묶어서 심판하고자 예언하는 장면을 보았답니다.
상징을 징검다리 삼아 그 대상까지 묶어 예언하는 방식이지요.

11. 바벨론 탈출하기 II – 비상구

"Depart, depart, go out from there!
Touch no unclean thing!
Come out from it and be pure,
you who carry the articles of the Lord's house."
(떠나가라, 떠나가라, 그곳에서 나올지어다!
불결한 것들을 만지지 말지니라!
너 하나님 성전의 성물을 옮기는 자여,
거기로부터 나와 스스로 정결할지라!) (이사야 52장 11절)

바벨론을 떠나라는 경고는 요한계시록에도 나옵니다.
여기에 바벨론의 실체가 낱낱이 벗겨집니다.
그 내용을 살펴봅시다.
"The name written on her forehead was a mystery:
Babylon the great
the mother of prostitutes
and of the abominations of the earth."
(그녀의 이마에는 이름이 새겨져 있더라.
'신비'
'위대한 바벨론'
'음녀의 어머니'
'땅의 가증한 것들의 어머니') (요한계시록 17장 5절)
헬라어 원본에서도 '신비'라는 단어는
음녀의 이름으로 표현되었다고 하는군요.

이것들은 사탄의 본질을 통하여 붙여진 이름인 것이지요.
'사탄'이란 이름은 그의 외향적 습관 때문에 불렸던 별명이잖아요.
그의 본질에 따른 이름의 의미를 살펴봅시다.
어떻게 사탄이 '신비'한 존재일 수 있을까요?
사람들이 매우 신기하게 여기며
알고 싶어하는 대상이기 때문이 아닐까요?
'창세 이후 세상에서 가장 비밀스럽게 숨겨진 존재'
'알 듯 모를 듯 있는 듯 없는 듯 설만 가득한 존재'
'그러나 실상은 뜻밖에도 사람과 가장 밀접히 엮인 존재'
뭐 이 정도라면 신비 중의 신비이겠지요?
'위대한 바벨론'
여기 그 상징의 이름이 나오는군요.
왜 바벨론이라 불렀을까요?
역사적으로나 실증적으로나 명백하게 근거가 있을 것입니다.
창조주께 대적한 뚜렷한 흔적이 바벨론에 찍혔을까요?
그런 까닭에 이후 그의 행적에서도 바벨론이라 부르겠지요?
그것은 무슨 의미를 지닐까요?
그것이 무슨 교훈을 지닐까요?
예전 가나안을 정복한 하나님의 백성을 미혹하여서
바벨론으로 포로로 끌어간 그 일처럼
오늘 복음 시대에도 마찬가지 방법으로
하나님의 백성 성도를 미혹하여,
영적 바벨론 그 우상숭배의 땅으로
"노예처럼 끌고 가려고 드는 바로 그 존재 바로 그 여황제"
이런 의미가 아니겠어요?
왜 '위대한(the great)'이란 수식어가 붙은 걸까요?

인간의 눈에 바벨론은 위대하기 이를 데가 없잖아요?
사람은 누구나 위대하게 되고 싶어 하잖아요?
큰 권력을 잡은 자, 큰 부를 모은 자,
모두 위대한 자에 속하잖아요?
그런 것들을 무기 삼아 인간과 거래하는 자이겠지요?
어떻게 그렇게 생각하느냐고요?
우리 주께서 금식하신 후 주리실 때
사탄이 찾아와 유혹하며 말했잖아요?
천하의 영광을 보이면서 자기 앞에 절하라고 유혹했지요?
그 영광을 줄 수 있노라고 거래하려 했잖아요?
아마도 역사상 많은 이들이 이 거래에 넘어갔을 것입니다.
그러기 때문에 저 대단한 수식어 '위대한(the great)'이 붙었겠지요?
'음녀의 어머니'
성경은 이 때문에 '온갖 음행을 피하라' 말하잖아요?
음란한 것은 무엇이든지 그 모양이라도 버리라 권하잖아요?
"쾌락의 애호가" "안락 가운데 뒹구는 자"
이사야 47장 8절에서 바벨론을 이렇게 정의했잖아요?
인간에게 가장 큰 유혹이 되는 '육신의 정욕'은
명백하게 모두 이 음녀에게서 온 것이랍니다.
어떻게 그렇게 단정하느냐고요?
어머니라고 하잖아요.
그래서 '여황'이라고 불렀겠지요?
생각해 보세요.
바벨론 사람들이 자기 배후 여황제의 영향을 받지 않았겠어요?
음행과 쾌락을 좋아하지 않았겠어요?
그들이 이 일로 심판을 받아야 마땅하지 않았겠어요?

소돔이나 고모라처럼 바벨론도 비슷한 음풍이 있었을 겁니다.
'땅의 가증한 것들의 어머니'
아마도 이것이 바로 '우상숭배'에 속한 것들이리라 여겨집니다.
사람 마음에 심어 놓은 더러운 것!
하나님보다 높아진 모든 것!
이런 것들을 의미하겠지요?
사탄이 추구하는 가장 큰 원칙이 이것이잖아요?
사람을 자기편으로 만들어 자기처럼 살게 하려는 것이잖아요?
사람들 마음 판에 새겨진 선악과의 결과물,
서로를 판단하고 정죄하며 자기도 판단하고 정죄하여
스스로 하나님처럼 높이어 사는 것,
그 상태를 조장하는 것,
이것이 사탄의 궁극적 목표잖아요?
아주 뛰어난 기술이나 성취를 한없이 크게 보게 만드는 것,
아주 위대한 업적이나 그것을 가능하게 만든 과정을 띄우는 것,
이런 모습이나 대상을 미치도록 흠모하여 따르게 하는 것,
이런 일들을 사탄이 하고자 하지 않았겠어요?
이런 목적으로 사람들 마음 귀에 수군수군 속살거리지 않았겠어요?
이런 일들이 인간 세상에 언제나 끊임없이 반복하여 지속됐잖아요?
그러나 이런 일들이 사람에게서 한 번이라도 제대로 드러나던가요?
이처럼 큰 원인이 되는 일이 감추어졌으므로 '비밀'이요
여전히 사람의 욕망을 강하게 자극하므로 '신비'이겠지요?

"'Come out of her, my people,'
so that you will not share in her sins,
so that you will not receive any of her plagues;

for her sins are piled up to heaven,
and God has remembered her crimes."
('내 백성아! 그녀를 떠날지어다,
그녀의 죄에 휘말리지 말지니라.
그녀가 재앙도 함께 받지 말지니라
그녀의 죄는 하늘까지 쌓였고
하나님께서 그녀의 악행을 기억하셨음이라') (요한계시록 18장 4~ 5절)
여기 요한계시록 말씀도 음녀 바벨론을 떠나라는 강력한 경고이지요?
같은 투, 같은 내용의 경고가 예레미야서에도 나옵니다.
우리 이야기 시초 지점에서 보았던 내용이랍니다.
그 내용으로 돌아가 봅시다.

"Flee from Babylon!
Run for your lives!
Do not be destroyed because of her sins."
(바벨론에서 도망치라!
목숨을 구하려 도망하라!
그녀의 죄 때문에 멸망하지 말지니라) (예레미야 51장 6절)
예레미야는 기원전 626년부터 570년경까지 활동했던 선지자이지요.
이사야보다 70여 년 후에 활동하며
예루살렘성과 유다의 멸망을 현장에서 목격하였던 선지자랍니다.
이 선지자도 바벨론의 멸망을 예언하였지요?
여기에는 바벨론을 멸망시킬 민족이 누구일지 구체적으로 지목한답니다.

"Sharpen the arrows,
take up the shields!

The Lord has stirred up the kings of the Medes,
because his purpose is to destroy Babylon.
The Lord will take vengeance,
vengeance for his temple.
Lift up a banner against the walls of Babylon!
Reinforce the guard,
station the watchmen,
prepare an ambush!
The Lord will carry out his purpose,
his decree against the people of Babylon.
You who live by many waters
and are rich in treasures,
your end has come,
the time for you to be destroyed.
(활들을 날카롭게 하라 방패를 들라
주께서 메대의 왕들을 불러오시리니
이는 바벨론을 멸망시키시려는 목적이라
주께서 복수하시리니
자기 성전에 대한 복수라
바벨론 성벽을 대하여 깃발을 높이 들라
경비병을 강화하라 파수꾼을 세워라
복명을 준비하라
주께서 자기 뜻을 이루시려니와
바벨론 거주민을 대적하는 칙령이니라
너 많은 물 곁에 사는 자여
보물들로 부요한 자여

네 끝이 이르렀노라
너에 대하여 멸하기로 예정한 때이니라.)
(예레미야 51장 11~ 13절)
여기 예언에서도 신랄하게 비꼬는 투가 많지요?
'어디 정찰병을 강화해 보시지?'
'파수꾼을 망루마다 세워보시지?'
'복병을 미리 숨겨둬 보시지?'
이런 투의 말은 모두 바벨론을 향하여 비꼬는 말입니다.
〈*'바벨론 성벽을 향해 기를 높이 들라', 이는 공격자에게 하시는 말씀입니다.〉
주께서는 이들에게 예루살렘 성전을 훼파한 복수를 하시는 것이지요.
예레미야가 예언하듯 바벨론은 메대인(현재 이란)에 멸망하잖아요?
이사야 선자지가 이미 예언하였지만
예레미야 선지자도 이처럼 바벨론의 멸망을 예언하고 있답니다.
예레미야 51장 도입부도 잠시 살펴봅시다.

This is what the Lord says:
"See, I will stir up the spirit of a destroyer
against Babylon and the people of Leb Kamai."
(보라, 내가 한 심판의 영을 일으키리니
바벨론과 렙 카마이 사람들을 치리라) (예레미야 51장 1절)
여기 '레브 카마이(Leb Kamai)'는 '갈대아'라는 뜻의 암호문이라네요.
앗바쉬(Atbash)암호를 쓴 것인데
철자의 첫과 끝을 서로 조합하는 방식의 암호문이라고 합니다.
그렇다면 왜 같은 바벨론을 지칭하며
굳이 둘로 나누어서 말했을까요?
더구나 한쪽은 암호까지 썼잖아요?

'레흐 까마이 사람들(the people of Leb Kamai)'
이 표현도 히브리 원문에 '민족'이 아니라
'사람들'의 의미라고 합니다.
이 부분도 어쩐지 배후 존재들을 암시하는 듯합니다.
우리는 지금까지 예레미야 51장 6절에 나타나는
"바벨론에서 도망치라"라는 명령에 대해 살펴본 것입니다.
이 명령은 누구에게 주신 걸까요?
예레미야서가 예언하는 대상과 이사야나 요한계시록 예언의 대상은
서로가 각각 다른 걸까요?
당연히 아니겠지요?
모두 다 예언으로 경고하는 대상은 지금의 성도잖아요?
설마 멸망할 그 바벨론 거주민이겠어요?
그런 오해를 없애기 위하여
예레미야서에서는 심판받을 대상을
'바벨론에 사는 사람들'이라고 명시했잖아요? (12절 후반부)
〈*his decree against the people of Babylon.〉
"도망치라"라는 예레미야서의 이 명령과 요한계시록과는
문맥상으로는 어떤 차이가 있는지를 비교해 봅시다.

"Flee from Babylon!
Run for your lives!
Do not be destroyed because of her sins."
(바벨론에서 도망치라!
목숨을 구하려 도망하라!
그녀의 죄 때문에 멸망하지 말지니라) (예레미야 51장 6절)
'Come out of her, my people,'

so that you will not share in her sins,
('내 백성아! 그녀를 떠날지어다,
그녀와 함께 그 죄의 값을 공유하지 말지니라.') (요한계시록 18장 4절)
두 말씀이 내용상으로는 완벽하게 일치하지요?
모두 그녀의 죄 때문에 함께 멸망되지 말라고 하잖아요?
그 방법으로 목숨을 위해 도망치라고 하잖아요?
그녀에게서 나오라고 하잖아요?
같은 경고가 맞지요?
그러므로 이제 우리의 처음 이야기인 이사야 52장으로 가 봅시다.

"Depart, depart, go out from there!
Touch no unclean thing!
Come out from it and be pure,
you who carry the articles of the Lord's house."
(떠나가라, 떠나가라, 그곳에서 나올지어다!
불결한 것들을 만지지 말지니라!
너 하나님 성전의 성물을 옮기는 자여,
거기로부터 나와 스스로 정결할지라!) (이사야 52장 11절)
'떠나라!' '거기로부터 나오라!'
'부정한 것을 만지지 말라!'
이것이 무슨 뜻일까요?
급한 명령이 이전에 보던 내용과 같지 않나요?
'거기서 나오라' 말할 때 '거기'가 어디일까요?
'바벨론'이 아니겠어요?
누구에게 하는 명령일까요?
위의 말씀에서 '성전 성물을 옮기는 자'라고 말하고 있지요?

가나안 백성으로 '성전 성물을 옮기는 자'는
아론의 후손 중 고라 자손이었습니다.
그렇다면 저 명령은 '고라의 후손'에게 하는 말일까요?
그렇지 않다는 사실을 얼른 알겠지요?
그렇다면 누구를 지칭하는 말일까요?
이를 분명하게 밝히기 위해
잠시 우리도 성궤의 흔적을 따라가 봅시다.

'성궤 추적자들'
성궤는 조각목(아카시아 나무)으로 만든 장방형의 상자입니다.
상자 안에는 세 가지가 들어 있답니다.
1) 십계명의 돌판
2) 아론의 싹 난 지팡이
3) 만나를 담은 금항아리
시내산 밑에서 처음 성궤를 만들 당시에는
그 안에 십계명의 돌판만 있었습니다.
특히 이 십계명의 돌판은 하나님께서 직접 새겨주신 것입니다.
이 점이 매우 특이하지요?
모두 인간이 만든 물건 안에 하나님의 친필 돌판이라니요!
분명 여기에는 비밀스러운 의미가 있을 것입니다!
나머지 두 가지는 훗날에 추가된 것입니다.
그렇다면 이 성궤는 그 후에 어떻게 되었을까요?
어디로 갔으며 지금은 어디 있을까요?
우리는 이제 '성궤 추적자'가 되어 이것의 행방을 따라가 보려 합니다.
왜냐하면 '하나님의 성물'이라 말할 때
성궤가 성물의 탑 중의 탑이거든요.

이스라엘 백성이 시내산에서 출발할 때
언제나 성궤를 맨 레위 지파가 행군의 중심이 되었답니다.
그들이 광야에서 헤맬 때는 성궤도 그곳에 늘 함께 있었지요.
그 후 길갈에서 여리고를 거쳐 마침내 실로에 안착하게 됩니다.
우리는 실로의 제사장 엘리의 이야기를 잘 알지요?
그의 두 아들 홉니와 비느하스는 악한 자였습니다.
하나님의 징벌로 블레셋과 전쟁이 발생하자
오히려 하나님의 도우심을 받을 심산으로 언약궤를 전장에 앞세워 나갔답니다.
그것이 에벤에셀 전투였습니다.
전쟁은 참패를 당하였고 하나님의 성궤는 이방 블레셋에게 빼앗겼습니다.
도저히 있을 수 없는 사건이 기어이 일어나고야 말았던 것입니다.
하나님의 성궤가 하나님의 원수인 이방 손에 넘어갔으니 말입니다.
성궤는 이방인에 의해 아벡에서 아스돗과 가드를 거처 에그론에까지 가게 됩니다.
그러나 가는 곳마다 그곳에는 전능자의 심판이 임하여 견딜 수 없으므로
그들은 살기 위한 방책으로 이 성궤를 다시 이스라엘로 돌려보낸답니다.
벧세메스의 언덕길을 새끼마저 버려둔 채 홀로 오르는 암소의 모습은
우리 주 예수의 여정을 암시하는 상징이랍니다.
주 예수께서도 십계명과 율법에 명시한 죽음을 지시고 골고다를 오르셨거든요.
소와 수레를 발견한 이스라엘 민족은
끌고 온 소를 죽여 제사를 드리고
성궤는 기럇여아림 아비나담의 집에 20여 년간 보관하게 됩니다.
당시 대제사장은 엘리의 후손이므로
아마도 그와 그의 아들 엘르아살은 대제사장 가족이 아닐 겁니다.
그러나 그가 하나님 앞에 신실한 자였으므로
감히 두려워 어찌 못하던 그 성궤를 그에게 맡겼던 거겠지요.

그 후 다윗왕이 하나님의 성궤를 사모하여
자신의 궁으로 이를 옮기고자 시도하였으나
성궤를 수레에 싣고 이동하는 오류를 범하여 웃사가 죽었지요?
이 때문에 성궤는 가드 사람 오벧에돔의 집으로 옮기게 됩니다.
이 사람 오벧에돔은 귀화한 이방인이 아니랍니다. 〈*오해 주의〉
아마 이 사람도 하나님 앞에서 신실한 자였나 봅니다.
언약궤가 있는 동안 그 집이 형통하였지요?
이에 다윗은 자신의 실수를 깨닫고
성심으로 준비해 언약궤를 다윗성으로 옮기잖아요?
그 후 아들 솔로몬의 손에 예루살렘 성이 완공되었고
언약궤는 예루살렘 성안에 안착하게 되었답니다.

예루살렘이 바벨론에 함락된 후에는 어떻게 되었을까요?
신기하게도 성궤의 행방은 모든 역사 기록에서 완전히 사라진답니다.
이런 이유로 후대의 수많은 연구가가 성궤의 행방을 찾습니다.
그 결과 세 가지의 이론이 정립되었답니다.
1) 제사장이 예루살렘 성전 지하 깊숙이 은밀한 곳에 숨겼다는 설
2) 비밀리에 에티오피아 악숨으로 옮겼다는 설
3) 예레미야(예루살렘 성 함락 당시 활동하던 선지자)가 숨겼다는 설

여러 이야기 중에도 에티오피아 악숨으로 옮겼다는 이야기가
그중 가장 설득력이 있었나 봅니다.
신기하게도 아프리카 여러 미개한 국가 중에
에티오피아가 유독 기독교를 진심으로 신봉하는데
악숨의 메리암 교회에 성궤가 숨겨져 있다는 이야기가 끊이지 않았으며
실제로 이 나라 정교회에서 지정한 수도사 한 명 외에는

숨겨진 성궤에 접근하지 못하게 하려는 방어를 철통같이 해왔다네요.
궁금함을 참지 못한 영국의 고고학자 톰 윌리슨이 조사에 나섰으나
이곳 지하 교회를 조사하던 중 실종되고 말았다네요.
그 후 영국 탐험대와 에티오피아 군인 사이에는 무력 충돌까지 벌어졌으나
성궤의 존재는 확인하지 못한 채
영국 탐험대는 윌리슨의 시체만 찾아 철수하게 되었다고 하네요.

이처럼 성궤에 대한 의문이 크므로
이를 소재로 한 여러 이야기와 다큐멘터리 그리고 영화 등이 등장했습니다.
'인디아나 존스 : 레이더스'가 대표적인 영화이지요.
또 다른 텔레비전 프로그램은 미국 오크섬에 이 보물이 숨겨졌다는 소문과
이를 추적하는 자들의 이야기를 다루기도 했습니다.
영국의 교회에 주 예수의 수의가 감추어져 있다는 이야기도
이런 이야기와 맥이 통하는 설들이랍니다.
한편, 유대인 중 많은 이가,
그들이 기다리는 메시야가 세상에 오실 때,
이 언약궤도 세상에 다시 모습을 드러낼 것이라 믿는답니다.

하지만 언약궤는 더 이상 찾을 필요가 없습니다.
언약궤는 그야말로 하나의 '상징물'이잖아요?
언약궤는 처음 만들던 시점부터 '이동'을 염두에 두고 지어졌답니다.
이 거룩한 상자를 사람의 손으로 직접 만지지 못하게 하시려고
어깨에 메는 긴 가는 막대기를 채에 꿰어
네 명이 메고 이동하도록 하였잖아요.
처음부터 이동을 위해 지어진 것이 맞지요?
그 이동이 단지 사막에서 예루살렘 성까지만 이겠어요?

아닐 겁니다!
그것은 우리 인간의 상태를 시각적으로 보여주시려는
하나님의 지혜가 맞을 겁니다.
'성궤'는 바로 우리 '심장'을 표현한 것일 테니까요.
우리가 '선악과'를 범한 이후부터
우리는 우리 안에도 '십계명'을 담았잖아요?
언약궤 안의 십계명처럼 우리 의지와 무관하게 새겨진 것이잖아요?
우리 모두도 '사망'이라는 무서운 사슬에 묶이고 덮인
저 언약궤와 같잖아요?
왜냐고요?
십계명의 요구가 충족되지 못하면 반드시 사망해야 하기 때문이지요.
선악과를 금하신 하나님 말씀의 선포가 실현되고야 말 테니까요.

하지만 훗날 저 상자 안에
'아론의 싹 난 지팡이'와 '만나를 담은 금 항아리'가 더해졌습니다!
'아론의 싹 난 지팡이'는 '하나님의 선택하신 대제사장'을 의미한답니다.
주 예수께서는 대제사장 중에서도 선택을 받은 '싹 난 지팡이'시지요?
'만나를 담은 금 항아리'는 '믿음과 영생의 약속'을 의미한답니다.
'만나'는 '예수께서 우리에게 주신 자신의 살과 피'이잖아요.
'그것을 먹고 그것을 믿고 그것을 마음에 담은 모습'이
저 '만나를 담은 금 항아리'와 정확하게 일치하지 않나요?
온 우주에 온 창조 역사에 그 길고 광활한 공간에
가장 오래고 가장 크고 가장 어려운 수수께끼가 바로 이것이었답니다.
인류를 다시 살게 하는 놀라운 신비입니다.

하나님의 대적자는 '사탄'입니다.

그의 이름이 세 번이나 바뀌었답니다.
그녀는 이제 '바벨론'이 되었습니다.
저 '하나님의 성물을 메는 자'가 '성도'인 사실이 이제 분명해졌습니다.
우리에게 하나의 선택만 남았답니다.
'나와 내 아비 집은 하나님 편에 서리라'
'당신들은 어느 편에 설 것인가?'
여호수아가 백성에게 묻던 질문이지요?
바벨론에서 탈출하는 방법은 오직 하나뿐입니다.
주 예수를 구주로 믿고 받아들이는 것입니다.
영혼의 주인이 누구이냐의 문제이거든요.
이미 주를 믿은 자라면
철저하게 주의 존재를 인정해야 하겠지요?
주를 인정하고 그의 요구를 순종하여야지요?
주님의 요구도 한 가지입니다.
그가 우리의 주인이 되신다는 사실을 철저하게 인정하는 것이지요.
사탄의 요구를 철저하게 거부하는 길이 된답니다.

12. 세상이 모르는 바로 그것 I – 성령의 열매

"Depart, depart, go out from there!
Touch no unclean thing!
Come out from it and be pure,
you who carry the articles of the Lord's house."
**(떠나가라, 떠나가라, 그곳에서 나올지어다!
불결한 것들을 만지지 말지니라!
너 하나님 성전의 성물을 옮기는 자여,
거기로부터 나와 스스로 정결할지라!)** (이사야 52장 11절)

'분별력'
성도에게 너무나 중요한 능력입니다.
가나안 하나님의 백성이 왜 멸망했을까요?
분별력이 없었기 때문이 아닐까요?
하나님을 섬기는 일과 우상을 섬기는 일을 분별치 못했잖아요?
그들이 바벨론을 따라갔던 이유가 이것이겠지요?
속아서 따라갔으나 오히려 바벨론의 포로가 되었잖아요?
인간은 언제나 선택해야 하며 그 자신의 선택에 책임을 져야 하잖아요?
'하나님을 선택할지 바벨론을 따를지'
이 운명적인 선택에는 중간지점, 곧 제3의 선택지란 없답니다.
왜 많은 사람이 이단을 따라갈까요?
분별력이 없기 때문이겠지요?
예전의 가나안 백성처럼 지금 성도도
동일한 실수를 범하고 있는 것은 아닐까요?

'신천지 아웃'
교회 문마다 이런 글귀가 붙어 있는 것을 본 적이 있지요?
성도나 지도자나 분별에 어려움이 있기 때문이겠지요?
성도는 매우 잘 분별해야 한답니다.
무엇으로 할까요?
하나님의 말씀이 가장 큰 기준이어야겠지요?

'성령의 열매'와 '성령의 은사'는 무엇이 다를까요?
모두 다 성령께서 주시는 선물입니다만
이 둘의 차이가 있잖아요?
'은사'는 교회를 세우라고 주신 '선물'이지요.
'교회를 세운다.'
다른 말로는 '성도를 섬긴다'가 되겠군요.
자기 믿음을 세우는 일도, 복음을 전하는 일도
교사나 봉사나 위로나 권면도 모두 다 성도를 섬기는 일이니까요.
이런 활동이 교회를 세우는 일일 것입니다.
우리가 '하나님의 전신 갑주'를 입는 것도,
이와 같은 교회 세우는 일을 모두 실천하고 난 후에
쓰러지지 않고 서기 위함이라 했잖아요.
그렇다면 은사란 성도가 이 세상에 살 동안
주께서 주신 '사명'을 완수하기 위한 무기가 되겠네요.

'성령의 열매'는 '은사'와 조금 다르답니다.
한 인격이 그리스도의 성품으로 닮아가는 것이니까요.
'열매'이므로 성도에게 필수불가결(必須不可缺)이며
영원한 천국 생활의 의복 같은 것이겠네요.

어찌 보면 '은사'보다 더 시급한 요건처럼 보이지요?
또 '은사'는 기한이 있는 무기라고 한다면
'열매'는 영원히 지니고 누릴 보석과 같은 것인 셈이지요.
이런 열매에 대한 말씀'의 근거는 어디에 찾을까요?
이사야 49장 마지막 부분과 50장 첫 부분을 기억해야 합니다.
세상을 밝힐 자기 불이 없는 자가 믿음의 길을 가겠으며
무엇이 옳은지를 갈구하는 자가 의를 얻으리라 했잖아요?
이것이 성도의 사모하는 바가 되어야 하겠잖아요?
우리는 올바른 자가 되고 싶은 자들이니까요.

이제 '성령의 열매'가 무엇인지 알아봅시다.
우선 먼저 알아야 할 점은 성도가 맺을 '열매'는
비록 같은 이름의 도덕 명칭이 존재할지라도
세상에 있는 그것과는 전혀 다르다는 사실이랍니다.
같은 이름의 '평안'이 세상이 말하는 '평안'과 다르고
같은 이름의 '사랑'이 세상이 말하는 '사랑'과 다르다는 것이지요.
이 열매의 이름은 갈라디아서 5장에 나오지요?

"But the fruit of the Spirit is
love, joy, peace, forbearance, kindness, goodness, faithfulness,
gentleness and self-control.
Against such things there is no law."
(그러나 성령의 열매는
사랑과 희락과 화평과 인내와 자비와 양선과 충성과 온유와 절제이니
이런 것을 금지할 법이 없느니라) (갈라디아 5장 22~ 23절)
"Those who belong to Christ Jesus

have crucified the flesh with its passions and desires.
Since we live by the Spirit,
let us keep in step with the Spirit.
Let us not become conceited, provoking and envying each other."
(예수 그리스도께 속한 자들은
그 욕정과 열망을 육과 함께 십자가에 못 박았느니라
이제 성령으로 사는 자 된 우리는
성령과 동행하는 자가 되자.
스스로 속는 자가 되지 말아서
시기나 분동하지 말자) (갈라디아서 5장 24~ 26)

'탐구 노트' '실험 기록'
심해나 우주를 항해하며 매일의 과정을 기록하는 일
새로운 과학적 탐구를 위해 매일 실험의 내용을 기록하는 일
에구, 솔직히 고백해야 하겠네요.
'열매'에 대한 이야기는 누구에게나 어렵잖아요?
가보지 못한 길이니까요.
'성령 하나님과 동행'
이 일도 마찬가지가 아닐까요?
성령께서 함께하시는 체험은 너무나 많잖아요?
그래도 온전히 동행한다고 하기에는 너무나 부족하잖아요?
주님 보시기에는 한없이 부끄럽고 한없이 죄송한 생활이거든요.
그러나, 그럼에도 불구하고, 그럴지라도
'성도가 무엇을 목표 삼을지',
'무엇을 어떻게 해야 할지' 알기 위하여
'각각의 의미를 정리하는 노력'이 필요하지 않을까요?

분별을 위한 수고가 필요하다고 여겨진답니다.

우선 '성령의 열매'는 '절제'에서 시작하는 것 같습니다.
물론 '하나님의 전신 갑주'처럼 '믿음'의 기초는 필수이겠지요?
절제는 '자기 통제'를 말하잖아요?
'필요한 지점에서 멈추어 서는 것'
'때로는 본성이 요구하는 바를 금하는 자제력'
이런 힘을 '믿음'을 통해서 얻게 된다면
우리는 이를 '절제'라 말할 수 있겠네요.
절제가 무엇을 말하는지 알았다면
절제하는 방법도 알아야겠지요?
방법을 알기 위해서는 대상부터 정의해야 하겠군요?
절제의 대상은 크게 두 가지로 구분되는 듯합니다.
"그리스도께 속한 자는 그 육신과 함께 욕정과 갈망을
십자가에 못 박았느니라"(갈라디아서 5장 24절)
이 말씀에서 육신에 해당하는 큰 두 가지가 있다고 밝히지요?
욕정(passions)은 충동적으로 일어나는 죄의 욕망이라고 합니다.
갈망(desires)은 오랫동안 지속적으로 간절하게 바라는 정욕이랍니다.
예수를 믿으면서 이들이 모두 사라지면 얼마나 좋을까요.
하지만 현실은 다르잖아요?
성도에게도 늘 이 문제가 있잖아요.
왜 사는지, 인생의 가는 곳이 어디인지,
이 치명적인 갈증은 사라졌지만,
보암직도 한 소유욕,
자존심을 포함한 자기 자랑, 자기 애착,
게으름과 안이, 식욕, 성욕, 육신의 쾌락,

이들은 모두 절제의 대상이 되겠지요?
성도는 금욕주의자가 아닙니다.
반드시 그래야 천국 가는 것은 아니거든요.
주께서 주신 것은 감사하며 받아도 되거든요.
모든 음식이 기도로 거룩하여지잖아요.
그러나 성도는 절제해야 하잖아요.
이 선은 정해진 지점을 볼 수 없어 어렵지만
평생 지니고 살아야 할 기준 추가 되겠지요?
'십자가에 못 박았느니라'
이미 과거의 일이라 규정하고 있잖아요?
그렇다면 이렇게 말할 수 있을까요?
'그건 내가 아니다!'
'죽었던 나를 다시 불러올리지 말자!'
'그렇게 과거를 소환하는 순간 성령과의 동행이 약해질지 모른다?'
화들짝 놀라 회개하고 돌이켜야 하겠지요?
이런 모습은 주로 죄의 본질에서 나오는 듯 보입니다.
물론 우리 죄의 본성에 더하여
대적하는 무리가 부추기어 부풀리는 현상이 당연히 있겠지요?

'수군수군하기' '비방하기' '살짝 덧붙이기' '은근히 관련짓기'
이런 행위는 '남을 자극하여 부추기기'에 속하겠지요?
에덴에서 사탄이 이브를 꾀던 방식이잖아요.
'남의 소유 탐하기' '단점 찾아 드러내기' '질투하기'
이런 행위는 '시기'에 속하지요?
에덴에서 인류 존재를 시기하였던 '사탄'의 마음도 이랬지요?
사탄이 원흉인 또 다른 것 하나에는 '음행'이 있겠네요.

유행처럼 번진 음풍을 특별히 조심해야 한답니다.
성령께서 주시는 마음과 뚜렷하게 구별되니까요.
누가 이런 마음을 줄까요?
사탄이 집어넣겠지요?
특히 이 세 가지 죄목은 우상숭배와 함께
하나님께서 진노하시는 죄에 속하잖아요?
그러므로 성도는 이런 욕망에 강하게 대적해야 하겠지요?
가장 두드러진 성도의 절제 대상인 듯싶습니다.
갈라디아서 5장 25절이 성령의 열매를 나열하였다면
갈라디아서 5장 26절은 성령의 열매를 이해하며
현저하게 사탄으로부터 비롯한 일들을 구별하라 말씀하고 있지요?
"바벨론 탈출하기"
탈출한 줄 알았는데
이런 모습이 여전히 도가 넘을 정도로 강력하다면
스스로가 속은 것이 아닌지 살펴보아야겠지요?
다른 성도를 은근히 부추기어 죄짓는 곳으로 유도하거나
다른 성도를 은근히 부추기어 편을 가르고 상대를 비난하거나
강한 시기심이 끓거나 옳지 못한 성욕을 제어하지 못한다면
"절제"를 위한 각고의 노력과 기도를 통해 바로 서야 할 것입니다.
사탄은 쉽게 포기하고 물러나지 않잖아요?

'충성'과 '인내'는 '절제'를 기반으로 맺히는 열매처럼 보입니다.
물론 모든 열매는 '믿음'이 없으면 불가능하겠지요?
'믿음'에서 시작하여 그 믿음의 불순물이 제거되고
점차 순도가 높아져서 순금(정금)같이 아름다운 모습이 될 때
우리는 이것을 '충성'이라 말할 수 있겠지요?

이런 충성은 창조주께 대한 신뢰가 온전하잖아요.
주께 향한 애정에 흠이 없잖아요?
그러니까 진리에 대한 신뢰가
질적으로 온전하여진 상태라 말할 수 있겠네요.
"잘하였도다 착하고 충성된 종아
네가 적은 일에 충성하였으매
내가 많은 것을 네게 맡기리니
네 주인의 즐거움에 참여할지어다" (마태복음 25장 21~ 23절)
여기 말씀에서 주께서는 칭찬하실 때
두 가지를 칭찬하시는군요.
'착하다' '충성되었다'
모두 성령의 열매이군요.
우리는 이 둘의 의미를 조금 더 자세히 알고 싶어지지요?
우리 주께서 칭찬하시는 핵심이잖아요.

'인내(forbearance)'가 무엇일까요?
일반적으로는 아무것에든 참아내는 것을 말하지요?
하지만 성도의 인내는 이런 참음이 진리 안에서 지속되어야겠지요?
즉 인내란 진리를 신뢰하는 상태가 오랫동안 지속되는 모습이 아닐까요.
'진리'가 확고하므로 변하지 않는 모습일 것입니다.
금이 변하지 않듯 믿음도 변하지 않고 늘 있을 수 있는 것이니까요.
그런 모습을 '인내'라고 부른다고 여겨집니다.
우선 우리는 '인내'를 단지 시간의 흐름만 견딘다고 하지 말아야 하겠네요.
신체적 고통이나 극한 환경을 견디는 것까지를
포함하는 의미일 것입니다.
이런 의미가 가장 두드러진 말씀은 야고보서 1장에 나옵니다.

'Consider it pure joy, my brothers and sisters,
whenever you face trials of many kinds,
because you know that the testing of your faith
produces perseverance.'
(형제들아, 너희가 여러 가지 환란을 만나거든 온전히 기쁘게 여기라
이는 너희 믿음의 시련이 인내를 만드는 줄 너희가 앎이라)
(야고보서 1장 2~ 3절)
지식으로 아는 수준의 '믿음'이 시련을 이길까요?
야고보 사도는 시련을 '진정한 기쁨'이라고 생각하라는군요?
기쁨의 종류가 여러 가지일지라도
'시련'만큼 '순수하게 정제가 잘 된 기쁨'은 찾기 힘들다는 투입니다.
왜 그렇게 말하는 걸까요?
검증의 시련을 통과해야 새로운 열매를 맺기 때문이라는군요.
그리고 그 결과 시작은 '믿음'이었는데
시련을 통과하며 그 시련을 인내하는 과정에서
마침내 맺어진 열매가 '인내'라고 말합니다.
우리는 진리를 믿습니다.
그 진리는 우리 주 예수의 주신 구원이지요.
그동안 살아오면서 이 진리를 무너뜨리려는
여러 모양의 도전이 있었답니다.
하지만 이런 모두를 이겨내고 믿음을 지켜왔답니다.
그렇다면 성도에게도 '인내'의 열매가 맺힌 걸까요?
사람에 따라 서로 다를 것입니다.
큰 시련을 지나온 자도 있고 아직 여러 시련이 더 있을 수도 있겠지요.
그러므로 인내는 계속 이어져야 하고

열매는 더욱 영글어 가겠지요?
지금 읽었던 야고보서 1장 3절이 이것을 말하잖아요?
이제 로마서 5장도 살펴봅시다.

“Not only so, but we also glory in our sufferings,
because we know that suffering produces perseverance;
perseverance, character; and character, hope.”
(그뿐만이 아니라 우리가 환란 중에도 즐거워 하나니
이는 우리가 환란은 인내를 낳고 인내는 연단을
연단은 소망을 낳는 줄 앎이니라) (로마서 5장 2~ 4절)
여기에 ‘인내’에 인내를 더한 결과물의 내용이 나오지요?
이런저런 다양한 인내가 모이면
그 ‘인내’의 결과로 ‘연단(character)’이라는 열매를 맺는다고 하는군요.
‘연단(character)’이라는 열매는 무엇일까요?
‘연단(character)’이라는 용어는 우리 말인데 얼핏 들으면
더 강해진 인내처럼 이해되기 쉽지요?
그래서 영어 단어인 캐릭터(character)를 살펴보았답니다.
캐릭터(character)는 ‘개성’ 혹은 ‘특성’이라는 뜻이잖아요?
지난한 환란을 견뎠더니
그것이 어떤 ‘특성’, ‘특징’을 지니게 되었다는 것이군요!
도대체 어떤 특성을 가지게 된 걸까요?
아하 그렇겠군요.
‘믿음’이 ‘시련’이라는 용광로에 들어갔으므로
온갖 불순물이 빠져나가고 순수한 결정체만 남았겠네요.
‘순도 백 프로의 믿음’이겠지요.
‘충성의 본질과 같아진 것’이 아닐까요?

그러고 보니 이제 이해가 될 듯하지요?
주께서 달란트 비유를 말씀하시며
'착하고 충성된 종'이라 하신 이유 말입니다.
착한 것은 하나님의 '선'이 그에게도 임했다는 뜻일 것입니다.
충성되다는 것은 그가 온전히 믿음을 지켜서 참고 견디며
주의 뜻을 순종했다는 뜻일 것입니다.
하나님은 우리를 매우 자유롭게 지으셨답니다.
그러므로 각자가 개성에 따른 다양한 특성이 드러나야 당연하겠지요?
그런 우리에게 '동일한 요소'인 '선함'과 '충성'을 요구하고 계시지요?
모든 성도에게서 이들 열매만큼은 같아져야 한다는 뜻이잖아요.
그러므로 우리는 다음처럼 추측해 볼 수 있겠군요.
[절제를 통한 인내의 믿음이 많은 난관을 이겨내고 견디면
매우 특별한 특징을 지닌 연단이 될 터인데
이 '연단'은 '충성'이라는 모습의 열매와 흡사하리라.
그렇게 충성된 성도는 우리 주의 칭찬을 기대해도 될
하늘의 소망도 얻게 되리라.]
연단을 얻은 후에야 소망을 낳는다(로마서 5장 2~ 4절)고 했잖아요?
왜 추측이냐고요?
맞습니다.
경험하지 못한 사실이기 때문이지요.
하지만 우리는 이와 관련한 '바울 사도'의 간증을 읽을 수는 있습니다.
그 내용을 봅시다.

"And hope does not put us to shame,
because God's love has been poured out into our hearts
through the Holy Spirit, who has been given to us."

(또한 소망이 부끄럽지 않음은
우리와 함께하시는 성령을 통하여
하나님의 사랑을 우리 마음에
넘치도록 부으셨기 때문이라) (로마서 5장 2~ 4절)
이 말씀은 그대로가 바울의 간증이랍니다.
그래서 문장이 현재형과 현재완료형입니다.
내용을 살펴봅시다.
(현재 자신이) 환란과 연단으로부터 얻게 되는 소망이 있는데
그 소망이 전혀 부끄럽지 않다는 뜻이잖아요.
왜냐하면 자신과 함께하시는 성령 하나님을 통해
하나님의 사랑을 그의 가슴에
넘치도록 부으셨다고 그 이야기를 하는 거잖아요.
바울이 말하기를 자신이 환란과 시련으로 인하여 소망이 생겼는데
그 과정에서 환란을 넉넉히 이길 만큼의 하나님 사랑을
성령을 통해 자기 가슴에 넘치도록 부어주셨다는 표현이거든요.
이런 이유로 성령의 열매가 맺히는 모든 과정에서
언제나 성령 하나님과 함께 보조를 맞추어 살라고 하시나 봅니다.
그 말씀을 다시 불러내 확인해 봅시다.
앞에서 처음 시작할 때 보았던 내용이지만 중요하답니다.
"Those who belong to Christ Jesus
have crucified the flesh with its passions and desires.
Since we live by the Spirit,
let us keep in step with the Spirit.
Let us not become conceited, provoking and envying each other."
(예수 그리스도께 속한 자들은
그 욕정과 열망을 육과 함께 십자가에 못 박았느니라

이제 성령으로 사는 자 된 우리는
성령과 동행하는 자가 되자.
스스로 속는 자가 되지 말아서
시기나 분동하지 말자) (갈라디아서 5장 24~ 26)
이 말씀을 요약해 봅시다.
1) 성도는 그 육신과 함께 욕정과 열망을 이미 못 박았다. (완료)
2) 자신을 속이는 자가 되지 말자
3) 남을 부추기어 분동하지 말자
4) 다른 이들을 시기 질투하지 말자
5) 그러기 위해서는 성령과 보조를 맞추어 살자
이렇게 되겠군요.
쉬울 듯 어려운 성도의 과제입니다.
1) 번 과제는 수없이 자기 자신에게 믿음으로 주장해야겠군요.
'나는 주님과 함께 욕심과 정욕을 못 박았노라.'
바울 사도처럼 자기를 매일 쳐서 복종시키는 일이 필요하겠지요?
2) ~ 4)의 과제는 비교적 쉽게 피할 수 있겠네요.
5) 번 과제는 성도의 쉼 없는 주의가 요구되겠지요?
이제 우리는 '열매'에 대한 일부의 분별이 가능해졌네요.
절제가 자기 통제를 위한 출발점이었다면
인내는 시간적 불편을 견디며 드러내는 외향성 모습의 열매라 하겠으며
충성은 인내와 함께 자라가는 내향성 본질의 열매라 말할 수 있겠답니다.
이들은 이처럼 함께 자리하고 함께 자라가서 함께 든든히 서는가 봅니다.
〈*인내를 외향성 열매라고 함은 자기 외적 불편을 견디는 모습만을 지목〉

'자비'와 '양선'도 둘이 하나의 짝처럼 보입니다.
이 둘의 본질은 '선함'에 있는 것 같습니다.

하지만 이런 인격은 오직 주께만 있답니다.
혹 사람 중에 착한 이가 없으리오만
그런 선함은 우리가 논하는 선과 근본적으로 다르니까요.
'선과 악'의 인식 자체가 다르기 때문입니다.
'선'은 오직 창조주께만 존재하니까요.
'양선'도 마찬가지랍니다.
놀랍게도 성령 충만한 사람에게는 이 귀한 인격이 보인답니다.
세상 사람이 절대 이해할 수 없는 인격상 특성이 드러나는 거지요.
아마도 믿음이 충분히 온전하여지고
충성스러운 성도에게서는 이런 품성이 나타나나 봅니다.
이는 비록 미량일지라도 예수 우리 주의 형상을 닮아가는 모습일 것입니다.
소위 성자라 불리는 열두 사도와 바울 사도가 그랬잖아요.
이들의 아름다운 희생이 주를 닮았으므로
이들을 그리스도인이라 했던 거잖아요.
그러므로 우리도 이 귀한 형상을 사모해야겠지요?

'양선(goodness)'과 '자비(kindness)'는
이처럼 모두 주의 선한 본성에서부터 나온답니다.
다만 '양선'이 선한 인품의 '본질적 모습'이라고 한다면
'자비'는 그 '양선(선량)한 성품'이
'이웃에게로 향하여 드러난 모습'이라 할 수 있겠군요.
이웃을 불쌍히 여기고
이웃의 아픔을 자신의 아픔처럼 가슴에 품는 성품인 거지요.
나에게 해가 되는 이웃조차도 불쌍히 여기므로
'자비'의 열매가 극도로 커지면
비로소 원수도 용서하고 사랑하게 되나 봅니다.

'온유(gentleness)'는 가장 설명하기 어려운 열매랍니다.
'자비'나 '양선'처럼 '선함'에 뿌리가 있는 성품으로 보이지만
이 품성도 인간의 인격에서는 찾아볼 수 없고
오직 '신의 성품'에 속하기 때문이랍니다.
'온유'의 문자적 의미는 '부드럽고 따뜻함'을 의미합니다.
'날카롭지 않고 둥글둥글함'의 감촉이
비유적이긴 하지만, 이 성품의 촉감이 되겠네요.
일상의 생활 속에서 사람을 대할 때,
어떤 사건이나 문제를 마주할 때,
뜻밖의 공격이나 악의적 손상을 대면할 때,
더 크고 날카로운 반격이나 역습의 방법으로
강력한 한 방의 치명타를 날리지 않는 모습일 것입니다.
그래서 지혜롭게 대처하려고
문제를 피해 있는 경우가 많아지지요.
마주치면 소리가 나잖아요?
분쟁이나 싸움을 피할 수 없잖아요?
주께서도 자기를 죽이려던 자들의 공격을 피하여
있던 자리를 뜨신 경우가 많았잖아요?
꼭 필요한 경우가 아니라면 분노하시지 않았잖아요.
아버지의 보내신 목적을 이루시기까지 길이 참으시고
온유하심으로 견디셨잖아요.
모든 것을 하실 능력이 있으시지만
아무 일에도 되받아치지 않으셨지요.

하나님께서 모세에 대하여 말씀하실 때

'지면에서 가장 온유한 자'라 하셨지요?
그러나 그가 시내산을 하산하여 금송아지를 보았을 때
자기(하나님)편을 세워 동족이 둘로 나뉘게 하였고
칼을 들고 동족이 동족을 죽이라 명했지요.
이런 모세의 모습을 이유로 일부 성경학자들은 '온유'를 정의하며
'진리에 어긋나는 모습에는 반드시
강하게 반발하는 성품'이라 정의하기도 한답니다.
주 예수께서도 '성전의 매매하는 상을 엎으시며 분노'하셨으니까요.
그래서 온유란 '내적 강함을 통제하는 외적 부드러움'이라 말하기도 합니다.
상대를 뛰어넘는 막강한 실력이 있을지라도
그것을 드러내지 않고 부드럽게 대하는 특성이라 정의하는 것이지요.
이 부분의 설명 중
'내적 강함을 통제하는 힘이란 정의' 자체는 맞아 보입니다만
'불의에 분노하여 대항한다'라는 설명에는 호응하기 어렵겠네요.
이런 현상은 그냥 '의분'이라 하거든요.
칼로 쳐 죽이는 행위 자체는 심판이잖아요?
굳이 이것을 '온유'의 특징으로 설명할 필요는 없어 보이지요?
우리에게 '온유'란 그저 살면서 만나는 여러 문제에 대하여
'날카롭지 않게 대하는 자세'라 정의하고 싶답니다.
말에서나 관계에서나 칼처럼 날카롭게 자르는 행동을
우리는 생활하면서 자주 보잖아요?
온유하지 못한 모습이지요.
조약돌처럼 둥글둥글 대하지 못하는 우리 생활 습관이잖아요.
자기 의가 강한 성격의 발로이기도 하지요?
남을 판단하고 정죄하면 두 번 다시 상종하지 않을 양 선을 긋잖아요.
그러나 예수를 믿고 성령께서 임재하시면

성도는 남에 대한 이해의 폭이 넓어지잖아요.
자신이 큰 죄인인 것을 알기에
남의 죄에 대해서도 충분히 너그러울 수 있잖아요.
만일 교인이 일반인보다 더 악랄하다는 평가를 받는다면
교회가 바로 서지 못하여 온유하지 못하기 때문일 겁니다.
성도는 자신이 온유한지를 돌아보아야겠지요?

'희락'과 '화평'은 한 뿌리에서 자란답니다.
같은 근원에서 세워졌답니다.
또 성령 충만하면 이 두 가지 특성이 동시에 나타납니다.
왜냐하면 이 둘은 하나님 성품의 가장 두드러지는
'외향성인 특성'으로 여겨지기 때문입니다.
내재적 특성이라 할 다른 열매와 달리
이는 외관만으로도 우리가 쉽게 관찰할 수 있으니까요.
성령께서 충만히 임재하시면
우리 심령에 기쁨이 충만해지잖아요?
우리 심령에 평안이 넘쳐나잖아요?
자주자주 경험하잖아요?
'화평(peace)'은 하나님과의 재결합을 의미한답니다.
죄가 사해지고 주 예수의 화목제를 하나님께서 받으셨음을 의미하지요.
성도가 마침내 하나님이 주시는 '의로움'을 받았음을 드러낸답니다.
이것이 이사야서에 잘 드러납니다.

The fruit of that righteousness will be peace;
its effect will be quietness and confidence forever.
(의의 공효는 화평이요

그 결과는 영원한 평안과 안전이니라)
(이사야 32장 17~ 18절)
우리 성경과는 약간 다르게 영어 성경을 번역해 봅시다.
'의의 열매가 평안(peace)'이라고 합니다.
그리고 그 평안에서 오는 효과(its effect)가
'조용함(quietness)'과 '확신(confidence)'이라고 합니다.
그리고 이것이 '영원히 지속될 것'이라 말합니다.
과연 이 놀라운 은혜가 어떻게 임하는지를 알기 위하여
이사야 32장 14절과 15절도 살펴봅시다.
조금 전의 말씀과 연결된 같은 장 직전의 구절이랍니다.

citadel and watchtower will become a wasteland forever,
the delight of donkeys, a pasture for flocks,
till the Spirit is poured on us from on high,
and the desert becomes a fertile field,
and the fertile field seems like a forest.
The Lord's justice will dwell in the desert,
his righteousness live in the fertile field.
The fruit of that righteousness will be peace;
its effect will be quietness and confidence forever.
(성채와 망대는 영원히 황폐해지리라
당나귀의 기쁨이 되고 가축을 위한 초원으로 변할지라
그러나 높으신 이가 우리 위에 성령을 부어주시면
사막은 옥토가 되겠고 비옥한 땅은 숲처럼 보이리라
주의 공의가 사막에 거주하겠고 주의 의로움이 옥토에서 머무르게 되리라.
의의 공효는 화평이요

그 결과는 영원한 평안과 안전이니라) (이사야 32장 14후~ 18절)
"높으신 이가 성령을 부어주시면"
이 말씀의 전과 후가 너무나 극명하게 대비되고 있지요?
성채와 망루가 들짐승의 놀이터처럼 황폐하여질 것이나
성령께서 임하시면 사막이 옥토가 되리라는 예언이니까요.
"의의 공효는 화평이요"
이 말씀의 뜻은 자명합니다.
'주님의 의'를 힘입으면 그 효과가 화평의 모습으로 나타난다는 뜻입니다.
"그 결과는 영원한 평안과 안전이다."
이 말씀은 이해하기가 매우 모호하지요?
평안의 열매(its effect)에 해당하는 히브리어 단어에서는
'수고 또는 실천'이라는 의미가 조금 더 강조되었다는군요.
그러니까 이를 '지속적으로 유지'하려는 노력과 자세가 필요하며
그 결과로 '고요함'과 '확신'을 영원히 누리게 된다.
이런 의미가 된다고 합니다.
이처럼 '의의 열매인 화평'은 내적 열매이므로
본인 스스로가 누구보다 더 잘 알겠지만
그러나 그 심령의 평안은 곧 외부로도 드러나게 되므로
타인에게까지 영향을 미치게 된답니다.
놀랍지 않나요?
우리 주님 오시기도 전에 이런 종류의 예언까지도 선포가 되었군요!
성도가 성령 체험을 하게 되고 그 결과 '평안'의 놀라운 경험도 얻고
또 이어서 '고요함'과 '확신'으로 굳게 서서 살게 되는 모습을
어찌 이리도 생생하게 예언의 말씀으로 묘사하고 있는지요!
심령 안에 꼭꼭 감추어 둔 비밀스러운 내용이잖아요?
한둘의 이야기가 아닌 수많은 이들의 공통된 모습이잖아요.

지금 우리 성도 모두가 경험하며 살고 있잖아요?
전능하신 이의 예언과 성취의 모습이 분명하겠지요?
'평안'의 열매가 있는 성도는 혼잡하거나 소란스럽게 굴지 않게 됩니다.
진리가 그 안에 있기 때문입니다.
더 이상 진리에 대한 갈증이 없기 때문이지요.
진리를 알므로 진리 아닌 것에 흥분할 필요가 크게 없답니다.
그래서 '확신' 가운데 살게 된다는 뜻일 겁니다.
이것이 하나님이 주신 성도의 '평안 곧 화평'의 모습이겠지요?

'희락'은 평안의 뿌리에서 나온답니다.
근본적으로는 이 기쁨은 그 원천이 창조주께 있답니다.
그분이 기쁨 그 자체이기 때문이지요.
아래의 말씀을 봅시다.
"Then I will go to the altar of God,
to God, my joy and my delight."
(그러면 내가 하나님의 제단으로 나아가
하나님 앞에 서리니
그는 내 기쁨이요 즐거움이로라) (시편 47편 4절)
다윗의 고백입니다.
하나님이 자신의 기쁨이라 말하고 있지요?
창조주의 본성을 이야기한 것이랍니다.
그렇잖아요.
우리가 누리는 온갖 행복이 어디에서 왔겠습니까?
창조주께서 주시지 않았습니까?
주신 이가 본성이 기쁨이 아니라면 이런 일은 불가능할 겁니다!
그러나 문제는 우리 자신이 우리 환경을 보다가

주의 주신 기쁨을 사라지게 한답니다.
그래서 성경이 늘 반복하여 권한답니다.
'다시 기뻐하라!'

이제 '사랑'을 말할 차례입니다만
'사랑'은 너무 깊고 오묘하여 말할 수 없겠습니다.
그냥 고린도서 사랑의 장(고린도전서 13장 4~ 8절)을
읽고 묵상하는 것이 더 유용하겠습니다.
다만 '사랑'은 이전 모든 열매의 뿌리이며
또 바탕이 된다는 점을 기억합시다.
모든 열매의 완성이기도 하지만
이들 모두의 기초도 된다는 뜻이랍니다.
진리에 대한 사랑이 없으면 절제도 인내도 없습니다.
충성도 온유도 서지 못합니다.
다른 모든 열매도 그렇겠지만
사랑도 논리로는 알겠으나 성취하기는 어렵답니다.
다만 그럴지라도 어떻게 자라가며 서게 되는지
그 모양만 추론하게 된답니다.
"사랑은 언제나 오래 참고 사랑은 언제나 온유하며
사랑은 시기하지 않으며 자랑도 교만도 아니하며
사랑은 무례히 행치 않고 자기의 유익을 구치않고
사랑은 성내지 아니하며 진리와 함께 기뻐하네
사랑은 모든 걸 감싸주고 바라고 믿고 참아내며
사랑은 영원토록 변함없네"
세상이 알지 못하는 이 열매는 그러므로 동시에
이를 금지할 법이 세상에는 도무지 없답니다.

13. 세상이 모르는 바로 그것Ⅱ – 신의 성품

**"Depart, depart, go out from there!
Touch no unclean thing!
Come out from it and be pure,
you who carry the articles of the Lord's house."
(떠나가라, 떠나가라, 그곳에서 나올지어다!
불결한 것들을 만지지 말지니라!
너 하나님 성전의 성물을 옮기는 자여,
거기로부터 나와 스스로 정결할지라!) (이사야 52장 11절)**

베드로후서는 성도의 영적 성장을 위해 쓰인듯합니다.
먼저 그 내용부터 살펴봅시다.
"His divine power has given us everything
we need for a godly life through our knowledge of him
who called us by his own glory and goodness."
(그의 영광과 선하심을 따라 우리를 부르신 이가
그 이름을 아는 지식을 통해서
우리에게 거룩한 삶을 사는 일에 필요한 모든 신령한 능력을
우리에게 부어주셨느니라) (베드로후서 1장 3절)
여기의 핵심은 먼저는 주의 이름을 아는 자에게
어떤 신령한 능력을 주셨다는 내용이 그것입니다.
"신령한 능력을 주셨다!"
이 말씀을 기억합시다.
"왜 주셨을까?"

거룩한 삶을 살라고(need for a godly life) 주셨답니다.
그리고 여기에서 중요한 요소가 하나 더 있습니다.
"무슨 방식으로 그 능력을 주셨을까?"
"그를 아는 지식을 통해(through our knowledge of him)"
주셨다고 합니다.
이 말씀은 무슨 뜻일까요?
'예수께서 우리의 구세주가 되신다.'
이 단순한 지식만을 의미하지는 않을 것 같습니다.
베드로 사도는 지식을 중요하게 말하고 있잖아요?
이 지식을 통해 능력도 받게 되고,
이 지식을 통해 보다 높은 신적 성품으로 자라간다는 뜻일 테니까요.
이런 이유로 그가 제시한 '신적 성품의 성장 단계'에는
'지식'이라는 단계가 포함되어 있답니다.
베드로후서에 드러나는 또 다른 무엇도 살펴봅시다.

"Through these he has given us
his very great and precious promises,
so that through them you may participate in the divine nature,
having escaped the corruption in the world caused by evil desires."
(이것들을 통해 그가 우리에게 보배롭고 큰 약속을 주셨으니
이는 너희가 악한 정욕에서 비롯되는 세상의 부패에서 벗어나
하나님의 신성한 성품에 참여할 수 있도록 하기 위함이니라)
(베드로후서 1장 5절)
이곳의 말씀에는 3절과 다르게
"영적 성장의 목적"을 분명하게 명시했군요.
"신의 성품에 참여하게 하시려고"

이것이 그것입니다,
무슨 방법으로 참여하게 한다는 것일까요?
“크고 보배로운 약속을 성도에게 주셔서”
그 결과로 신의 성품에 참여하는 자가 되게 한다고 합니다.
무엇을 통해서 그 보배로운 약속을 우리에게 주셨나요?
‘이것들을 통해(Through these)’라고 합니다.
그렇다면 “이것들”은 무엇일까요?
“이것들”이 지칭하는 것은 바로 앞 절에 나옵니다.
‘이것들’이 지칭하는 내용은 앞 문장에 나오는
‘그의 영광과 선하심(his own glory and goodness)’
이 그것입니다.
즉 주께서는 자신의 선하심과 자신의 영광스러움을 통해서
성도에게 보배로운 약속을 주셨고
그 약속이란 성도가 “신의 성품에 참여”하게 하신다는 의미가 됩니다.
“신의 성품!!!”
피조물이 창조주의 성품을 지니도록 허락을 받았다는 것이잖아요.
하나님 양자가 될 자격이 주어졌다는 의미랍니다.
베드로 사도는 ‘로마’에서 십자가에 달려 순교했답니다.
“늙어서는 네 팔을 벌리리니 남이 네게 띠 띠우고
원하지 아니하는 곳으로 데려가리라” (요한복음 21장 18절)
주께서 하신 이 말씀이 베드로의 말년에 성취된 듯합니다.
베드로 사도가 쓴 베드로후서의 이 편지도
그가 로마에 있을 때 보냈다고 합니다.
원래 베드로는 예루살렘 유대민족의 사도로 활동하였고
바울은 안디옥을 거점으로 이방 민족에게 복음을 전하는 사도였잖아요?
베드로가 로마로 갈 때쯤에는 복음이 세상에 전파된 지가

어언 50여 년을 훌쩍 넘긴 시점이 되었을 겁니다.
〈*네로의 기독교 박해는 AD 64년경부터 시작되었답니다〉
하나님의 교회 안에 이단 등 문제들이 드러나기 시작하던 때이지요.
그중에서도 베드로 사도의 눈에 띄는 교회 공동체 문제의 핵심은
성도의 성장과 관련한 문제였나 봅니다.
이 문제는 지금 우리의 문제와도 닮았지요?
원래 복음은 학문이나 철학이나 종교가 아니잖아요?
세상에 없던 삶의 방법이요, 세상이 모르던 신기한 능력이며
하나님과 교제하는 특별한 경험의 여정이니까요.
그런데 어느 순간 교리로 정립되고 이론으로 이해하며
지식 추구가 성도 생활의 전부인 양 변질되고 있었나 봅니다.
베드로후서 1장의 도입 부분은 편지를 써야 할 필요와 함께
문제의 핵심이 무엇인지, 그리고 그 해결책이 무엇인지를
순차적으로 다루고 있다는 생각이 들지요?
우리가 미리 앞당겨서 이것을 보았으므로
이제 그 해결 방법이 무엇인지를 차례차례 알아봅시다.

"For this very reason,
make every effort to add to your faith goodness;
and to goodness, knowledge;
and to knowledge, self-control; and to self-control, perseverance;
and to perseverance, godliness;
and to godliness, mutual affection;
and to mutual affection, love."
(이런 이유로
너의 믿음에 선함을 더하기 위한 모든 노력을 기울이라

선함 위에는 지식을 더하고
지식 위에는 절제를 더하며
절제 위에는 인내를 더하고
인내 위에는 경건을 더하고
경건 위에는 형제 우애를 더하고
형제 우애 위에 사랑을 더하라) (베드로후서 1장 5~ 7절)
사람들은 이것을 '영적 성숙을 위한 사닥다리'라고 한답니다.
믿음에서 시작하여 사랑의 높은 곳까지 자라가는 사닥다리라는 뜻이지요.
어떤 이는 이 가르침을 부정적으로 보기도 합니다.
사람이 극한의 인내에서 '인내'하기만도 벅찬데
그 위에 또 무엇을 더 보탤 아무런 여지가 없다는 것입니다.
그러나 '인내'의 상황을 순교에 가까운 처지로만 볼 것은 아닙니다.
일상생활에서도 성도가 인내해야 할 요소는 너무나 많거든요.
'사랑'을 이야기할 때도 예수님 사랑처럼 극한의 사랑이 아닐 수 있습니다.
일단 부족할지라도 '사랑'에 이르는 연습은 필요할 것 같습니다.
따라서 구체적 이해와 방법을 찾아보려는 노력은 여전히 중요하답니다.

우선 저런 성장의 단계를 잘 이해하기 위해
단계를 조금 축소해 봅시다.
믿음에서 절제와 인내를 거쳐 사랑에 이른다는 구조로 말입니다.
그러면 우리는 '성령의 열매'에서 보았던 같은 용어를 보게 됩니다.
세상에서 일반적으로 통용하는 도덕 용어들이 많으므로
우리는 성경이 말하는 각 용어에서
무엇이 동일한 의미를 지녔는지를 구분하여야 하겠습니다.
베드로 사도가 말하는 '절제'가
성령의 열매에서 말하는 '절제'와 같은 의미인지

또 같은 방법으로 '인내'도 그러한지 검토해야 한다는 뜻이랍니다.
사도들은 다른 사도의 편지도 읽었겠지요?
그래서 또 다른 편지의 필요도 느꼈을 것이 분명합니다.
그리고 자신의 영적 경험과 깊은 묵상을 바탕으로
용어 선정과 그 배열에 주의하였을 것이 분명합니다.
베드로 사도는 위의 권면을 기록하는 시점에
저런 귀한 성령의 열매를 맺었다는 사실이 확실해 보입니다.
그런 상황에서 교회와 성도가 봉착한 문제가 무엇인지,
무엇이 성장에 장애가 되었는지,
그 해결 방안이 무엇일지,
깊이 묵상하며 기도하였을 것이 분명합니다.
그리고 얻은 결론은
비교적 상세하게 성장하는 과정을 이해하는 일이 필요하다는 것과
이를 일상생활 속에서 의도적으로 실천하려는 노력이
다분히 요구된다는 사실을 적시하고 싶었을 것입니다.
이런 내용은 믿음을 오래 지낸 성도라도 잘 모를 수 있으니까요.
아무나 증거를 제시해 가며 설명하기가 무척 어렵거든요.
우리에게는 다행히도 베드로의 가르침이 있군요.
그의 경험을 신뢰하며, 그가 말하는 믿음이나 인내나 사랑이
바울이 전하는 믿음이나 인내나 사랑과
아주 정확하게 일치한다고 인정하고자 합니다.
그리고 그가 제시하는 길로 따라나가 봅시다.

그러므로 이제 축소된 사다리를 조금 더 확대해 보렵니다.
우선 '인내'에 '경건'을 더하라는 내용입니다.
이 일에는 성경에 예시가 있답니다.

욥기가 그것입니다.
욥의 처지가 극심하였으나
그는 입으로 하나님께 죄를 짓지 않았답니다.
'하나님을 욕하고 죽으라.'
욥의 처가 욥에게 한 말이었지요?
'주신이도 하나님이시니 가져가시는 이도 하나님이 당연하므로
하나님께서 영광을 받으실 지로다'
욥의 자세이며 욥의 경건이랍니다.
욥은 진실로 하나님께 충성된 사람이었잖아요.
"나의 가는 길을 오직 그가 아시나니
그가 나를 단련하신 후에는 내가 정금 같이 나오리라" (욥기 23장 10절)
욥은 지금 자신의 시련을 창조주께 맡기고
자신의 믿음과 인내를 용광로에 들어간 원석에다 비유하며 말하잖아요.
환란과 시련이 그에게 그런 의미였다는 뜻이겠지요.
그 과정을 통해 초고순도의 무언가가 창조된다는 '믿음'인 것이잖아요?
여기를 유심히 관찰하여 보세요.
용광로에 들어가는 것이 '믿음'이지요?
욥은 지금 무엇을 지키려는 것일까요?
'경건한 믿음'을 끝까지 지키려고 하는 것이겠지요?
믿음은 점점 온전하여지고
하나님을 경외하는 마음도 더욱 단단하여지겠지요?
무엇이 이 과정에서 훼방을 놓을까요?
'욥의 아내'처럼 '하나님을 원망'하려는 마음이 아닐까요?
그러므로 베드로 사도가 인내에 '경건'을 더하라고 했겠군요.
'경건한 마음' '주를 두려워하며 높이는 마음'
창조주를 창조주답게 인정하는 마음

범사에 주를 인정하여 불평하지 않고 받아들이는 마음
이것이 '경건'이라는 덕목의 핵심이잖아요?
주를 경외하는 자가 어찌 그의 성호를 망령되이 부를까요?
전능자가 보시는데 어찌 함부로 불결한 말을 지껄일까요?
그러므로 '경건'을 지키기 위한 핵심 요소는 말에 있는 거겠군요.
또 '경건'은 일회적 요소가 아니라
지속적 훈련으로 생활에서 묻어나야 하겠군요.
그렇다면 경건으로 인내한 결과는 무엇일까요?
경건으로 인내하여 '정금같이 나오게 된 결과물'
우리는 그것을 '충성'이라고 하였습니다.
그러므로 이렇게 정의할 수 있겠네요.
'경건'은 인내의 과정에 필요한 덕목
'충성'은 경건하게 인내하여 맺어지는 열매

'절제'는 성도의 내면적 갈등과 싸우는 일이었지요?
성도가 '절제'의 열매에 이르기도 쉽지 않잖아요?
왜 그럴까요?
여기까지 이르기 위해서도 무슨 특별한 방책이 필요할까요?
혹시 잘못된 길로 빠지기라도 하는 것일까요?
왜냐하면 베드로는 '절제'를 '열매'의 첫 단계로 보지 않았잖아요?
특별히 더 자잘한 단계를 자세히 제시하고 있기 때문이랍니다.
이제 우리는 베드로 사도의 가르침에 주목해 봅시다.

베드로가 제시한 내용을 잘 살펴보면
'절제'가 올바르기 위한 대전제가 있다고 단정하네요.
절제보다 앞에 내세운 덕목의 존재가 그것을 암시하니까요.

'인생의 방향키'
뚜렷하고 분명한 자기 '삶의 대원칙'이지요.
확고하게 실천하고자 하는 '생활의 대원칙'
지금 베드로는 '신앙의 실천'을 강조하고 있는 겁니다.
세상 삶에 많은 희생이 올지라도 변하지 말아야 할
어떤 자기만의 단단한 각오가 필요하다고 이야기합니다.
성도로서의 나는 이 분명한 원칙이 있는 걸까요?
그 원칙이 내 필요에 따라 자꾸 흔들리거나 변하지는 않았나요?
이렇게 따져보면 어느새 자신이 부끄러워지고 맙니다.
'아 나는 그래서 어쩌면 저 인내의 단계로 올라서지 못했구나'
이런 후회가 오기도 하지요.
세대가 너무 악하기에 성도에게 많은 지혜가 필요하였겠지요.
피하기도 하고 숨기도 하며 때로는 비겁하기도 하였잖아요.
그러나 성도는 주께 초점이 있으므로
생활에서도 뚜렷한 '대원칙'을 따라 살아야 하겠습니다.
이것이 절제로 바르게 가기 위한 생활 속의 지침이었나 봅니다.

'절제'의 단계에 이르도록 필요한 요소를 탐구하다 보니 어느새
그 이전의 단계를 거의 이해하게 되었지요?
'인생의 방향키'
'지식'과 '선함'이 바로 그것입니다.
또 우리가 앞의 이야기에 제시한 5가지 원칙이 그것이겠지요.
그렇다면 '지식'은 무엇을 의미할까요?
'지식'은 '성경의 논리'를 아는 것만은 아닐 겁니다.
논리로 아는 지식은 그저 어떤 '종교'를 지식으로 습득한 것이니까요.
우리가 필요한 지식을 '성경'으로부터 얻습니다.

가장 중요한 핵심은 우리 주의 가르치신 말씀이겠지요?
성령의 감동으로 쓰인 서신들의 가르침이겠지요?
그중에는 이전에 보았던 바울 사도의 지침도 있지요?
또 예수 주를 믿으며 얻는 수많은 경험들도 그것입니다.
특별히 여기 강조하는 지식은 주 예수를
영적 체험으로 경험하여 아는 지식이어야 할 것입니다.
그렇지 않으면 절대로 앞에서 말한 생활의 '대원칙'에 못 이르거든요.
이해관계 앞에서 무너지기가 쉽잖겠어요?
그러나 주 예수를 알고자 사모하는 마음이 지식을 갈망하게 되고
이런 수고는 자연스럽게 살아있는 영적 체험으로도 나아가게 한답니다.

'선함'은 그 범주가 대단히 크고 넓어서
'인간의 선함'부터 '창조주의 선함'까지로 이어지는 거대한 구조인 듯합니다.
비유로 말하자면 '선함'은 '생명' 그 자체랍니다.
씨가 싹이 터서 자랄 수 있는 것은 그것이 선하기 때문입니다.
'호흡이 있는 자마다 하나님을 찬양할지라' 이 말씀의 본뜻은
'생명이 있는 모두가 선하므로 선하신 하나님께 감사해야 한다.'
이런 의미를 담습니다.
또 싹이 트기 전 씨앗도
그 안에 생명을 보호하고 있는 한 선하다고 규정한답니다.
이런 원리는 구약의 '정하고 부정한 대상의 분류 방법'에서 봅니다.
씨앗이 정하므로 이것을 담은 용기도 정하게 되는 원리랍니다.
성도도 영적 열매를 바라는 존재이지만
육신을 보호하고 잘 보양해야 할 이유가,
마치 씨앗의 겉껍질처럼 우리 육체가
장차 자라날 영원한 생명의 그릇이 되기 때문일 것입니다.

그러나 세상에는 죄의 씨도 같이 자란답니다.
가라지의 비유가 이것을 이야기하잖아요.
이런 이유로 믿음이 바르게 자라가려면
그 믿음은 반드시 선하게 자라야 할 필요가 있는가 봅니다.
믿음 위에 선함을 더하는 원리는 이것을 의미한다고 봅니다.
성도의 믿음이 선하게 자라지 못하면
시기나 질투 등 잡초가 무성해지겠지요?
선하지 못한 믿음 중에 여러 이단이 생겨나기도 하니까요.

'형제 우애'와 '사랑'은 영적 열매의 꼭대기입니다.
우리는 그저 늘 사모하며 멀리 바라보게 됩니다.
굳이 이 일을 비유해 보자면
벼가 싹이 나서 자란 후에 꽃이 피고
벼 열매의 형태까지 생겨난 모습에서 찾을 수 있지 않을까요?
그 안에 즙처럼 '형제 우애'가 생성이 되고
이것이 더욱 굳어져서 마침내 '벼의 낱알'이 맺는 것이겠지요.
벼 껍질 속의 묽은 즙은 형제 우애
벼 껍질 속의 충실하게 익은 알갱이는 사랑
사랑의 열매가 익어지고 나면 벼는 가만히 고개를 숙이게 되겠지요.

성경 말씀을 통틀어
무슨 말씀이 가장 핵심이 될까요?
"예수께서 이르시되
네 마음을 다하고 목숨을 다하고 뜻을 다하여
주 너의 하나님을 사랑하라 하셨으니
이것이 크고 첫째 되는 계명이요

둘째도 그와 같으니 네 이웃을 네 자신 같이 사랑하라 하셨으니
이 두 계명이 온 율법과 선지자의 강령이니라" (마태복음 22장 37~ 40)
이것이 우리가 잘 아는 주님이 일러주신 가장 큰 계명입니다.
베드로 사도의 제시한 '영적 성장의 사다리'가
옳고도 중요한 가르침이라 증명하는 듯합니다.

For if you possess these qualities in increasing measure,
they will keep you from being ineffective and unproductive
in your knowledge of our Lord Jesus Christ.
But whoever does not have them is nearsighted and blind,
forgetting that they have been cleansed from their past sins.
(왜냐하면 만일 너희가 이런 자질들을 잘 발전시킨다면
이들이 예수 우리 주에 관한
쓸모없고 소모적 존재가 되는 것을 막아주려니와
누구든 이들을 가지지 못한 자는
그들 과거 죄를 씻은 사실도 잊은 채
근시안의 사람이나 소경이 되느니라) (베드로후서 1장 8~ 9절)
이 말씀은 성령의 열매가 있는 성도와 그렇지 못한 성도의 차이를 말합니다.
열매가 없는 자는 '근시안'이 되거나 '소경'처럼 된다는군요.
멀리 보지 못하므로 세상일과 쉽게 타협하겠지요?
너무나 두려운 경고의 말씀이잖아요?
또 세상에는 예수 믿음이 없이 선한 사람도 많지요?
쉽게 화를 안 내는 온유한 사람도 많더군요.
성도가 아닌 이런 이들의 좋은 품성은 무슨 의미일까요?
선하신 주께서 사람을 자신의 형상대로 지으셨잖아요?
그 선하고 귀한 형상의 흔적이 그들에게서 드러나는 것이겠지요?

하지만 주께서 찾으시고 인정하시는 보물은
죄로 더럽혀진 돌감람나무 열매가 아니랍니다.
오직 성령으로 맺어지는 열매만 찾으신답니다.
"신의 성품에 참여하게 하시려고 우리에게 특별한 능력을 주셨다."
이것이 베드로 사도의 가르침입니다.
주께서 주실 특별한 능력이 우리를 신의 성품으로 자라게 할 것입니다.

'은사'는 진정 이 세상에서만 유용할까요?
그렇지 않답니다.
'은사'를 통해서도 귀한 열매가 맺히니까요.
'은사'는 성령께서 자기 뜻대로 성도에게 나눠주신 선물이지요?
개성이 크게 반영되었잖아요?
이는 과거 이스라엘의 열두지파와 같답니다.
제사장의 흉패에 열두 보석을 달아서 이들 지파를 상징하였지요?
이 열두 보석은 훗날 새 예루살렘의 기초석에 그대로 남잖아요?
아름다운 개성을 지닌 보석이지요.
아마도 죄를 씻은 후 각자의 개성에서 드러나는 보석 같은 특성일 겁니다.
순수한 개성은 은사와 함께 아름다운 분야별 봉사로 이어지잖아요.
성도가 열심히 봉사하면 열매와 함께 상급처럼 보석도 맺히나 봅니다.
열두 보석이 상징하는 내용을 살펴봅시다.

벽옥 (Jasper)	베드로반석,	교회의 기초
청옥 (Sapphire)	요한,	하늘의 계시, 사랑
옥수 (Chalcedony)	야고보 (형),	순교, 열정
녹보석 (Emerald)	안드레,	생명, 전도
홍만오 (Sardonyx)	빌립,	희생, 믿음

홍보석 (Carnelian)	바돌로매.	열정, 진리
황옥 (Chrysolite)	마태,	빛, 복음 기록자
녹옥 (Beryl)	도마,	의심에서 믿음으로
황수정 (Topaz)	시몬,	열정
녹주석 (Chrysoprase)	유다 (다대오),	위로, 격려
자수정 (Amethyst)	야고보 (작은)	겸손, 인내
벽옥 (Jasper)	마티아,	회복, 충성

이 내용은 기독교 초기 교부들이 분류한 것이라고 합니다.
요한계시록의 새 예루살렘의 모습에서 이런 모습이 보입니다.
이것은 이스라엘의 열두지파를 의미합니다.
대제사장의 흉패와 견장에 붙였던 보석이 이것이기도 합니다.
창조주께서 처음 인간을 창조하신 그 완전하고 아름다운 모습은
각각의 개성이 아름답게 빛나는 이런 보석과도 같은 모습이었을 것입니다.

"그 성의 성곽의 기초석은 각색 보석으로 꾸몄는데 첫째 기초석은 벽옥이요 둘째는 남보석이요 셋째는 옥수요 넷째는 녹보석이요 다섯째는 홍마노요 여섯째는 홍보석이요 일곱째는 황옥이요 여덟째는 녹옥이요 아홉째는 담황옥이요 열째는 비취옥이요 열한째는 청옥이요 열두째는 자수정이라" (요한계시록 21장 19~ 20절)

14. 날아가지 않으리라 I – 시작부터

"But you will not leave in haste
or go in flight;
for the Lord will go before you,
the God of Israel will be your rear guard.
See, my servant will act wisely; "
(그러나 너희는 황급하게 떠나지 않을 것이며
혹은 날아가듯 하지 않을지니
이는 네 하나님이 네 앞에서 행하시며
이스라엘의 하나님이 네 후방을 지키시기 때문이니라
보라, 내 종이 지혜롭게 행하리라) (이사야 52장 14~ 15절)

'날아가지 않으리라!'
이 예언의 의미가 무엇일까요?
앞 구절 말씀과 연관이 있는 말씀이지요?
'황급하게 떠나지 않을 것이다!'
앞 절인 이 말씀은 '목숨을 구걸하듯 도망하지 않는다'라는 뜻이잖아요?
의미상 상관 구절이 되는 바로 이어지는 말씀
'날아가지 않는다.'도
어느 한순간에 원하는 지점에 도달하지 않는다는 뜻이 되겠지요?
이 예언의 말씀을 과거의 사건에 그대로 대입 적용해 본다면?
당연히 이스라엘 민족의 가나안 입성 과정이 떠오르겠잖아요?
그들은 천지가 진동할 이적을 경험하며 이집트를 떠났잖아요?
전지전능하신 창조주의 능력을 힘입어서

인간의 힘으로는 절대 불가한 기적으로 노예 신분에서 놓였잖아요?
이런 창조주의 기적은 이후에도 주욱 계속되었잖아요?
하지만! 이들의 행진 과정은 달랐지요?
가나안의 입성도 달랐잖아요.
한걸음, 또 한 걸음씩 걸어서 들어가야 했으니까요.
'뜨거운 사막의 행군'
'열악한 생활의 궁핍'
이들이 매일 마주하던 일상이었잖아요?
믿음의 부족으로 왔던 길을 되돌아가기도 하고,
불평하던 백성이 불 뱀에게 물리기도 하고,
반역하던 무리가 땅속으로 매장되기도 하였잖아요.
가나안 입성도 마찬가지였지요?
전쟁은 생명을 보장하지 못하는 게임이잖아요?
탐심을 품은 자로 인하여 전체 공동체가 위험해지기도 했지요?
믿을 때마다 기적을 수없이 많이 보았으나
현실은 한 뼘의 땅이라 할지라도 빼앗아야만 얻을 수 있었잖아요?
이런 원칙은 오늘 우리 성도에게도 그대로 적용된답니다.
모두 잘 아는 사실이라고요?
네, 그렇습니다.
그런데도 성도는 잘 잊는답니다.
다들 순한 양과 같아서 구체적으로 지적하여야 할 필요가 있나 봅니다.
어느 날 갑자기 어느 성도가 특별한 능력으로 매우 신령해졌다고 하면
그를 사모하며 그 사람을 추종하기 쉽잖아요?
많은 이단의 경우가 그렇잖아요?
분별하지 못했기 때문이랍니다.
반대의 경우도 있습니다.

매우 긴 세월 동안 하나님 말씀을 믿으며 살아왔는데
문득 자기 현재 모습이 과거와 별단 다르지 않다는 생각에
자신의 가는 길을 의심하며 회의에 빠질 수도 있답니다.
이 또한 분별력의 부족 문제가 아닐까요?
그래서 저 하나님의 예언이 놀랍습니다.
지금 우리가 겪고 있는
영적 문제의 핵심을 정확하게 짚고 있다는 뜻입니다.
신비로운 현상이잖아요?

'내 종이 지혜롭게 행하리라!'
이 말씀에서 '내 종'은 주 예수를 지칭하지요?.
하지만 동시에 주를 믿고 그의 행적을 따르는 성도도 지칭합니다.
왜 지혜롭게 행해야 할까요?
'날아가지 않기 때문'이 아닐까요?
주 예수께서는 전능하신 하나님이십니다.
원하시는 바를 이루실 능력이 있습니다.
원수를 단숨에 제압하실 방법이 바다의 모래알보다 많았습니다.
그러나 그러지 않으셨잖아요?
그 대신 지혜롭게 행하셨다고 하는군요.
왜 그러는 걸까요?
만일 주께서 원하시기만 한다면
성도를 단숨에 천국으로 불러들이실 능력이 분명히 있으시잖아요?
그러나 '날아가지 않는다' 단정하시는군요!
식언하지 않으시는 하나님께서 선포하신 것입니다!
그렇다면 성도도 또한 지혜롭게 행하여야 하겠지요!
육신이 자라가듯 영으로도 조금씩 자라야 한다는 것입니다.

'성령보다 앞서가지 마라'
설교 시간에 자주 듣던 말이잖아요?
왜 이 말이 중요할까요?
영적 성장의 주인공은 성도가 맞지만
이 일의 주권자는 성도가 아니기 때문이 아닐까요?
우리가 열심히 정신을 차리고 영적 발전을 위해 노력은 하지만
그러나 이 일을 이루시는 이는 온전히 성령 하나님이시기 때문이겠지요.
어떤 이는 먼저 되기도 하겠으나
대 원칙은 하나님의 뜻에 맞는 보조로 자라가야 한다는 뜻일 것입니다.
이 일은 근본적으로 사람의 힘으로 되는 일이 아니기 때문입니다.
스가랴서 4장이 이것을 보여준답니다.

"Then the angel who talked with me returned and woke me up,
like someone awakened from sleep.
He asked me, "What do you see?""
(그러자 내게 말하던 그 천사가 내게 돌아와
마치 누군가가 잠을 깨우듯 나를 깨우더라.
네가 무엇을 보느뇨?
그가 내게 묻더라.) (스가랴 4장 1~ 2절)
지금 선지자는 아마도 환상 속에서 아직 깨지 않은 모양입니다.
깨우는 자가 누구인지와
그가 어떻게 자기를 깨우는지 상세히 보면서 전하기 때문입니다.

"I answered, "I see a solid gold lampstand
with a bowl at the top and seven lamps on it,

with seven channels to the lamps.
Also there are two olive trees by it,
one on the right of the bowl and the other on its left.""
(순금으로 된 등잔대를 보나이다.
그 꼭대기에는 하나의 그릇이 있고
그 위에 일곱 등잔이 있는데
각각의 등잔은 관으로 연결되어 있나이다.
또 그 옆에는 두 개의 올리브 나무가 있나이다.
하나는 등잔의 오른쪽에 있고 다른 하나는 왼쪽에 있나이다.
내가 대답했더라.) (스가랴 4장 2~ 3절)
선지자가 환상 가운데서 잠자던 눈을 떠 보니
자기 앞에 황금으로 만든 촛대가 있었답니다.
이 촛대는 무엇일까요?
예전 시내산 아래에서 모세는
하나님의 지시대로 성막과 성막 안의 기물을 만들었지요?
그때 촛대도 만들었답니다.
금을 길게 늘여 한 덩어리로 이어져 있는 촛대를 만들었답니다.
이 촛대는 가지가 일곱 개인데
매 가지의 끝에는 등잔도 만들었으므로
여기에 올리브기름을 붓고 불을 켜서
성막 안을 밝히었답니다.
선지자가 이 촛대를 본 것일까요?
아닙니다.
만일 같은 촛대였다면 스가랴 선지자는 즉각 알았을 것입니다.
하나님을 경외하는 선지자가 모를 리가 없답니다.
성소에 세웠던 금 촛대는'성령 하나님'을 상징합니다.

왜냐고요?
성막이 지니는 상징의 의미가 이것을 알게 한답니다.
성소 안 촛대의 맞은 편에 놓인 떡 상과 떡이
우리 주 예수 그리스도를 상징하기 때문이며
이런 의미를 깨달아 알게 하는 존재가 바로
촛대에서 나오는 빛이기 때문이지요.
만일 촛대의 불빛이 없었다면
아무도 맞은 편의 떡 상과 떡을 볼 수 없을 뿐 아니라
그 의미도 이해하지 못할 테니까요.
제사장에게 매일 기름을 부으라 지시하신 까닭도
성도가 매일 매일의 중단함이 없는 기도와 말씀 묵상으로
기름을 준비해야 함을 의미한답니다.
사람은 조금 익숙해지면 금방 싫증을 내며
그 일을 무의미하게 여기는 경향이 있잖아요?
성도도 이런 실수에 빠지기 쉬우므로
마음에 굳게 작정하고 늘 반복되는 저 일을 해야만 하겠지요?
이렇게 성도가 기름을 부어 촛대의 불을 밝혀야만
성령께서는 성도에게 주 예수의 말씀을 생각나게 하시고
또 그 의미도 알게 하시는 것이잖아요?
그런데 여기의 촛대는 모양도 다르지만
특히 그 좌우편에 감람나무까지 있군요.
그러나 그것이 금으로 만든 촛대라는 것과
촛대 위 등잔에서 불을 밝힌다는 점
그리고 그렇게 밝힌 불빛은 진리를 밝혀준다는 점 등은
성소의 그것과 같다고 보아야 하겠군요.
왜냐고요?

모두가 하나님 성소의 기물이며 하나님께서 하시는 일을 보여주잖아요?
한 분 하나님의 상징 중 공통부분은 같은 의미를 가지잖아요?
그러니까 환상에서 보는 금 촛대도
성령 하나님의 사역과 깊은 관계가 있을 것입니다.

"I asked the angel who talked with me, "What are these, my lord?"
He answered, "Do you not know what these are?"
"No, my lord," I replied."
(내가 대화 중인 천사에게 물었더라.
"주여, 이들이 무엇이니이까?"
"이들이 무엇인지 모르겠느뇨?"
그가 물었더라.
"모르나이다" 내가 대답했더라.) (4~5절)
스가랴 선지자는 눈앞에 보이는 금촛대가 무슨 의미인지
진심으로 잘 모르고 있었군요.
그 모양이 성소의 그것과 많이 달랐기 때문입니다.

"So he said to me,
"This is the word of the Lord to Zerubbabel:
'Not by might nor by power, but by my Spirit,'
says the Lord Almighty.""
(그러자 그가 내게 말하더라.
"주께서 스룹바벨에게 주시는 말씀이 이러하니라:
'전능하신 이가 이르시되
힘으로도 능으로도 아니요 오직 성령으로 되느니라'")
(스가랴 4장 6절)

"힘이나 능으로 되지 않고 오직 성령의 능력으로 된다."
갑자기 이 말씀을 당시의 총독인 스룹바벨에게 주셨습니다!
그러니까 저 환상을 보게 하신 목적이
스룹바벨에게 저 말씀을 주시기 위함이라는 뜻이네요.
저 말씀의 의미는 무엇일까요?
'예루살렘 성전의 재건이 총독의 노력이나 능력이 아니라
성령 하나님의 능력으로 성취된다.'
이런 뜻일까요?
가장 일차원적인 내용은 그렇다고 보아야 하겠습니다.
선지자 스가랴를 통해서
당대의 총독인 스룹바벨을 격려하는 말씀일 수 있으니까요.
스가랴 선지자는 스룹바벨이 인솔하는 1차 포로 귀환자 중에 있었답니다.
이들은 예루살렘 성전 재건을 위해 수고했으나
주변 여러 세력의 방해로 재건 공사가 중단되었답니다.
그 후 14년의 세월이 흐른 다음에야 비로소
학개 선지자를 통해 재건을 촉구하는 말씀을 주셨으므로
예루살렘 성전의 재건을 마무리할 수 있게 되었답니다.
스가랴 선지자는 비록 스룹바벨과 함께 귀환하였지만
실제로 활동을 시작한 시기는
학개 선지자가 활동하던 시기와 같았다고 하네요.
그러므로 이상의 여건을 고려해 본다면
저 말씀의 뜻은 성전 재건을 속개하라는 격려가 맞습니다.
그러나 저 말씀의 대상은 오히려 지금 우리 성도여야 합니다.
왜냐고요?
성도도 하나님의 성전을 짓는 자이거든요.
"오직 성령의 능력으로만 가능한 건축"

그것은 온 우주에 딱 한 가지만 존재합니다.
그것이 바로 성도가 지어가는 성전입니다.
과연 그러한지 우리는 앞으로 점점 알아가게 될 것입니다.
하지만 우선 우리는 의아해하지 않을 수 없습니다.
스가랴 선지자가 눈에 보이는 환상의 의미를 물었는데
왜 천사는 뜬금없이 스룹바벨에게 전하는 말씀으로 답할까요?
천사가 질문을 오해했을까요?
아닐 겁니다.
분명히 천사는 스가랴의 질문에 옳게 응답했을 것입니다.
그렇다면 적어도 환상에 보이는 것 중 어느 하나가
스룹바벨일 것입니다.
그렇다면 '스룹바벨'은 도대체 어떤 인물인 걸까요?
그는 예루살렘 성전 재건 시 유대의 '총독'이었습니다.
이 유대 총독 '스룹바벨'은 다윗왕의 후손이 맞습니다.
여호야긴 왕의 손자거든요.
그러나 그는 당시뿐 아니라 그 후로도 왕의 직위에 오르지 못했답니다.
예루살렘 성이 재건된 후에도 유대는 오랫동안 속국이었기 때문이지요.
적그리스도를 상징하는 에피파네스 왕이
예루살렘 성의 제사를 폐하고, 수많은 유대인을 죽인 후에
처절한 독립운동을 통하여 마침내 마카비 왕조가 세워지게 되잖아요?
이 하스모니안 왕조도 백여 년 유지되다 다시 로마의 속국이 되잖아요?
그리고 잠시 독립 국가로 지내던 그 기간의 왕조차도
다윗의 후손이 아닌 제사장의 후손이 왕의 직무를 겸하였답니다.
이것이 무엇을 의미할까요?
다윗의 혈통이 왕위에 앉는 일이 이후로는 끝났다는 의미랍니다.
그런데 왜?

스가랴는 환상을 보며 스룹바벨에게 전하는 저 말씀을 들어야 했을까요?
이 의문을 해결하려면 우리는 다시 스가랴 3장으로 돌아가야 합니다.
스가랴 앞부분의 말씀은 이전에 이미 보았던 내용입니다.

"Then he showed me Joshua the high priest
standing before the angel of the Lord,
and Satan standing at his right side to accuse him."
(그러자 그가 대제사장 여호수아를 나에게 보였는데
그는 하나님의 천사 앞에 서 있었고
그를 참소하는 사탄은 그의 오른편에 서 있더라.) (스가랴 3장 1절)
선지자 스가랴는 지금 하나님의 천사 앞에 서 있는
대제사장 여호수아를 환상 속에서 보고 있습니다.
여호수아 오른편에는 그를 참소하는 사탄도 있었답니다.

"The Lord said to Satan,
"The Lord rebuke you, Satan!
The Lord, who has chosen Jerusalem, rebuke you!
Is not this man a burning stick snatched from the fire?""
(주께서 사탄에게 말하더라.
'사탄아, 주께서 너를 꾸짖노라.
예루살렘을 택한 주께서 너를 꾸짖노라.
이 사람은 불에서 급히 꺼낸 막대기 같지 않으냐?') (스가랴 3장 2절)
하나님께서 천사를 통해 사탄을 꾸짖고 계십니다.
하나님께서는 '예루살렘'을 택하셨다고 명백하게 밝히십니다!
이 말씀은 '사탄'의 참소가 통하지 않았다는 뜻이겠지요?
또 '예루살렘'을 택하셨기 때문에 '여호수아'도 은혜를 입었다는 뜻이지요?

‘예루살렘 성전’과 ‘대제사장의 직분’은 불가분의 관계이잖아요?
또 ‘대제사장’의 직분과 ‘죄를 씻는 제사’와는 불가분의 관계랍니다.
‘성전이 재건되고 대제사장의 직무가 다시 시작되는 것!’
‘죄가 용서받을 가능성’이 다시 열리는 결정적 순간이기도 하지요?
만일 주께서 ‘예루살렘’을 택하지 않으셨다면
인류에게 다시는 기회가 없었을 것이 분명하답니다.

“Now Joshua was dressed in filthy clothes
as he stood before the angel.”
(그때 천사 앞에 서 있는 여호수아는
불결하기 짝이 없는 옷을 입고 있더라.) (스가랴 3장 3절)
왜 그의 옷이 더럽고 불결할까요?
죄를 지었기 때문이지요!
그 죄 때문에, 그 옷의 더러움 때문에
그것을 지적하며 사탄이 참소하는 것이잖아요?
인류는 사탄의 이 참소를 피할 일말의 방도가 없었잖아요?
아궁이 불에 들어가 다른 불쏘시개와 함께 불타던
부지깽이와 같은 신세였잖아요?
불타다 겨우 살아 돌아온 그을리고 더럽혀진 모습이잖아요?

“The angel said to those who were standing before him,
“Take off his filthy clothes.”
Then he said to Joshua,
“See, I have taken away your sin,
and I will put fine garments on you.””
(천사가 그 앞에 서 있던 자들에게 말하더라.

'그의 더러운 옷을 벗기라'
그리고 그가 여호수아에게 말하더라.
'보라 내가 너의 죄를 사하였으니
네게 좋은 옷을 입히리라') (4절)
역시 그렇군요.
죄가 없어져야 옷이 깨끗해지는 것입니다.
누가 죄를 사할 수 있나요?
오직 주 한 분 뿐이지요?
지금 천사는 주의 말씀을 대신 전하는 중이잖아요?
그래서 앞에서도 사탄을 책망하며
'주께서 책망한다'라고 하였던 것이잖아요?

"Then I said, "Put a clean turban on his head."
So they put a clean turban on his head
and clothed him, while the angel of the Lord stood by."
(그래서 나도 말했더라.
'깨끗한 관모를 그의 머리에 씌우소서'
그래서 그의 머리에 깨끗한 관모를 씌우고
하나님의 천사가 곁에 서 있는 동안 그에게 옷을 입히더라.)(5절)
여기 '관모'를 씌우자고 말한 사람이 바로 스가랴랍니다.
대제사장은 관모를 써야 하거든요.
이는 대제사장직의 온전한 회복을 의미한다고 봐야 옳겠죠?
스가랴는 지금 이스라엘의 대제사장직이 회복되는 모습을
현장에서 바라보며 중계하고 있는 것입니다.

"The angel of the Lord gave this charge to Joshua:

"This is what the Lord Almighty says:
'If you will walk in obedience to me
and keep my requirements,
then you will govern my house
and have charge of my courts,
and I will give you a place among these standing here.'""
그 하나님의 천사가 여호수아에게 이렇게 당부하더라.
'이는 전능하신 하나님의 말씀이라;
만일 네가 내게 순종하여 행하고 내 당부를 지키면
너는 내 집을 다스리고
내 심판을 주관할 것이며
내가 여기 서 있는 자들과 함께 네게도 거할 곳을 주리라'
(스가랴 3장 6~ 7절)
주께서 대제사장 여호수아에게 하시는 말씀이 이렇습니다.
'순종하여 주의 명령을 지키라
그리하면 다스리는 권세와 거주할 장소도 줄 것이다.'
그 내용을 살펴보다 보면 이상하지 않나요?
복음 시대의 성도에게 주신 약속과 너무 유사하잖아요?
'주 예수를 믿고 그의 말씀하신 바를 지켜 행하면
주와 함께 다스리는 권세와 하늘나라의 백성이 되리라.'
'하늘에 있을 곳을 주는 것과 하늘나라 백성이 되는 것'
같은 말이잖아요?
성도를 '왕 같은 제사장'이라고 합니다.
왕처럼 다스릴 뿐 아니라 주께 거룩한 예배를 올리는 자이기 때문이지요.
'다스리는 권세'는 딱 이 말과 어울리는 내용이잖아요?
사실 여호수아는 대제사장이므로

'왕처럼 다스리는 권한'은 없었습니다.
'하나님의 집을 다스린다. (govern my house)'
'하나님 심판을 맡긴다. (charge of my courts)'
이런 약속은 모두 천국에 대한 약속에 속하는 것이랍니다.
'거기 서 있는 자들(these standing here.)은 누구일까요?
하나님의 천사들이잖아요?
그러므로 옆에 선 그들과 함께 '있을 곳'을 주시겠다는 약속은
'천국'의 약속과 같다고 보아야 한답니다.
비록 당시의 대제사장인 여호수아에게 하신 말씀이지만
저 약속은 장래의 성도에게 주시는 약속과 정확하게 일치한답니다.

"'Listen, High Priest Joshua,
you and your associates seated before you,
who are men symbolic of things to come:
I am going to bring my servant, the Branch.'"
(대제사장 여호수아야 너와 네게 연합된 자들,
곧 네 앞에 앉아 있으며 장차 올 일의 상징이 되는 자들인 너희는
들으라!
내가 장차 나의 종을 일으키리니 곧 그 순이니라) (스가랴 3장 8절)
우리 성경에 번역한 '순'은
영어 성경에서는 그 '나뭇가지(the Branch)'였군요.
우리 주 예수 그리스도를 의미하잖아요.
지금 주께서는 '여호수아'와 그에게 연합된 자들을 향해 말씀하십니다.
주께서 장차 '한 가지'가 돋아나게 하실 것인데
그 가지를 상징하게 하시려고
여호수아와 그에게 연결된 여러 사람들이 존재하게 하셨다는 뜻이잖아요?

그러므로 우리는 거기에 앉아 있는 자들이 누구인지 알 수 있겠지요?
그들은 아론에서 시작하여 여호수아에 이르기까지
이스라엘 백성의 죄를 속하게 하시려고 세우신 대제사장들이 되겠군요.
이들 대제사장이 우리 주 예수를 상징하는 존재라 말씀하는 거잖아요?
그들이 지금 여호수아 옆에 앉아 있으며
여호수아는 깨끗한 옷으로 갈아입기 위하여 서 있는 것이랍니다.
이제 모든 상황이 분명하게 드러나지요?
여기 이 모습도 대제사장의 직분을 회복하시는 모습이잖아요?
왜 다른 대제사장들은 앉아 있을까요?
그들은 이미 자기 직분을 끝냈던 사람이지요?
하지만 여호수아는 그들과 다릅니다.
바벨론에 포로가 되어 잡혀갔으며
그 후로는 이전의 대제사장 직분을 이어올 필요도 방법도 없었잖아요?
그렇다면 왜 지금 거기서 이미 직분이 끝나버린 다른 대제사장까지
여호수와 곁에 앉아있게 하였을까요?
이들 모두가 한 사람 예수 그리스도를 상징하던 자들임을
알게 하시려는 것이랍니다.

이제 다시 스가랴 3장과 4장의 내용을 정리해 봅시다.
스가랴 3장에서 선지자가 본 환상은
하나님께서 대제사장직을 회복하시는 모습이었습니다.
그러므로 마찬가지로 스가랴 4장에서 본 환상도
하나님께서 이스라엘의 왕권을 회복하시는 모습이었답니다.
이것이 바로 우리가 찾던 두 번째의 의미입니다.
스가랴의 질문에 천사가 하나님 말씀을 전하게 된 이유이지요.
그렇다면 이제 생각해 봅시다.

주께서는 왜 이처럼 스룹바벨을 회복하고 계실까요?
주께서 다윗에게 하셨던 언약 때문이랍니다.
'내가 네 왕좌를 영원토록 계속되게 하리라'
이 약속을 하셨잖아요?
비록 유다가 죄를 범하여 노예로 끌려갔지만
주께서는 다윗과의 저 약속을 지키시는 것입니다.
다른 사람은 모를지라도
저 환상의 의미를 아는 자라면
스룹바벨이라는 총독은 다윗의 왕좌에 오른 것이며
그 왕좌는 우리 주 예수께로 계속 이어진다는 의미가 되지요.
같은 의미로 대제사장 '여호수아'도
아론에게서 시작된 대제사장직을 회복하여서
다른 사람은 모를지라도
저 환상의 의미를 아는 자라면
여호수아라는 대제사장은 아론의 반차를 따라 대제사장직에 오른 것이며
그 직분은 우리 주 예수께로 계속 이어진다는 의미가 되는 거랍니다.
이런 이유로 실제로 유대의 대제사장직은 그 이후 대가 끊어졌으므로
아카비 왕조의 대제사장은 정통 대제사장이 아니었답니다.
더구나 우리 주의 지상 사역 당시 대제사장은
로마로부터 매석으로 얻은 정치적 인물이랍니다.
성경은 이런 사실을 우리에게 알게 하시려고
스가랴 3장과 스가랴 4장을 쌍둥이 장으로 만들었습니다.
스가랴 3장에서 선지자에게 설명하던 바로 그 천사가
스가랴 4장에서도 스가랴 선지자에게 설명하고 있거든요.
이런 사실을 분명히 인식하게 하시려고
스가랴 4장을 시작하기 전에

선지자는 잠깐 잠이 든 거랍니다.
환상 중에서 잠이 들다가 환상 중에서 깨어나는 방식!
자기를 깨우는 천사를 선지자가 친히 보게 하는 방식!
그리하여 그 천사가 이전의 천사와 같다는 사실을 기록하게 하셨답니다.
이것이 스가랴 3장과 스가랴 4장이 쌍둥이 장이라는 근거랍니다.
또 다른 근거로 들 수 있는 것은 말씀이 전개되는 과정에 있습니다.
3장과 4장은 모두 다음의 순서대로 전개되고 있답니다.
1) 대제사장 직분과 왕의 직분을 회복하는 모습
2) 대제사장 직분과 왕의 직분이 모두 예수 그리스도의 예표가 됨
3) 복음 시대의 성도의 모습
이런 순서로 전개된다는 의미입니다.
그 내용도 살펴볼까요?

"See, the stone I have set in front of Joshua!
There are seven eyes on that one stone,
and I will engrave an inscription on it,'
says the Lord Almighty,
'and I will remove the sin of this land in a single day.'"
('내가 여호수아 앞에 세워둔 저 돌을 보라!
그 한 돌 위에 일곱 눈이 있느니라
내가 그 위에 하나의 비명을 새길 것이니라'
'또 내가 하룻밤 새에 이 땅의 죄악을 제하리라'
전능하신 주께서 말씀하시더라.) (스가랴 3장 9절)
바로 앞의 절(8절)에서는 우리 주를 "한 가지(the Branch)"라 하였지요?
그 부분의 말씀도 주 예수를 상징하는 예언이었잖아요?
왜 "한 가지(the Branch)"라는 표현을 썼을까요?

오실 이가 인간의 혈통을 따라서 나실 것이기 때문이랍니다.
유다와 다윗의 혈통으로 거룩하신 이가 태어나실 것이잖아요.
여기 9절에서는 "돌"로 표현하였군요.
여호수아 앞에 세워두신 '한 돌'이 우리 주를 상징합니다.
'일곱 눈'이 있다는 것은 주의 전지전능하심을 의미하겠지요?
'하룻밤 새에 땅의 죄를 제하신다!'
주 예수의 우리 죄 속하심을 의미하잖아요?
전능하신 창조주가 아니라면 가능치 못할 예언이지요?
장차 새기실 '비명'의 내용이 무엇일까요?
'하나의 비명'이라 하셨으니까 그 내용이 단일한 것이겠지요?
'왕 중의 왕, 주 중의 주(King of kings and Lord of lords.)'
(요한계시록 19장 16절) 이런 내용이 아닐까요?
돌이 '기념비'로 사용하므로 추측해 보지만 별로 의미는 없답니다.
이제 다시 스가랴 4장에서 예언된 말씀도 봅시다.

"What are you, mighty mountain?
Before Zerubbabel you will become level ground.
Then he will bring out the capstone
to shouts of 'God bless it! God bless it!'"
(큰 산아 네가 무엇이냐? 스룹바벨 앞에서 평지가 되리라
그가 관석을 놓을 때 '축복이 있을지라, 주의 축복이 있을지라!'
외치게 되리라) (스가랴 4장 7절)
하나님께서 총독 스룹바벨에게 전하시는 말씀입니다.
'스룹바벨 앞에서 큰 산이 평지가 되리라!'
이는 우리 주의 복음을 예언하는 문구가 맞잖아요?
"골짜기마다 돋우어지며 산마다 작은 산마다 낮아지며

고르지 않은 곳이 평탄케 되며 험한 곳이 평지가 될 것이요"
(이사야 40장 4절)
대표적으로 우리 주의 오실 일과 그 결과를 예언하는 말씀이잖아요?
"큰 산이 평지가 된다."
이사야서의 말씀이 요약된 듯한 말씀이 이것이군요.
큰 산은 인간 세상에 형성된 커다란 권세를 의미합니다.
인간 세력이 클수록 마치 산을 넘기가 곤란하듯 어려움이 많지요?
우리 주의 복음이 세상에 들어온 후로
사람과 사람 사이의 신분 차이가 매우 작아졌답니다.
왜 그것이 가능했을까요?
골짜기마다 돋우어지며 산마다 낮아지는 현상이 생긴 거잖아요?
우리 주 예수 복음의 능력이 세상에 나타난 결과입니다.
"스룹바벨 앞에서 큰 산이 평지가 되리라!"
산이나 작은 산도 아니고 큰 산이 평지처럼 낮아진다고요?
스룹바벨은 예루살렘 재건도 미처 진행하지 못하고 멈췄잖아요?
그러므로 저 말씀은
스룹바벨을 상징물 곧 징검다리 삼아, 주 예수의 일을 예언하고 있답니다.
복음의 위대한 능력을 예언하시는 것입니다.

"Then the word of the Lord came to me:
"The hands of Zerubbabel have laid the foundation of this temple;
his hands will also complete it.
Then you will know that the Lord Almighty has sent me to you.""
(그러자 주의 말씀이 내게 전해지더라:
"스룹바벨의 손이 성전의 기초를 놓았거니와
그의 손이 또한 이를 완성하리라.

그때에는 전능하신 주께서 나를 너에게 보낸 줄을 네가 알리라")
(스가랴 4장 8~ 9절)
"스룹바벨이 기초를 놓았다?"
아닙니다!
성전의 기초는 솔로몬이 놓았고
스룹바벨은 그저 예루살렘 성전의 재건만 시작하였답니다.
"그가 이것을 완성할 때가 되면
전능자께서 나를 너에게로 보낸 사실을 알게 되리라!"
이 말씀은 예루살렘 재건이 반드시 성공하리라 보증하는 모습입니다.
이 시점에서 우리는 알아야 합니다.
왜 주께서 포로 귀환자를 통해서 예루살렘 성전을 재건하게 하셨을까요?
그 이유는 앞에서 설명한 것과 같습니다.
대제사장이나 왕의 직분을 회복하셨듯이
이전에 그토록 사모하며 지었던 거룩한 성전도 회복하시려는 것입니다.
왜냐고요?
예전의 율법이나 예전의 제사나 예전의 성전이나 무엇이든지
모두 다 완전한 하나님의 법이요 살아 생생한 구속의 과정이기 때문입니다.
그것들이 시간이 흐르면서 모두 쓸모가 없어졌으므로 폐기한 것이 아니란 뜻이지요.
전능하신 주의 일은 언제나 온전하고 완전하답니다.
다만 그 모든 예전의 요구가
우리 인간의 한계를 넘어서는 크기이기 때문에
우리가 그 요구를 만족시킬 수가 없었을 뿐이거든요.
그러므로 스룹바벨은 연약한 인간으로서
단지 주를 상징하는 자로만 존재하지만,
스룹바벨을 매개로 하여 우리 주 예수께로 이어지는 저 예언의 말씀은
그 가운데에 한 치 오류가 없는 예언의 말씀이 된답니다.

이런 사실을 분명히 전달하시려고
스가랴 선지자는 먼저 '성전 측량자'의 환상을 보았잖아요?
그가 성전 재건을 위한 측량을 떠난 후에
즉시 뒤좇는 천사가 있었지요?
그가 무엇을 전했던가요?
포로 귀환한 그들의 예루살렘 재건만을 위한 목적이 아니랬잖아요?
이런 이유로 스룹바벨에게 주신 말씀이
스룹바벨과 우리 주 예수께로 향하며 둘 가운데서 겹치는 거잖아요?
또 동시에 이 말씀들은 성도에게도 그대로 적용되는 것이 되겠지요?

스가랴 3장과 4장이 쌍둥이 장이라 말하는 이유가 또 있습니다.
앞에서도 언급하였지만
스가랴서 1장부터 4장까지는 하나의 통으로 연결되어 있답니다.
그 내적 흐름을 통하여 우리는 쌍둥이 장이 존재할 이유를 알게 됩니다.
그 내용은 다음과 같습니다.
1) 시대에 대한 회복의 말씀과 환상. (넓은 범위의 회복)
2) 유대 땅 예루살렘 성전의 재건. (좁혀진 범위의 회복)
   측량줄을 든 사람의 환상이 그것입니다.
3) 성전 안의 두 직분에 대한 회복. (압축된 범위)
   특별히 3장과 4장을 하나처럼 연결하여 보여줍니다.
4) 성전에 거하게 될 하나님 백성의 모습(최종 기착점)
그렇다면 왜 이런 일련의 과정이 필요하였을까요?

"대제사장 직분의 회복" "왕권의 회복"
이 두 가지는 반드시 하나로 모아져야 할 일이었답니다.
인간의 한계 때문에 나뉘었던 직분이 원래의 모습으로 돌아간 겁니다.

또 이 일은 이미 에스겔 선지자를 통해서 예언하신 내용이기도 합니다.
그 내용을 간략히 봅시다.
"I will make them one nation in the land,
on the mountains of Israel.
There will be one king over all of them
and they will never again be two nations
or be divided into two kingdoms."
(내가 그 땅 곧 이스라엘의 산에서
한 왕으로 그들 모두를 다스리게 하리니
그들이 다시는 두 나라가 되지 않을지며
두 왕국으로 나눠지지 않으리라) (에스겔 37장 22절)
하나님의 나라와 그 백성이 나뉘었던 이유가 무엇일까요?
하나님께서는 가만히 두셨어도 그들이 왕을 달라 간청하였으므로
제사장직이 제사장직과 왕의 직분으로 나뉘었고
원래 한 나라였던 하나님 백성의 국가인 이스라엘도
하나님께서는 가만히 두셨어도 자기 죄와 자기 욕심을 따라서
두 나라인 이스라엘과 유다로 나뉘게 되었잖아요?
또 왕이나 제사장이 타락하여 하나님의 뜻을 행하지 않았으므로
주께서는 부득불 선지자를 보내시어 그들을 돌이키려고 하셨잖아요?
그 나뉜 것을 장래에는 바로 잡겠다고 저 예언에 말씀하시는 거잖아요?
에스겔은 이 예언을 보이려고 하나님의 지시를 따라서
두 막대기가 하나로 합쳐지는 이적을 백성들 앞에서 행했잖아요?
또 하나님께서는 그날이 어떠할지에 대하여도 예언하고 계시지요?
다음의 말씀도 봅시다.
"My servant David will be king over them,
and they will all have one shepherd."

(내 종 다윗이 그들의 왕이 될지니
그들에게는 단지 하나의 목자만 있으리라) (다니엘 37장 24절 전반)
하나님의 종 다윗이 그 나라의 왕이 될 것이라 예언하시지요?
왜 다윗을 세워서 예수님을 상징하게 하셨을까요?
다윗의 왕위가 영원히 폐하지 않으리라는 약속 때문이겠지요?
그러므로 솔로몬은 '성전을 지은 자'로서의 주의 예표이지만
다윗은 '왕 곧 성도'로서의 예수님의 예표가 된답니다.
말하자면 다윗과 스룹바벨은 주의 상징으로서는 같은 존재이지요.
이제 스가랴가 본 환상의 의미가 분명해졌지요?
둘로 나뉘었던 직분을 하나로 통합하시기 직전의 모습이잖아요?
그렇게 회복된 직분이 이후 곧바로 하나로 통합하게 되는 겁니다.
동시에 예전에 맺었던 가나안 자기 백성과의 언약도 폐하신답니다.
그 장면도 스가랴서에 나옵니다.

"Then I took two staffs
and called one Favor and the other Union,
and I shepherded the flock.
In one month I got rid of the three shepherds.
The flock detested me, and I grew weary of them
and said, "I will not be your shepherd.
Let the dying die, and the perishing perish.
Let those who are left eat one another's flesh."
Then I took my staff called Favor and broke it,
revoking the covenant I had made with all the nations"
(그래서 나는 두 개의 막대기를 집어 들고는
하나에는 은총이라 하고 다른 하나는 연합이라고 부르며

그 양들을 돌보았노라.
한 달이 지나기 전에 나는 그들 세 목자를 제거하였도다.
그 양들이 나를 미워하였고 나도 그들에게 싫증이 났으므로
'나는 너희 목자가 아니라, 죽을 자는 죽을 데로
망할 자는 망할 데로 가게 둘지라' 하였노라.
'남은 자는 서로서로의 살을 먹게 버려두라'
그리고 나는 내가 은총이라 부르던 막대기를 취하여 부수었도다.
내가 그들 모든 나라와 맺었던 언약을 파기한 것이니라)
(스가랴 11장 7~ 10절)
하나님께서 이스라엘 백성과 맺었던 언약을 파기하시지요?
그런 가운데 세 종류의 이스라엘 목자까지도 폐하시잖아요?
이런 사정 때문에 암흑기 동안에 아무 선지자가 없었던 거겠지요?
세례 요한이요?
그는 성경 말씀의 설명처럼
딱 한 가지 우리 주 예수의 오실 길을 예비하러 보낸 특사이지요.
그래서 유난히 생의 기간이 짧았고 그 후 곧바로 순교하잖아요?
주 예수 즉 메시아께서 오실 동안만
주가 메시아이심을 증명할 목적으로 사역하였던 선지자잖아요?
이제 다시 스가랴 3장과 4장의 이야기로 돌아가 봅시다.

환상의 전개가 직분의 회복에서 그가 상징하는 예수에게로 이어지고
마지막에는 복음 시대의 성도에게로 옮겨간답니다.
'시대의 변화 → 성전의 재건 → 직분의 회복 → 주 예수 → 성도'
이렇게 순차적으로 환상과 초점이 이동하고 있는 것이랍니다.
두 개의 장이 이 점에서도 동일하답니다.
언제든지 초점은 그 끝이 중요하잖아요?

그러므로 이 두 장의 핵심도 이 끝자락에 있게 된답니다.
그 사실을 확인해 봅시다.

"'In that day each of you will invite your neighbor
to sit under your vine and fig tree,'"
declares the Lord Almighty.
('그날에 너희가 각각 너희 이웃을 초대하여
너희 포도나무와 무화과나무 아래에 앉게 하리라'
전능하신 주께서 선언하시더라.) (스가랴 3장 10절)
이 말씀은 복음 시대의 모습을 그대로 드러내지요?
앞에서는 주 예수에 대한 예언을 말씀한 것이라면
이 말씀은 먼저 믿는 성도가 이웃에게 복음을 전하며
축복의 장소 포도밭과 무화과밭으로 초대한다는 예언이잖아요?
"축복의 장소 포도밭과 무화과밭"
여기가 어디일까요?
우리 주 예수 안에 들어가는 것이잖아요?
복음으로 들어오라는 전도를 의미하잖아요?
스가랴 3장의 마지막 부분이 이처럼 복음 시대 성도를 예언하고 있잖아요?
이제 스가랴 4장의 말씀을 봅시다.
스가랴 4장은 3장보다 훨씬 다 적극적으로 이런 사실을 밝힙니다.
그 이유는 말씀의 끝 절에서 밝혀진답니다.

"Then the word of the Lord came to me:
"The hands of Zerubbabel have laid the foundation of this temple;
his hands will also complete it.
Then you will know that the Lord Almighty has sent me to you.""

(그러자 주의 말씀이 내게 전해지더라:
"스룹바벨의 손이 성전의 기초를 놓았거니와
그의 손이 또한 이를 완성하리라.
그때에는 전능하신 주께서 나를 너에게 보낸 줄을 네가 알리라")
(스가랴 4장 8~ 9절)
이 부분 말씀은 앞에서 이미 보았지요?
여기에도 주목해야 할 내용이 있답니다.
"나를 너에게 보낸 줄을 네가 알리라"
여기의 '나'는 천사입니다.
'너'는 스가랴이고 '보내신 이'가 하나님이시지요.
이 말씀을 누가 하고 있나요?
하나님께서 천사를 통해 스가랴에게 말씀하시고 계시지요?
또 우리는 스룹바벨이 주 예수를 상징함을 알았지요?
따라서 우리는 이제 저기 전하시는 말씀을 바르게 들을 줄 알아야겠지요?
천사가 스가랴에게 하신 말씀이 곧 우리 성도에게도 주신 말씀이니까요.
그러면 저 말씀은 이렇게 될 것입니다.
"주 예수의 손이 성전의 기초를 놓았거니와
그의 손이 또한 이를 완성하리라.
그때에는 전능하신 주께서
나(천사)를 너(성도)에게 보낸 줄을 네(성도)가 알리라"
이렇게 바꾸어 말씀을 살펴보면 우리는 성경의 저 말씀을 읽으면서
하나님께서 보내신 천사의 음성도 듣는 거랍니다.
우리는 주께서 저 예루살렘 성전을 완성하였다고 믿잖아요?
창조주의 보내신 예언대로 되었다고 믿는 거잖아요?
"내가 너에게 보낸 줄을 네가 알리라"
이 예언도 말씀대로 성취가 되었지요?

창조주께서 천사를 통해 저 말씀을 우리에게 전해주신 대로
우리도 천사의 전한 말씀이 창조주의 말씀인 줄 믿게 되었습니다.
예언의 이중 성취를 본 셈입니다.
그런데 말입니다.
성전을 건축하는 자는 스룹바벨만 있는 것이 아니잖아요?
우리 성도도 성전을 건축하는 자이잖아요?
'성전을 건축하는 자인 성도!'
이것을 명백하게 밝히는 성경의 말씀이 베드로후서 2장에 나옵니다.
"사람에게는 버린 바가 되었으나 하나님께는 택하심을 입은
보배로운 산 돌이신 예수께 나아가
너희도 산 돌 같이 신령한 집으로 세워지고
예수 그리스도로 말미암아 하나님이 기쁘게 받으실 신령한 제사를 드릴
거룩한 제사장이 될지니라"(베드로전서 2장 4~ 5절)
"성도가 산 돌같이 신령한 집으로 세워진다."
이렇게 말하잖아요?
"갓난 아기들 같이 순전하고 신령한 젖을 사모하라
이는 그로 말미암아 너희로 구원에 이르도록
자라게 하려 함이라"(베드로전서 2장 2절)
"구원에 이르도록 자라게 한다."
성도는 믿음이나 선한 열매가 자라간다고 말하잖아요?
이런 목적을 위하여 성도가 나그네로 지낼 동안에는
경외함으로 순종함으로 두려움으로 지내라고 하잖아요?(1장17절,2장17절)
말씀을 순종하며 겸손히 사는 것이 두려움으로 사는 것이겠지요?
순종하지 않는 자는 모퉁이의 머릿돌이 되신 그 돌이
부딪치는 돌이나 걸려 넘어지는 돌이 된다고 하였지요? (8절)
머릿돌이 되시는 주님 위에 성도의 각 돌이 쌓여서

하나의 우주적 새 예루살렘 성전이 완성되는 것 아닐까요?
이처럼 저 말씀은 성도에게로 향한 말씀이 된답니다.
〈*이 요점은 4장의 끝부분에서 더욱 명백해집니다〉
그러므로 이제부터는 주께서 천사를 보내셔서
스룹바벨에게 하셨던 모든 말씀이
한 자도 빠짐없이 우리 성도에게도 그대로 적용이 된답니다!
그러므로 우리는 이제 매우 중요한 한 구절을 다시 보아야겠지요?
"힘으로도 능으로 안 되고 오직 성령으로 되느니라"
('Not by might nor by power, but by my Spirit,')
이 말씀이 그것입니다.
이제 이 말씀이 성도에게 주셨다는 사실을 알았으므로
우리는 조금 더 앞쪽 구절로 올라가서
그 내용도 세세히 살펴봅시다.
"Then he will bring out the capstone
to shouts of 'God bless it! God bless it!'"
(그러면 그가 관석을 올릴 것이니
외치기를 '주의 축복이 거기에! 주의 축복이 거기에! 하리라')
(스가랴 4장 7절 후반)
스룹바벨이 관석을 올릴 때 축복의 탄성이 쏟아진다는 예언이잖아요?
이제부터는 스룹바벨 대신에 우리 주 예수를 대입하여 말해야겠지요?
"갓돌(the capstone)"
'머릿돌'이 건축의 기준점이 되는 시금석이라고 한다면
'갓돌(관석)'은 건축의 마무리를 알리는 돌이라고 합니다.
우리 주 예수께서 먼 훗날(예언의 시점부터 먼 훗날)
저 하늘에 속한 예루살렘 성전을 완공하신 그 놀라운 순간에
수많은 천군과 천사가

저 예언된 말씀처럼 크게 환호하며 기뻐했을 것이 분명합니다.
이뿐만이 아닙니다.
우리 성도도 언젠가는 우리 생을 마치는 날이 이를 것입니다.
그러면 마찬가지로 천군과 천사가 크게 환호하며
주의 축복을 노래할 것입니다.
저 말씀은 이것을 예언하고 있답니다.

이제 주께서 스룹바벨에게 하신 말씀 전체의 의미를 알았지요?
'많이 애써도 잘 안되지만, 성령의 힘으로 반드시 이룰 것이다.'
'그냥 대충 끝나는 것이 아니라 반드시 완성하는 날이 올 것이다.
스룹바벨 앞의 산과 같아 보이던 거대한 장애는 쉽게 극복될 것이다.'
이런 의미를 담고 있었던 것입니다.
저 놀라운 말씀을 우리 성도에게도 주신다는 사실이 분명해졌습니다.
그럼, 이제 스가랴 4장의 남은 구절도 살펴봅시다.

"Who dares despise the day of small things,
since the seven eyes of the Lord
that range throughout the earth will rejoice
when they see the chosen capstone in the hand of Zerubbabel?"
(스룹바벨의 손에 들린 선택받은 관석을 그들이 볼 때
온 세상을 두루 살피시는 하나님의 일곱 눈이 기뻐할 것이거늘
누가 감히 한 날의 작은 일이라 무시한단 말이더냐) (10절)
스룹바벨의 손에 마지막 완성의 돌이 쥐어졌을 때
하나님께서 크게 기뻐하신다는 내용이네요.
실상 과거 예루살렘 재건에서 스룹바벨은 관석을 올리지 못했습니다.
주변의 온갖 방해로 결국 재건을 중단해야 했거든요.

그러므로 저 예언의 말씀은 우리 주 예수께만 해당이 됩니다.
그리고 동시에 우리 복음 시대의 성도에게도 해당이 됩니다.
"일곱 눈으로 세상을 두루 살피신다."
모든 것을 아시고 살피시는 하나님을 의미하잖아요?
"누가 감히 하루의 작은 일이라 멸시한단 말이더냐?"
하나님의 일을 감히 깔보는 행위에 대한 엄중한 경고이잖아요?
즉 이 성전 건축의 일은 하루하루의 작은 일로
조금씩 조금씩 지어져 간다는 의미를 담고 있겠네요.
이런 매일의 작은 진보를 작다고 무시하지 말라 경고하잖아요?
놀랍지 않은가요?
우리 성도에게 주시는 말씀이 분명하잖아요?
성도는 지금도 하나님의 성전을 지어가고 있으니까요.

이제 정리해 봅시다.
스가랴가 4장에서 본 환상 중에
금촛대는 기름으로 불을 밝히는 기능이 성소의 그것과 동일하므로
성령 하나님의 일과 관련이 됩니다.
그렇다면 그 좌우편에 세워진 두 감람나무는 무엇을 의미할까요?
스가랴 선지자는 얼핏 보아서도 기름과 그 불빛의 의미는 알았을 겁니다.
그러나 그는 천사에게 환상의 의미가 무엇인지를 물었는데
천사는 뜻밖에 하나님의 말씀을 전했잖아요?
그러니까 적어도 두 감람나무 중 하나는 스룹바벨이어야 한답니다.
원래 '나무'는 사람을 상징하고
그중에서도 감람나무는 '기름 부음을 받은 자'를 상징하기 때문이지요.
이런 이유로 우리 주님을 이야기할 때도
'나뭇가지'로 말했잖아요?

마라의 쓴 물을 달게 변화시킬 때도
모세는 나뭇가지를 그 물에 던졌잖아요?
그 나뭇가지가 상징하는 분이 우리 주 예수시잖아요?
엘리사도 요단강에 빠진 도끼날을 떠오르게 하려고
나뭇가지를 던졌잖아요?
그러므로 저 둘의 감람나무도 기름 부음을 받은 사람이어야 합니다.
감람나무는 감람나무 열매를 통해 성전을 밝히는 기름을 만들거든요.
그러므로 성전에서 하나님의 기름 부음을 받아 직무를 수행하는 존재,
대제사장 여호수아와 왕 스룹바벨이어야 한답니다.
그런데 이 둘의 관계가 복음 시대에는 하나로 합쳐지잖아요?
한 목자의 손에 두겠다고 하셨잖아요?
다윗이 그 나라의 영원한 왕자가 될 것이라 에스겔서에서 예언하였지요?
왜 우리 주 예수를 '왕자'라고 표현하였을까요?
스스로 자신을 낮추시어 인간의 몸으로 오셨기 때문이잖아요?
천부가 되시는 왕 하나님을 영원히 섬기는 왕자로 낮추셨잖아요?
그리고 이제 세상에는 기름 부음을 받은 자가 하나 더 생겼답니다.
바로 성도가 그렇습니다.
왜 성도를 왕 같은 제사장이라 부르겠습니까?
스룹바벨과 같은 왕의 직위를 받았기 때문입니다.
비록 여호수아와 같은 대제사장은 아닐지라도
대제사장 주 예수와 함께 하나님께 예배를 올리는
제사장의 직무를 행하는 존재가 된 것입니다.
성도는 이제 기름 부음을 받은 왕이요 제사장인 것입니다.
이런 까닭에 대제사장 여호수아를 회복하시며 약속하시기를
하나님 집을 다스리며 하나님 심판을 관장하게 하리라 하셨잖아요?
사람 대제사장은 예수 주를 상징하지만 동시에 천국 성도라는 뜻이잖아요?

그렇습니다.
스가랴가 보았던 환상은 복음 시대에 나타나게 될
새로운 형태의 성소 모습이었답니다.
한 분은 대제사장인 예수이시고
다른 이는 그와 함께 경배를 올리는 성도이었던 것이지요.
또 때로는 이렇게도 해석할 수 있습니다.
두 감람나무 모두 다 성도라고도 할 수 있거든요.
왜냐고요?
스가랴 3장에서 스가랴에게 하셨던 말씀이 기억나나요?
만일 하나님의 명하신 바를 잘 지켜 행하면
다스리는 직위와 심판하는 직위,
그리고 하늘에 있을 곳을 주시겠다 하셨지요?
성도에게 약속하신 천국의 약속과 같은 약속이었잖아요?
그들 대제사장도 직위로 인하여 예수 그리스도를 상징하지만
직위를 벗어나면 똑같은 성도가 된다는 뜻이잖아요?
따라서 여호수아의 자리에도 성도가 대체될 수 있습니다.
이런 새 성소의 모습이 예전의 그것과는 다르므로
촛대의 모습도 달라진 것이랍니다.
성도에게서 등잔까지 관으로 이어져 있고
성도가 기도로 기름을 채워야 비로소
그 등잔에 불을 밝힐 수가 있게 될 것이며
그 결과로 세상에 진리의 빛을 밝힐 수가 있게 되는 것입니다.
이처럼 새 성소는 이전 성소와는 다르므로
여호수아나 스룹바벨을 세우지 않으시고
상징적 의미를 지닌 '감람나무'의 형상으로 세우셨던 것입니다.
이제 스가랴 4장의 남은 구절을 살펴보며 과연 그러한지 알아봅시다.

"Then I asked the angel,
"What are these two olive trees
on the right and the left of the lampstand?""
("이 촛대의 우편과 좌편에 있는
이 두 올리브나무가 무엇이니이까?"
내가 천사에게 물었더라) (11절)
신기하게도 이 첫 번째 질문에 천사는 대답하지 않는답니다!
우리는 이 사실을 주의해 살펴
이 문제를 해석하고 이해하는 일에 참작해야 하겠습니다!

"Again I asked him,
"What are these two olive branches beside the two gold pipes
that pour out golden oil?""
(다시 내가 그에게 물었더라.
"저 금관의 곁에서 황금 기름을 붓는
이 두 올리브 가지는 무엇이니이까?") (12절)
스가랴 선지자는 대답이 없는 천사를 향해 다시 묻습니다!
그런데 이번에는
두 '올리브나무 가지'와 '금 촛대' 사이의 모습이
이전보다 더 잘 설명이 되어있습니다!
둘 사이의 관계를 더 올바르게 이해할 수 있는 실마리가 되겠지요?
이 내용을 살펴봅시다!
나뭇가지 옆에는 금촛대로 이어지는 금관이 있었는데
자세히 살펴보니 올리브나무의 가지가
그 금관을 통하여 황금색 기름을 붓고 있는 것입니다!

즉 이 촛대는 등잔까지가 관으로 연결되어 있어서
두 감람나무가 기름을 부으면
일곱 촛대의 등잔으로 그 기름이 공급되는 구조였던 것이지요.
이런 점이 예전 성소의 금촛대와 달랐던 것입니다.
그러나 기름을 붓는 이유는 여전히 같습니다.
어둠을 밝히고 진리를 드러내려는 것이기 때문입니다.
성령께서 일하시도록 기름을 충만하게 준비하는 것이잖아요?
아마 천사는 스가랴가 이 차이를 주목하여 볼 때까지 기다린 모양입니다!
그런 후에야 비로소
스가랴의 질문에 친절하게 대답했으니까 말이지요!

He replied, "Do you not know what these are?"
"No, my lord," I said.
So he said, "These are the two
who are anointed to serve the Lord of all the earth."
("네가 이것들이 무엇인지 모른단 말이더냐?"
그 천사가 대답하더라.
"모르나이다, 내 주여" 내가 대답했더라.
그러자 천사가 말하더라.
"이들은 온 천하의 주 되신 이를 섬기라고 보낸
기름 부음을 받은 두 사람이니라") (스가랴 4장 13~ 14)
천사가 대답하는 과정이 재미있지 않나요?
처음부터 다시 요약해 볼까요?
'저 환상이 무엇인가요?'(스가랴)(4절)
'네가 이것을 모른단 말이더냐?'(천사) '네 모릅니다'(스가랴)
'이는 스룹바벨에게 전하는 말씀이니라'(천사)(6절)

'기타, 등, 등 기타, 등, 등'(천사가 전하는 말씀)
'저 두 감람나무는 무엇인가요'(스가랴)(11절)
' ―――――――――' (천사)
'저 등잔에 황금 기름을 붓는 두 감람나무는 무엇인가요?'(스가랴)(12절)
'네가 이것들이 무엇인지 모른단 말이더냐?'(천사)(13절)
'네 모릅니다' (스가랴)(13절)
'이들은 온 세상을 섬기라고 주 앞에 세운 둘이니라'(천사)(14절)
천사와 선지자 사이의 대화 과정이 재미있지요?
모든 것을 알고 있는 천사와
영적 이해가 아직 부족한 선지자 사이의 괴리가 보이시지요?
하나님의 사자인 천사와의 대화인데도 둘의 대화가 멋지잖아요?
그쯤 힌트를 주었으면 알만한데도 모른다고 하는 선지자에게
천사의 의아해하며 드러내는 모습이 전해질 듯하잖아요?
영의 비밀은 드러나기 전까지는 이해하기가 무척 어렵거든요.
아마도 선지자는 마지막까지도 그 의미를 다 알지는 못했을 듯해요.
당시에 교회와 성도의 존재를 이해하기가 얼마나 어렵겠습니까?
하지만 더 이상 묻기도 민망했을 겁니다.
그저 대화 과정이라도 상세하게 기록하기로 작정했을 듯합니다.
하지만 반대쪽 입장에서 바라보는 우리에게는 저 모습이 행운이랍니다.
아무도 흉내 낼 수 없는 천상의 진솔한 모습을 보게 되었잖아요?
성경의 진리가 드러나는 기이한 현상을 보게 되었잖아요?

'온 세상의 주!'
이 용어는 유대의 사고방식에는 맞지 않았겠지요?
그들이 얼마나 이방 민족을 터부시했던가요?
그들이 얼마나 자기 민족의 선민자격을 자부했던가요?

그런 그들에게 '온 세상을 섬기는 책무'라니요?
저 한 구절의 말씀만으로도 두 감람나무의 존재가 보이지요?
오직 복음 시대의 성도에게만 해당하는 내용이 맞잖아요?
"시제품 복음(Protptype-Good news)"
이는 가장 신선하고 가장 아름다운 원시 교회의 모습입니다!
결단코 날아가지 않고 어떤 특별한 목적을 위하여
광야에서 보호받는 존재, 그 출발을 알리는 아름다운 모습을
스가랴는 저 환상을 통해 보고 있는 것이겠지요?
우리에게 전달해 알려주려는 것이잖아요?
만일 그렇다면 이 모습이 교회 시대에서도 나오지 않을까요?
그런 모습이 성경 어디엔가 있지 않겠어요?
"하루하루 작은 일이라고 무시하지 말아라."
이 경고의 말씀을 기억합시다.

15. 날아가지 않으리라 II – 새출발까지

"But you will not leave in haste or go in flight;
for the Lord will go before you,
the God of Israel will be your rear guard.
See, my servant will act wisely;"
(그러나 너희는 황급하게 떠나지 않을 것이며
혹은 날아가듯 하지 않을지니 이는 네 하나님이 네 앞에서 행하시며
이스라엘의 하나님이 네 후방을 지키시기 때문이니라
보라, 내 종이 지혜롭게 행하리라) (이사야 52장 14~ 15절)

이제 요한계시록으로 가 봅시다.
거기에 우리가 찾는 모습이 있답니다.
"She gave birth to a son, a male child,
who "will rule all the nations with an iron scepter."
And her child was snatched up to God and to his throne.
The woman fled into the wilderness to a place
prepared for her by God,
where she might be taken care of for 1,260 days."
(여자가 아들을 출산하였으니, 사내아이라.
그는 장차 온 세상을 철창으로 다스릴 자이더라.
여자가 하나님이 예비한 광야의 한 장소로 도망하였으니
거기에서 1,260일 동안 돌봄을 받겠더라.)
(요한계시록 12장 5~ 6절)
여기 나오는 여자는 교회랍니다.

이 교회가 낳은 사내아이는 우리 주 예수 그리스도를 의미한답니다.
'광야 교회'라고 하잖아요?
이곳 광야는 매우 특수한 장소랍니다.
하나님의 철저한 보호 아래 교회가 돌봄을 받는 곳이랍니다.
'철저한 하나님의 돌보심!',
이 말을 꼭 기억해야 합니다!
성도는 자주 넘어지기도 하지만, 자주 어려움에 놓이기도 하지만,
그 배경에는 철저하게 보호하시는 하나님이 계신다는 뜻이니까요.
그리고 그 보호받는 기간이 1,260일 동안이라네요.
1,260일이 인간 시계로 얼마의 기간인지는 알 수 없답니다.
오직 하나님의 주권 아래 감추어진 비밀이기 때문이지요.
이런 유의 비밀은 풀려고 애쓰지 말아야 합니다.
예언을 억지로 풀다가 망하게 되는 대표적인 경우이거든요.
가장 신비로우신 창조주의 가장 최후의 비밀에 속하니까요.
하지만 적어도 우리는 교회가 보호받는 날에도
'기한'이 있다는 사실만큼은 알게 되었잖아요?
이와 비슷한 기한에 관한 예언이 다니엘서에도 나오지요?
이런 예언을 볼 때 우리는 매우 신중해야 한답니다.
왜 그런지 그 내용도 봅시다.

다니엘 12장은 다니엘서의 마지막 장면을 이야기합니다.
다니엘의 그 환상은 다니엘 10장부터 시작된 것입니다.
그가 이것을 환상(in a vision.)이었다고 분명하게 밝히고 있습니다.
당시에 환상 속에서 자신이 티그리스 강변에 서 있었노라 말합니다.
이렇게 시작된 그의 계시는
11장에 이르면 적그리스도에 대한 예언으로 이어지게 되고

12장에서는 몇 가지 질문과 그 답변으로 다니엘서가 마무리됩니다.
특별히 다니엘 12장 처음 부분에는 적그리스도를 물리치기 위하여
장차 일어날 자가 미카엘(Michael)이라고 듣는 장면도 나옵니다.
성경은 미가엘을 '위대한 왕자(the great prince)'라고 표현합니다.
아마도 우리 주 예수를 의미하는 문구인 듯합니다.
왜냐하면 당시에는 아직
하나님께서 성육신하신다는 의미를 몰랐기 때문이겠지요.
그것도 아니라면 아마 천사 미카엘을 주 예수의 상징처럼 썼을 겁니다.
'수많은 잠자는 자들이 먼지 가운데서 부활한다'라는 예언도 듣습니다.
이런 대화가 마지막 심판을 보여주는 내용입니다.
그리고 다니엘이 천사에게 묻는 내용이 나옵니다.
"이런 놀라운 일들이 모두 성취되기까지 얼마나 오래 걸릴까요?"
(다니엘 12장 6절)
다니엘의 그 질문이 이것이었습니다.
천사가 이 질문에 대답하는 내용을 살펴봅시다.

"The man clothed in linen,
who was above the waters of the river,
lifted his right hand and his left hand toward heaven,
and I heard him swear by him who lives forever,
saying, "It will be for a time, times and half a time.
When the power of the holy people has been finally broken,
all these things will be completed.""
(세마포 옷을 입고 강물 위에 선 사람이
양손을 하늘 쪽을 향하여 들고
영원히 사시는 이를 두고 맹세하여 말하는 소리를 들었더라.

말하기를 '이는, 한 때와 두 때와 반 때이니
거룩한 백성의 권세가 마침내 깨어질 때라
이 모든 일이 그때 완성되리라') (다니엘 12장 7절)
"그 강의 물 위에 세마포를 입고 서 있던 자"〈*계시록에도 같은 장면 나옴〉
물 위의 그 사람은 천사이고, 그 강은 티그리스입니다.
그 천사가 전능하신 이의 이름으로 보증하며 그 기간을 말했잖아요?
그가 전하는 '한 때와 두 때와 반 때'는
삼 년 반의 시간을 월수로 말한 것이고
이것을 다시 일수로 바꾸면 1,260일이 된답니다.
요한계시록의 '교회가 보호받는 기간'과 외견상 일치하지요?
그러나 이 기간을 교회 보호 기간과 같다고만 보면 안 됩니다.
우리는 이런 일에 매우 신중해야 한답니다.
다니엘서 11장의 끝부분이 적그리스도에 관한 내용이었잖아요?
그런 까닭에 다니엘서 12장 처음 부분에는
저 적그리스도를 이길 장수인 미카엘(Michael) 이야기가 나왔잖아요?
그 장수가 다니엘의 민족을 보호하러 일어나리라 하였지요?
이런 일련의 과정에서 본다면
다니엘이 물었던 저 기간〈*언제나 앞에서부터 이어지는 맥락이 중요〉은
적그리스도의 활동으로부터 결국 망하게 되는 그 기간일 수 있습니다.
아니, 오히려 그럴 가능성이 훨씬 더 높습니다.
〈*이 기간을 의미하는 숫자의 의미는 대충만 알아도 된답니다〉
적그리스도가 성도를 드러나게 핍박하도록 허락된 기간이
한때와 두 때와 반 때이거든요.
이 경우 그 기간은 삼 년 반이어야 더 합당해 보이잖아요?
그러나 우리가 여기서 더욱 주목해야 할 내용은 다음과 같습니다.
"거룩한 백성의 권세가 마침내 깨어질 때"

이 말씀은 성도가 반드시 기억해야 하겠습니다.
우리가 굳이 여기 다니엘서를 자세히 읽어 본 이유가 이것이기도 합니다.
성도는 광야 교회에서 철저하게 보호를 받고 있었잖아요?
그러나 마지막 때 적그리스도의 시대가 오면
이 성도의 권세가 마침내 깨어지는 때가 온다고 하고 있지요?
이런 사실을 성도는 알고 대비해야 하겠지요?
"강한 인내"와 "강한 믿음"이 요구되겠잖아요!
그렇다면 이번에는 요한계시록에서 드러나는
성도의 권세가 깨지는 마지막 때의 내용을 봅시다.

"The beast I saw resembled a leopard,
but had feet like those of a bear
and a mouth like that of a lion.
The dragon gave the beast his power
and his throne and great authority.
One of the heads of the beast seemed to have had a fatal wound,
but the fatal wound had been healed.
The whole world was filled with wonder
and followed the beast.
People worshiped the dragon
because he had given authority to the beast,
and they also worshiped the beast and asked,
"Who is like the beast? Who can wage war against it?""
내가 본 그 짐승은 표범의 형상을 하고 있었는데
발의 모양은 곰과 같았고 입은 사자처럼 생겼더라.
용이 그 짐승에게 능력과 그의 왕좌와 큰 권세를 주더라.

짐승의 머리 하나가 치명적인 상처를 입었던 듯 보였는데
그 상처가 치료되었으므로
온 세상이 그를 기이하게 여기어 그 짐승을 따르더라.
용이 짐승에게 권세를 주었으므로
사람들이 짐승을 따랐고 용을 숭배하였는데
서로 묻기를 '누가 짐승과 같은고?'
'누가 그를 상대할 수 있느뇨?'
하면서 짐승도 숭배하더라.) (요한계시록 13장 2~ 4절)
여기의 용은 '사탄'이랍니다.
그리고 머리 하나가 치명적인 상처를 입었다가 나은 짐승이
소위 '적그리스도'랍니다.
마지막 때의 짐승을 잘 살펴보세요.
표범의 형상과 곰의 발 그리고 사자의 이를 가졌지요?
다니엘의 환상에서 보았던 짐승이 합쳐진 모양이지요?
이제 이 짐승의 활동 모습도 봅시다.

"The beast was given a mouth to utter proud words and blasphemies
and to exercise its authority for forty-two months.
It opened its mouth to blaspheme God,
and to slander his name and his dwelling place
and those who live in heaven.
It was given power to wage war against God's holy people
and to conquer them.
And it was given authority over every tribe, people, language and nation.
All inhabitants of the earth will worship the beast—
all whose names have not been written in the Lamb's book of life,

the Lamb who was slain from the creation of the world."
(그 짐승은 교만한 말들과 신성모독을 말할 입을 받았고
42개월 동안 권능을 행할 권한도 받았더라.
그가 입을 열어 하나님을 욕되게 하였고
주의 성호와 주의 처소 및 하늘에 거하는 자들을 비방하더라.
또 그가 하나님의 거룩한 백성을 대적하여 싸우고 이길 권세도 받았으니
모든 족속과 백성과 방언과 나라에 대한 권세라.
땅의 모든 거주민이 그 짐승을 숭배하더라—
이는 어린 양의 생명책에 그 이름이 기록되지 못한 모든 자들로
어린 양은 세상이 창조되던 때부터 죽임을 당한 자이라) (요한계시록 13장 5~8절)
여기서도 그 짐승이 42개월의 권세를 받았다고 명시하지요?
무슨 일을 하나요?
우선 하나님과 하나님께 속한 자들을 비방하지요?
하나님의 거룩한 백성과 싸울 권세도 받았지요?
하물며 성도를 정복할 권세도 받았다고 했지요?
성도에게 부여된 특별한 권세가 깨어질 것을 말하잖아요?
또 이 권세는 모든 나라와 백성과 방언을 통틀어 주어졌다 하지요?
요한계시록 13장은 온통 모두 적그리스도에 대한 예언이랍니다.
따라서 여기의 삼 년 반은 교회의 1,260일과는 다르잖아요?
적그리스도가 세상에 나올 때는 세상의 끝에서 끝에 해당하잖아요?
그러므로 그 기간은 칠 년 환란의 후반부인 삼 년 반이 되겠지요?
그리고 이어지는 구절에서
이런 이유로 '성도에게는 인내'가 필요하다고 분명하게 밝히지요?
이제 우리는 우리의 마지막 내용을 확인하려고 합니다.
'교회 보호의 기간이 끝나는 시점에 관한 말씀'이랍니다.

"Then I heard a voice from heaven say,
"Write this:
Blessed are the dead who die in the Lord from now on."
"Yes," says the Spirit,
"they will rest from their labor, for their deeds will follow them.""
(그러자 나는 하늘로부터 말씀하시는 음성을 들었더라.
"이렇게 기록할지라:
이제 후로 주 안에서 죽은 자들은 복 되도다!"
"그렇도다!" 성령께서 말씀하시더라.
"그들은 그들의 수고를 쉬리니,
그들이 행한 바가 그들을 따를 것이기 때문이라!")
(요한계시록 14장 13절)
이곳 말씀의 초점은 '성령께서 말씀하신다'가 됩니다.
매우 특이한 경우이지요?
성령께서 직접 하시는 말씀이 기록되었으니까요.
이 시기는 짐승의 표인 666을
손이나 이마에 받게 하는 시기 혹은 그 후의 상황에 해당합니다.
대충이라도 어느 시점일지 가늠하기 위하여 해당 부분을 요약해 봅시다.
요한계시록 14장 중후반(천사의 복음 전달)의 내용입니다.
세 천사가 순차적으로 심판의 복음을 큰 소리로 전하는 모습입니다.
첫째 천사는 심판이 가깝다고 복음에 깨어나라고 전합니다.
둘째 천사는 바벨론이 심판을 받아 멸망하였노라 전합니다.
〈*예언의 복음이므로 심판이 초읽기에 임했다는 의미일 겁니다.〉
셋째는 우상에 절하거나 그 표를 받으면 영원한 형벌이 있으리라고 전합니다.
명백하게 666의 시대이거나 그 직전의 상황이겠지요?
그런 후에 오늘 저 말씀이 이어진답니다.

복음 전하던 그 천사가 아닌, 하늘로부터 누군가가 말씀하십니다.
“주 안에서 죽은 자가 복되도다!”
무슨 의미일까요?
순교한 성도를 축복하시며 위로하시는 말씀이겠지요?
동시에 순교 자체가 복되다는 말씀이기도 합니다.
천사들의 전하는 내용은 곧 닥칠 시대를 경고하는 내용이었잖아요?
말하자면 시대 상황을 미리 경고하는 복음의 일종이잖아요?
그러므로 시대가 시대인 만큼 순교를 각오하라는 뜻일 수 있겠잖아요?
성도가 악한 무리에게 져서 짐승의 표를 받으면 안 되니까요.
그때 들리는 하늘 음성이란? 매우 특별한 형태의 전언이지요?
이 전언에 성령께서 직접 대꾸하신 말씀을 기록하였지요?
성령께서는 하늘의 음성에 대하여 보증으로 덧붙이신 것입니다.
“그렇다!”
“그들이 안식하게 되리라!”
죽은 자들이 자신들의 행위에 만족하며 쉬게 될 것이라 보증하시는 내용입니다.
앞에서 선포한 영원히 쉬지 못할 자들과 대비되는 말씀이지요?
육신으로는 죽을지라도 영원한 형벌은 피하라는 뜻이겠잖아요?
〈*이런 지식을 이용하여 타인을 속이면 큰 이단이 됩니다.
여기의 말씀은 자살하라는 뜻이 결단코 아니잖아요?〉
왜 성령께서 직접 이 일을 언급하셨을까요!
교회 시대가 끝나간다는 뜻이 아닐까요?
교회 시대는 성령 하나님의 시대이잖아요.
그 또 다른 증거로 다음 장에서는 포도즙 틀 심판도 나온답니다.
포도를 송두리째 따서(성도 없음) 즙 틀에 밟는 심판의 모습이랍니다.
그러므로 우리는 이 부분 말씀을 이렇게 정의할 수가 있겠습니다.
‘하나님의 교회보호 시대가 끝나가는 것!’

'성령 하나님의 사역 시대가 끝나가는 것!'

이제 드디어 우리의 두 감람나무와 두 촛대 이야기를 해 봅시다.
I was given a reed like a measuring rod and was told,
"Go and measure the temple of God and the altar, with its worshipers.
But exclude the outer court;
do not measure it, because it has been given to the Gentiles.
They will trample on the holy city for 42 months.
And I will appoint my two witnesses,
and they will prophesy for 1,260 days, clothed in sackcloth."
They are "the two olive trees" and the two lampstands,
and "they stand before the Lord of the earth."
(나에게 측량용 갈대를 주며 말하더라.
"가서 하나님의 성전과 제단과 예배자들을 측량하라
그러나 성전 뜰은 제외하라.
이곳은 측량하지 말지니 이는 이를 이방인에게 주었기 때문이라.
그들이 42개월 동안 거룩한 성을 짓밟으리라.
그러나 내가 나의 두 증인을 지명할 것이니
그들이 1,260일 동안 베옷을 입고 예언할 것이라
그들은 '두 감람나무'와 두 촛대이니
그들은 세상의 주 앞에 서 있는 자라.") (요한계시록 11장 1~ 4절)
여기 '성전 뜰(the outer court)'은 성소가 아니랍니다.
성소에는 제사장만 출입하였고
지성소에는 일 년에 한 번 대제사장만 피를 가지고 들어갔지요?
'성전 뜰'은 일반 백성과 이방인에게도 모두 허용된 공간이랍니다.
복음 시대 영적인 성소도 같은 원칙이 적용된다고 보아야겠지요?

영원한 천국에서는 거룩한 성안에 부정한 자가 절대 못 들어가잖아요.
지금 성안 성전의 뜰에 이방인이 들어갔다는 것은
이곳 성전이 아직은 최후 심판 전의 복음 시대 성전임을 의미한답니다.
저곳은 눈에는 안 보여도 이방인도 성전 뜰에 들어간다는 뜻이 됩니다.
그러나 성도는 왕 같은 제사장이므로 성소에까지 들어간답니다.
이런 원칙이 의미하는 것은 성도를 해치려는 이방 무리일지라도
오직 뜰에만 머무르며 성도를 괴롭힐 수도 있다는 뜻이 된답니다.
그리고 그들이 짓밟는 날 수도 정해져 있지요?
42개월, 즉 1,260일 동안만 그렇게 한다는 말씀이군요.
그런데 여기 이 기간을 해석하는 일이 어렵습니다.
앞에서도 보았듯이 666 환란 기간도 1,260일이었잖아요?
그러므로 여기 해석의 핵심은 이 기간을 어떻게 보느냐에 달렸습니다.
1) 전체 교회의 보호 기간으로 본다.
2) 적그리스도의 성도 탄압 기간으로 본다. (휴거가 이미 발생한 경우)

우리는 이 기간을 전체 교회보호 기간이라고 본답니다.
그 이유는 이렇습니다.
만일 적그리스도의 성도 탄압 기간만을 의미하는 것이라면
이는 적그리스도 출현 후의 짧은 기간이어야 합니다.
〈*적그리스도가 핍박하는 기간과 겹치며 활동해야 하므로〉
그 기간에는 가장 기본적으로 성도의 권한이 깨지기 시작하는 기간이죠?
그리고 마지막에는 권한이 모두 깨어진다고 예언하였잖아요?
이 시대의 가장 큰 특징이 얼룩덜룩한 속임의 기간이기도 하였지요?
하물며 적그리스도의 하수인은 우상이 말하게 하는 속임수도 하잖아요?
자칫 하나님께서 싫어하시는 우상숭배로 빠지기 쉬운 시기이겠지요?
그런데 그 시기에 하나님께서 두 명에게만 특별한 능력을 주신다고요?

그들이 원하는 무엇이든지 다 이루어지는 능력을 받는다고요?
하물며 땅에 비가 오랫동안 오지 못하게도 한다고요?
모든 것을 공평하게 처리하시는 하나님의 속성에 잘 맞지 않아 보이지요?
그러나 이 일은 아직 성취되지 않은 미래의 예언이므로
혹시 유대인의 환란을 구제하시려고
특별한 두 사람을 세우실 가능성은 여전히 남겨두어야 합니다.
다만 우리의 판단은 일단 둘째의 경우가 덜 합당하다는 것이랍니다.
〈*만일 이 부분의 예언이 실현되기도 전에 교회와 성도의 휴거(주의 재림) 사건이 있게 된다면 우리의 해석이 틀립니다. 그러나 가능성은 작아 보입니다.〉
첫째의 경우가 맞다고 보는 다른 이유도 있답니다.
짓밟히는 대상을 '거룩한 도시(the holy city)'라고 하였기 때문입니다.
왜 거룩한 도시라고 표현하였을까요?
적그리스도가 성도를 핍박하고 죽일 때는 성소를 더럽힌다고 하였잖아요?
단순히 '도시'라는 표현은 뭔가 긴장감이 떨어지지 않나요?
특히 짓밟는 장소도 성전 뜰로 정확히 지정하고 한정하잖아요?
예전 적그리스도 예표에서 보았듯이 성소를 더럽히게 될 거잖아요?
이런 몇 가지 이유를 근거로 볼 때 저 말씀은
교회 시대 전체에 해당하는 말씀이어야 더 타당해 보입니다.

그렇다면 우리는 이제 이해할 수 있겠지요?
저 둘의 감람나무가 무엇을 의미하는지도 알 수 있겠잖아요?
스가랴 3장과 4장에서 보았던 바로 그 감람나무잖아요?
'여호수아'와 '스룹바벨'을 의미하던 것이
'우리 주 예수 그리스도'를 의미하게 되고
복음 시대에 와서는 우리 '성도'까지를 의미하는 것이었잖아요?
대제사장과 스룹바벨이 하나로 모아져

그 자리에 우리 주께서 자리하게 되고
스룹바벨의 위치에 우리 성도가 자리하게 되는 구조랍니다.
또 때로는 둘 모두가 성도로 보아야 하는 구조이기도 합니다.
〈*교회라는 상징물이므로 둘 다 성도로 보는 것이 더 타당함〉
세상을 섬기기 위하여 기름을 붓는 모습 때문에 그렇습니다.
이들은 동시에 복음을 증거하고 예언하는 일을 하기도 하지요?
이렇게 교회는 성령의 불을 밝혀 세상을 섬기는 거잖아요?
영어로 번역된 문장 두 감람나무("the two olive trees")에는
따옴표("")가 있답니다.
이것은 헬라어 원문에는 없는 것인데
영어 번역자가 스가랴서에서 인용한 것을 알리려고 붙였다고 합니다.
즉 히브리어 원문에 나타난 '감람나무'라는 단어는
실제로 '감람나무'라는 의미의 단어가 사용되었지만
요한계시록의 헬라어 원문은 '두 증인'이라는 용어를
구약 스가랴서의 말씀에 해당할 것이 분명하므로
이를 비유적으로 표현하여 '감람나무'라 번역하였으며
이런 과정을 알리려고 일부러 따옴표("")를 붙였다는 뜻입니다.
이어지는 말씀인 '땅의 주 앞에 서 있는'
이 부분의 표현은 스가랴서나 요한계시록이나 같답니다.
그러니까 두 곳의 문장이 구조상 매우 일치한다는 뜻이 됩니다.
다만 스가랴서에서는 '온 땅의 주를 섬기게 하려고' 하였는데
요한계시록에서는 "땅의 주를 섬기게 하려고'라고 표현된답니다.
유대 땅의 예전 백성만 섬기지 않는다는 의미로
스가랴서는 "온 땅"이라고 강조하여 표현하였던 것입니다.
이 둘의 문장이 같은 내용이 맞지요?
같은 존재를 표시한 예언의 말씀이 맞습니다.

왜 촛대는 두 개일까요?
또 촛대는 무엇을 의미할까요?
성령께서 일하시는 교회를 상징하는 것이라 보아야 합니다.
이런 내용은 요한계시록 앞부분에서 명백하게 나오지요?
성령께서 교회를 상징하는 촛대와 한 몸으로 일하시잖아요?
교회 전체를 상징할 때는 일곱 금촛대가 되겠지만
땅에서 복음을 전하는 교회를 의미할 때는
증거의 의미를 지닌 두 개의 촛대가 더 합당해 보이잖아요?
'두세 증인의 증언으로 확정하게 된다.'
신명기 19장 15절의 말씀은 늘 성경이 말하는 증거의 기준이었지요?
그러므로 교회를 상징하는 촛대도 두 개로 드러나야 했겠잖아요?
성경 말씀에도 서로를 보증하는 쌍이 있잖아요?
주께서도 제자들을 전도하러 보내실 때 둘씩 보냈거든요.
이제 이어지는 말씀도 더 살펴봅시다.

"If anyone tries to harm them,
fire comes from their mouths and devours their enemies.
This is how anyone who wants to harm them must die.
They have power to shut up the heavens
so that it will not rain during the time they are prophesying;
and they have power to turn the waters into blood
and to strike the earth with every kind of plague as often as they want."
(만일 누구든지 그들을 해하려 하면
불이 그들의 입에서 나와 그들의 적을 삼키더라.
이것이 누구든 그들을 해하려는 자가 죽게 되는 방식이라.
그들은 하늘을 닫는 권세를 가졌고

그래서 그들이 예언하는 동안 비가 내리지 못하게 하리라.
또 그들은 물이 피가 되게 하는 권세도 있으며
원하면 몇 번이든지 여러 종류의 재앙으로 땅을 칠 권세도 있더라.) (5~6절)
이것이 바로 교회의 권능 아니겠어요?
어떤 유명한 목사의 집회 예정 시간에 억수 같은 비가 왔답니다.
'제가 주의 뜻을 행하려 말씀을 전하는데 왜 주는 도와주지 않습니까?'
두 손을 들고 간절히 기도했더니
집회 시간에 비가 감쪽같이 멈추더랍니다.
이런 유사한 간증을 교회는 자주 듣잖아요?
교회를 훼방하는 자의 받을 재앙은 많기도 하지요?
하나님께서 교회를 지키시기 때문이잖아요?
우리는 지금 교회의 마지막 모습을 보고자 한답니다.
이어지는 구절을 봅시다.

"Now when they have finished their testimony,
the beast that comes up from the Abyss will attack them,
and overpower and kill them."
(이제 그들이 그들의 증거를 마친 때가 이르면
지옥에서 그 짐승이 올라와 그들을 공격할 것이며
그들을 제압하고 죽일 것이라) (7절)
그들이 누구인가요?
두 감람나무와 두 촛대잖아요?
우선은 그들의 어마어마한 권세를 보았고
이제는 그들이 제압당하고 공격을 받아 죽는 모습이랍니다.
이 모두가 교회를 이야기한 것이잖아요?
여기에 무엇이라고 예언하고 있습니까?

그들을 제압(overpower)한다고 하잖아요?
이런 모습이 교회의 권세가 깨지게 되는 모습을 표현하잖아요?
혹시 저 두 감람나무가 사역하는 시간이 매우 길게 보이지는 않는가요?
같은 사람일까요? 여럿 다른 이들의 일들을 표현했을까요?
그리고 여기 이 말씀에 이르러서 교회는 죽는 지점까지 오지요?
교회는 모두 우리 주 예수 그리스도의 몸이잖아요.
성도는 모두 몸인 교회의 한 부분이잖아요.

"Their bodies will lie in the public square of the great city
—which is figuratively called Sodom and Egypt—
where also their Lord was crucified."
(그들의 몸이 큰 도시의 공공 광장에 누우리니-
비유적으로 소돔 또는 이집트라 불리는 곳이라-
그곳은 또한 그들의 주께서 십자가에 달리신 곳이더라) (요한계시록 11장 8절)
이들 성도는 모두 순교한 자들이겠지요?
주께서 순교한 이 땅에서 순교한 것이 아니겠어요?

"For three and a half days
some from every people, tribe, language and nation
will gaze on their bodies and refuse them burial.
The inhabitants of the earth will gloat over them
and will celebrate by sending each other gifts,
because these two prophets had tormented those who live on the earth."
(삼일과 반나절 동안 각 민족과 족속과 언어와 나라로부터 온 자들이
그들의 죽은 몸을 응시할 것이나 장사하기를 거부하더라.
땅에 거주하는 자들이 그들을 보고 기뻐할 것이니

서로 각각 선물을 보내며 잔치할 것이라
이는 이들 두 선지자가 땅에 사는 자들을 괴롭게 하였음이라)(9~ 10절)
세상을 사는 자들에게 복음은 듣기에 매우 거북한가 보네요.
마치 주께서 십자가에서 돌아가신 후
사탄 무리가 승리에 취하였던 과거 모습과도 같아 보이지요?

"But after the three and a half days
the breath of life from God entered them,
and they stood on their feet,
and terror struck those who saw them.
Then they heard a loud voice from heaven saying to them,
"Come up here."
And they went up to heaven in a cloud, while their enemies looked on."
(그러나 삼일과 반나절이 지난 때
하나님께로 온 생기가 그들에게 들어가더니
그들이 자기 발로 일어섰으므로
이를 바라보던 자들이 공포로 충격을 받을 것이라.
그 후 하늘로부터 그들에게 큰 소리가 들리기를
"이리로 올라오라!"
그러므로 그들이 자기 원수가 보는 목전에서
구름을 타고 하늘로 올라가리라) (요한계시록 11장 11~ 12절)
이 모습은 휴거의 장면이 아닐까요?
우리는 요한계시록 11장의 1,260일을
교회가 보호받는 기간인 1,260일과 동일한 시간으로 해석했습니다.
그 결과 두 촛대와 두 감람나무에 대한 해석이 분명해졌습니다.
이는 스가랴가 환상으로 보았던 바로 그것이었습니다.

'스가랴가 본 것은 상징 상태의 시원적인 교회 모습'
'요한계시록의 그것은 교회의 지상 사역 마지막 장면'
이렇게 해석하면 전체적 의미도 원활해지는 느낌이 들지요?

그러므로 이제 요한계시록 11장의 말씀을
처음부터 차근차근 정리해 봅시다.
먼저 사도 요한에게 측량 자가 주어졌지요?
지시받은 대로 한 성전을 측량하려고 하지요?
'성전의 뜰은 측량하지 말아라.'이 명령이 추가로 더해지지요?
'이방인에게 짓밟히는 기간'이 1,260일이라 하지요?
광야 교회를 보호하시는 기간과 같지요?
예언할 두 감람나무와 두 촛대를 세우시지요?
이들에게 주신 권능과 권세를 말하지요?
때가 되어 그 짐승이 지옥에서 나오게 되지요?
"두 감람나무가 그들의 사명을 마치려는 그 찰나에"
이 부분이 중요하답니다.
두 감람나무가 그들의 사명을 마치려는 즈음에 적그리스도가 오게 되고
그가 이들 두 예언하는 자를 죽이는 것입니다.
이런 절차를 통해 본다면 두 감람나무에 주셨던 특별한 권능은
모두 적그리스도 시대의 이전에 행했다는 사실을 알 수 있지요?
또 동시에 적그리스도에게 허락된 기간과 감람나무 활동 기간이
같을 수 없다는 사실도 확인할 수 있게 됩니다.
우리가 택했던 해석이 옳았다는 사실도 이해할 수 있다는 뜻입니다.

우리의 긴 여정이 드디어 끝났습니다.
금촛대와 그 좌우편에 세워진 감람나무의 이야기입니다.

“힘으로도 능으로도 안 되나 오직 성령의 능력이니라”
“누가 한 날의 작은 일이라고 이를 경멸하겠느냐?”
이렇게 시작된 교회의 일은
적그리스도의 출현으로 인하여 그 마침표를 찍게 되겠군요.
교회가 마지막에 이르렀을 때 성도는 죽기를 두려워 말아야 하겠지요?
“이제 후로는 주 안에서 죽은 자가 복이 있도다!”
성령 하나님께서 직접 하신 이 말씀을 기억합시다.
그러나 마지막의 때가 오기 전까지 성도에게 닥치는 환란은
그저 ‘성전 뜰’에서 짓밟은 이방인의 발길일 뿐임을 기억합시다.
그럴 때마다 성소 안으로 피하여 주의 보호를 받읍시다.
성도가 성숙하는 일이 더딜지라도
한 걸음씩 믿음의 걸음을 확실하게 다져갑시다.

16. 지혜로운 자의 길 I – 예수 그리스도

"See, my servant will act wisely;
he will be raised and lifted up and highly exalted.
just as there were many who were appalled at him—
his appearance was so disfigured beyond that of any human being
and his form marred beyond human likeness—
so he will sprinkle many nations,
and kings will shut their mouths because of him.
For what they were not told, they will see,
and what they have not heard, they will understand."
(보라, 내 종이 지혜롭게 행하리니
그가 부활하여 높이 들리리라.
그의 모습에 소스라치게 놀란 무리가 많았던 것처럼
–그의 외관이 사람이라 믿기 어려울 만큼 상하셨고
그의 형체조차 인간이라 하지 못할 만큼 상하셨으므로–
또한 그가 많은 나라에 (속죄의 피를) 뿌릴 것이므로
왕들조차 그로 인하여 (놀라서) 자기 입을 막을 것이니
이는 그들이 알지 못하던 것을 듣겠고
듣지조차 못했던 일들을 이해하게 되었음이라)
(이사야 52장 13~ 15절)

지혜가 무엇일까요?
성경은 창조주를 알고 그를 경외하는 것이라고 합니다.
어떻게 하면 지혜를 얻을 수 있을까요?

말씀을 묵상하고 기도하면 얻을 수 있겠지요?
"너희 중에 누구든지 지혜가 부족하거든
모든 사람에게 후히 주시고 꾸짖지 아니하시는 하나님께 구하라
그리하면 주시리라" (야고보서 5장 1~5절)
우리도 믿음으로 굳게 서서 주께 지혜를 구해봅시다.

위의 이사야 52장 마지막 부분은
영어의 (just as~~ as~~)라고 하는 상관 구문의 형태입니다.
내용은 (마치 ~~~하는 것처럼) (꼭 그렇게 ~~하다)라는 의미가 되지요.
그러므로 전체의 내용이 이렇게 요약이 되겠네요.
(마치~처럼)(=just as) 주 예수께서 십자가 고난을 받으실 때
그의 지난한 고난을 보고 놀랐던 것처럼
(꼭 그렇게)(=as) 세상의 왕들이 놀라게 될 것인데
그 이유는
1) 고난 후에 여러 나라에 (속죄의 피를) 뿌리셨기 때문 (전 인류 죄 씻기)
2) 그들이 보지 못했던 것들을 보았기 때문 (이전 세상에 없던 것들)
3) 그들이 듣지도 못했던 일들을 이해했기 때문 (이전 세상과 다른 논리)
〈※ 여기 나열한 세 가지는 훗날에 왕들이 놀라게 되는 이유를 나열한 것입니다.
주께서 십자가 고난 받으실 때 놀랐던 이유는
지독한 형벌로 몸이 뭉개질 정도로 훼손되셨던 사실과
인간 이하의 처참한 대접 때문이었지요.〉

한마디로 저 말씀은 온 세상이 창조주의 새 일을 보고
충격적으로 놀란다는 뜻입니다.
그렇다면 훗날 왕들도 크게 놀라서 주를 믿게 되리라는 뜻일까요?
아닙니다.

복음을 믿었다거나 안 믿었다거나 이런 뉘앙스는 없습니다.
다만 이들이 충격을 받을 만큼 놀랐다는 의미만 강하게 전달한답니다.
얼마나 큰 충격이었을까요?
주께서 십자가를 지실 때
외관상 일그러지고 찢긴 모습이 사람의 몸 같아 보이지 않았다고 하지요?
온갖 모욕과 수치로 인격적 존재로 볼 수조차 없었으므로
당시 현장에서 이 모습을 본 사람들의 충격은
가히 말로 표현하기 힘들 지경이었나 봅니다.
왜 그 정도 비참한 지경까지 가야만 했을까요?
배후에 사탄과 그의 추종자가 있었기 때문은 아니었을까요?
악한 영은 사람을 무한으로 더욱 악하게 만들잖아요.

"대제사장들과 장로들이 무리를 권하여 바라바를 달라 하게 하고
예수를 죽이자 하게 하였더니
총독이 대답하여 이르되 둘 중의
누구를 너희에게 놓아 주기를 원하느냐
이르되 바라바로소이다
빌라도가 이르되 그러면 그리스도라 하는 예수를 내가 어떻게 하랴
그들이 다 이르되 십자가에 못 박혀야 하겠나이다
빌라도가 이르되 어찜이냐 무슨 악한 일을 하였느냐
그들이 더욱 소리 질러 이르되 십자가에 못 박혀야 하겠나이다 하는지라
빌라도가 아무 성과도 없이 도리어 민란이 나려는 것을 보고
물을 가져다가 무리 앞에서 손을 씻으며 이르되
이 사람의 피에 대하여 나는 무죄하니 너희가 당하라
백성이 다 대답하여 이르되
그 피를 우리와 우리 자손에게 돌릴지어다 하거늘

이에 바라바는 그들에게 놓아 주고 예수는 채찍질하고
십자가에 못 박히게 넘겨주니라." (마태복음 27장 20~ 26절)
'인류 역사상 가장 악하고 치욕적인 재판'
'인류 역사상 가장 사악하고 어리석은 군중'
그러나 이런 사실을 당시에는 아무도 몰랐던 거겠지요!
왜 그랬을까요?
지혜가 없었기 때문이 아닐까요?
깨어있지 못해서이겠지요?
창조주께서는 사람에게 '자유'를 주셨으나
사람은 그 자유에 대한 '책임'을 져야 한답니다.
"그 피를 우리와 우리 자손에게 돌릴지어다"
어찌 이런 소리가 그들 입에서 함부로 나올 수 있었을까요!

"보라 내 종이 지혜롭게 행하리니
그가 부활하여 높이 들리리라" (이사야 52장 13절)
주께서 지혜롭게 행하신 일 중 하나는 고난 중 함구하셨다는 점입니다.
시시콜콜 시시비비를 가리지 않으셨던 것이지요.
'그가 살아나시고 (he will be raised)'
이는 주의 '부활'을 의미하지요?
'높이 올리시고 (and lifted up)'
이는 주의 '승천'을 의미한답니다.
'지극히 높임을 받으리라 (and highly exalted)'
이는 주의 '숭배' 받으실 것을 예언한 말씀입니다.
히브리서 원문에서도
이 세 가지 각각 다른 의미가 뚜렷이 드러난다고 하는군요.
특히 세 번째 단어에 더욱 주목해 봅시다.

'숭배, 찬양을 받다 (highly exalted)'
히브리어 원문에서도 '극도로'라는 수식어가 '찬양, 숭배'의 의미인 단어와
구별되어 함께 쓰였다고 하는군요.
'가바흐'(숭배하다)라 발음하는 이 히브리어 단어는
꼭 이런 목적으로만 특화되어 사용된다고 합니다.
영어에서조차도 '찬양, 숭배'와 유사한 용어가 많지만
'가바흐'(숭배하다)와 상응하는 단어인 '높이다(exalt)'는
오직 신적 높임이거나 예외적으로도 매우 격식을 차리는 경우에만 사용되며
일상적 의미로는 사용하지 않는다고 합니다.
이사야 52장 끝부분에서는 이처럼 분명하게
우리 주 예수의 고난과 죽으심과 부활 승천 및
높이실 일들이 예언되어 있답니다.
우리 주의 부활, 승천과 숭배의 이 일은 어찌 가능했을까요?
하나님이시지만 자기를 낮추어 종의 형체를 입으셨잖아요?
주는 왕이시지만 왕의 권위를 드러내지 않으셨잖아요?
대제사장이시지만 자신의 특권을 언급하지 않으셨지요?
스스로 전능하시지만, 가만히 보복하지 않으셨잖아요?
자신이 갚아야 할 빚보다 더 지독한 대우를 받으셨지만
아무 말도 하지 않으셨잖아요?
우리는 주의 수치와 고난을 당연하다 여길 수도 있겠지요.
하지만 주는 하나님이시므로
육신의 요구에 맞게 우리 대신 죽으시기만 하면 되셨잖아요?
왜 굳이 그런 지독한 아픔을 당하고 또 참아야 하셨을까요?
그저 추측이기는 하지만 우리가 사는 동안에
더 많은 선물을 얻게 하시려고 굳이 그러셨던 것일까요?
병 고침을 받고

마음의 상처도 치료하고
영혼의 병든 것도 고침을 받게 하시려는 뜻이었을까요?
만일 그렇다면 우리는 이제 당당해져야 합니다.
주의 고난을 감사하고 기념하기 위해서라도
병 고침과 심령의 풍요를 당당하게 요구해야 하겠지요?
더욱 주를 사랑해야 하겠지요?
더욱 원수와 잘 싸워야 이겨야 하겠지요?
더욱 지혜로워져서 늘 깨어있어야 하겠습니다.
“그 피를 우리와 우리 후손에게 돌릴지라”
문득 이런 의문이 들었답니다.
이스라엘 민족과 유대 땅은 그 후에 어떻게 되었을까?
당시 예루살렘에서 주의 행적을 보았던 자들의 훗날을 살펴봅시다.
이전에도 살폈지만, 이번에는 땅의 황폐에 주안점을 두었답니다.

주의 부활 후 잠시는 예루살렘에서도 기독교가 흥행하였답니다.
하지만 곧 유대교와의 갈등이 깊어졌고
기독교는 점차 예루살렘에서 안디옥, 로마, 콘스탄티노플 등으로
그 중심이 이동하게 되었다는군요.
그 결과 때문인지 주의 제자들도
대부분이 이방 지역에서 순교하게 된답니다.
베드로는 로마에서 순교하였고,
빌립은 터키에서,
바돌로매와 도마는 인도,
안드레는 그리스 흑해 연안,
시몬과 다대오(유다)는 페르시아에서 순교하였다고 합니다.
세베대의 아들 야고보와 알패오의 아들 야고보만

예루살렘에서 순교하였답니다.
요한계시록을 쓴 요한 사도를 제외하고
제자들은 모두 순교로 주의 말씀이 진리임을 보증한 것이지요.

예루살렘에 살던 주민들
예수의 십자가 처형을 소리치던 자들과 그의 후손은 어찌 되었을까요?
AD70년에 로마의 티투스 장군이 예루살렘을 함락한답니다.
이때 많은 기독교 공동체나 유대인들이
예루살렘을 떠나 세계 각처로 흩어지게 된답니다.
이번의 흩어짐은 예전의 포로로 잡혀가던 사건과는 매우 다르지요?
왜 그러냐고요?
예전에는 선지자들을 통해 곧바로 회복과 위로의 말씀을 주셨고
장차 복음의 시대가 오면 세계 각처에서 그들을 모으리라 하셨지만
이번의 흩어지는 사건들에서는 위로의 말씀이 없었답니다.
이런 일은 아브라함 이후로 단 한 번도 없었던 유별난 경우잖아요?
지혜의 눈이 있다면 성경의 많은 이야기와 그것이 전해져 온 기적을 생각해 보세요.
환란에 대한 경고와 훗날을 기약하는 회복의 위로가 늘 있었잖아요?
주님이 오실 당시 예루살렘에 거주하던 유대인 수는 약 육십만 명이었으나
로마의 함락 후에는 그 인구의 1% 미만만이 그곳에 거주하였다고 하네요.
다시 약 70년의 세월이 흘러 AD 135년에 코크바의 반란이 일어난답니다.
아이러니하게도 겨우 명맥만 유지하던 유대인들은 그때
'코크바'가 성경에 예언된 오실 메시야라고 믿었다고 하네요.
비록 유대인 집단이라도 거짓 메시아 사건은 이단의 행적이 됩니다.
이 일로 유대 거주민은 대부분이 죽거나 도망하게 되었답니다.
110만 명이 죽었고 약 십만 명이 노예로 끌려갔다는군요.
로마는 코크바 반란을 계기로 도시 이름조차도 '카피톨리아'로 바꾸었고

유대인은 출입조차도 법적으로 금지했다고 합니다.
〈*이 모습은 비록 잠시일지라도 그곳이 이단의 땅이 된 것입니다〉
그 후 예루살렘은 이슬람의 정복을 받아 그들의 지배하에 놓인답니다.
중세 십자군의 정복으로 아주 잠시 예루살렘이 정복되기도 했지만
오스만 제국의 통치는 19세기까지로 이어진답니다.
오스만 당시 예루살렘 거주민 총수가 약 일만 오천 명이었는데
그중 유대인이 약 칠천 명이었다고 하니
예루살렘과 근방 지역이 얼마나 황폐하여졌는지를 짐작하게 하네요.
주 예수 사역 중일 때 인구의 거의 백 분의 일 수준이잖아요?
디아스포라로 흩어진 유대인은
바벨론, 이집트, 시리아, 로마 등을 거쳐
중세에는 스페인, 포르투갈, 독일, 폴란드, 북아프리카 등에서 살았다고 합니다.
그러다가 히틀러의 학살에 직면한 것이랍니다.
아우슈비츠 등 수용소가 위치한 폴란드가 가장 피해가 컸고
프랑스, 벨기에, 네덜란드 등에서도 체포, 이송 등 학살이 있었다네요.
이차대전 후 1948년에 이스라엘은 마침내 자주 국가를 건국하게 되지요?
하나님께서 이들 민족을 끝까지 버리지 않으신 거잖아요?
아직도 구약 율법의 전통을 지키며 사는 단일민족 이스라엘!
그 험난한 탄압과 학살을 견디며 사라지지 않고 국가로 재건된 나라!
이런 일은 이들의 경우가 유일하잖아요?
매우 특별하고 특별한 우주적으로도 신기한 경우잖아요?
하나님께 자기 백성을 고발하던 엘리야에게 주신 말씀도 생각나지요?
"내가 이스라엘에 칠천 명을 남겼노니 모두 바알에게 무릎을 꿇지 않은 자들이니라"
열왕기 상 19장 18절의 말씀이 꼭 이런 의미인 듯싶기도 합니다.
어찌 되었든 이 일은 특별한 하나님의 은혜가 분명해 보입니다.
시오니즘을 외치며 많은 이들이 자기 조상의 땅으로 되돌아갔답니다.

또 1,700년경부터 1,900년 초까지 수많은 유대인이 미국으로도 건너간답니다.
이들은 미국 사회에 적응할 뿐 아니라 각 분야의 선도 역할도 하지요?
현재는 약 700만 명 이상의 유대인이 미국에 거주한다고 하네요.
하지만 이상하게도 예루살렘 성전만큼은 지금도 통곡의 벽으로 막혀있지요?

왜 이들에게 이런 지난한 과정이 있었을까요?
과거 하나님의 백성이었다는 사실이 믿기지 않을 지경이잖아요?
성경이 완성되어 더 이상 말씀이 추가되지 못하므로 추측만 할 뿐이지만
"이 피를 우리와 우리 후손에게 돌릴지라"
이 어리석은 외침 때문은 아니었을까요?
우리 주 예수께서 알려주신 비유를 들어봅시다.
"이제 한 사람이 남았으니 곧 그가 사랑하는 아들이라
최후로 이를 보내며 이르되 내 아들은 존대하리라 하였더니
그 농부들이 서로 말하되 이는 상속자니, 자 죽이자
그러면 그 유산이 우리 것이 되리라 하고
이에 잡아 죽여 포도원 밖에 내던졌느니라
포도원 주인이 어떻게 하겠느냐.
와서 그 농부들을 진멸하고 포도원을 다른 사람들에게 주리라
너희가 성경에 건축자들이 버린 돌이 모퉁이의 머릿돌이 되었나니
이것은 주로 말미암아 된 것이요 우리 눈에 놀랍도다
함을 읽어 보지도 못하였느냐 하시니라." (마가복음 12장 6~ 11절)
이 마가복음 12장의 비유는 주께서 제자들에게 들려주신 이야기지요?
다시 읽어 보아도 놀랍지 않나요?
자신의 장래 일을 어떻게 저렇게 예리한 비유로 말할 수가 있을까요?
포도원의 농부들은 어찌 저렇게 악할 수 있을까요?
배후에서 농부들을 지배하고 조종하는 존재가 보이시나요?

포도원 주인이 농부와 조종자를 구분하여 말하고 있나요?
조종하는 자의 생각이 곧 농부의 생각이지요?
농부와 조종자가 한 덩어리지요?
후계자가 되어 주님의 것을 훔치려는 거잖아요?
악한 말을 함부로 내뱉은 자들은 모두 예루살렘의 거주민이었겠지요?
그들 농부를 진멸한다고 주인이 말했잖아요?
포도원을 다른 이에게 준다고 했잖아요?
그 다른 이가 바로 이방인이 맞을 겁니다.
이런 속 사정을 따지다 보면
저들 악한 예루살렘 거민 때문에
우리 주께서는 지나치게 몹쓸 고난을 더욱 심하게,
더욱 처참하게 당하셨을지도 모른다는 생각조차 든답니다.
오늘 우리가 살펴보는 이사야 52장 마지막 구절, 그 예언의 말씀 속에는
그저 담담한 어조의 몇 마디로 이런 우리 주의 처절한 고난의 아픔을
넌지시 드러내고 있는 것이겠지요?
그리고 우리는 저 예언의 말씀에서
한 가지 현저하게 드러나는 주의 지혜를 보게 됩니다.
온갖 거짓과 온갖 압박과 시련에도
주는 입을 열지 않으셨답니다.
예루살렘 거주민의 아우성에도 묵묵히 인내만 하셨답니다.
포도원 농부들 배후에도 마치 에덴의 사탄처럼
가만히 숨어있는
배후자가 있는 걸까요?

17. 지혜로운 자의 길 Ⅱ – 짐승의 정체

"See, my servant will act wisely;
he will be raised and lifted up and highly exalted.
just as there were many who were appalled at him—
his appearance was so disfigured beyond that of any human being
and his form marred beyond human likeness—
so he will sprinkle many nations,
and kings will shut their mouths because of him.
For what they were not told, they will see,
and what they have not heard, they will understand."
(보라, 내 종이 지혜롭게 행하리니
그가 부활하여 높이 들리리라.
그의 모습에 소스라치게 놀란 무리가 많았던 것처럼
–그의 외관이 사람이라 믿기 어려울 만큼 상하셨고
그의 형체조차 인간이라 하지 못할 만큼 상하셨으므로–
또한 그가 많은 나라에 (속죄의 피를) 뿌릴 것이므로
왕들조차 그로 인하여 (놀라서) 자기 입을 막을 것이니
이는 그들이 알지 못하던 것을 듣겠고
듣지조차 못했던 일들을 이해하게 되었음이라)
(이사야 52장 13~ 15절)

성경의 일들은 대부분 비밀에 속하지요?
태초부터 감추었던 것들인데
세월이 흐르면서 이제 대부분이 드러났잖아요?

창조주의 인류에 대한 구원계획이 그렇잖아요?
아마도 죄가 세상에 들어오면서부터
시간이라고 하는 물줄기
그 흐르는 결의 어딘가에
기이하게 숨겨졌던 비밀의 문이
거기 그 지점에 이르게 되면서 열리나 봅니다.
그러므로 우리 하나님을 '모사'요 '기묘자'라 부르잖아요?
이런 비밀은 허락된 사람만 알게 되는 비밀이잖아요?
성경은 넓게 보면 모두가 예언의 이야기이기도 하잖아요?
또 대부분의 예언은 성취가 된 후에야 이해할 수 있잖아요?
'적그리스도'
'온통 거짓이지만 가장 선한 자로 가장하는 자'
'인류를 파멸로 몰아가려고 인류의 구원자로 가장하는 자'
인류 역사가 다 지나도록 숨겨졌다가
마침내 모습을 드러내는 타락한 천사
속이고 죽이기 위하여 작심하고 덤비는 괴물
어떻겠어요?
지혜로와야 이길 수 있지 않겠어요?
지혜는 언제든지 미리 대비하라 말하잖아요?
미리 대비하는 일이 재난뿐이겠어요?
자기 죽음도 자기 미래도 장래 사회도 미리 알고 대비해야죠?
타락한 천사가 사람의 형상을 입고 나타날 것이므로
잘 분별하지 못한 사람들이 숭배하듯 따를 것이잖아요?
이런 현상을 매우 주의 깊게 살피며 조심해야 하겠지요?
오직 분별력을 갖추어 조심하기 위한 목적으로 미래의 예언을 묵상하잖아요?
따라서 우리는 미래 예언의 완전한 해석과 이해를 추구하지는 말아야 한답니다.

백 프로 옳다고 주장해서도 안 되겠지요?
그 대신에 이러저러한 모습으로 흘러갈 수 있다고만 이야기하여야겠지요?
이럴 경우, 이야기하는 내용이 모두 하나의 예시가 되는 거니까요.
읽는 사람이 이를 마음에 두되
어떤 모습으로 세상이 변해가는지를 비교하며 조심하자는 뜻이랍니다.
예언은 억지로 풀지 말아야 하니까요.
이런 자세를 바탕으로 이제 요한계시록 예언도 살펴봅시다.

"The dragon stood on the shore of the sea.
And I saw a beast coming out of the sea.
It had ten horns and seven heads, with ten crowns on its horns,
and on each head a blasphemous name."
(그 용이 바닷가에 섰더니
내가 보니 하나의 짐승이 바다에서 나오더라.
그것은 일곱 머리와 열 뿔을 가졌는데
뿔마다 왕관이 있어 열 개이더라.
일곱 머리마다는 불경한 이름들이 있더라.) (요한계시록 13장 1절)
여기 나오는 '용(the dragon)'은 '사탄'이지요?
'바다'는 '인간 세상'의 영적 모습일 것입니다.
사탄은 지금 자기 수하가 될 새로운 존재를 바닷가에서 기다리고 있지요?
말하자면 사탄은 자기 몸처럼 부릴 유기체가 될 '짐승'을 기다린답니다.
'용이 바닷가에서 기다리고 있다'
이 표현을 '아주 먼 훗날의 사건'으로만 해석하지 말아야겠지요?
왜냐고요?
종종 이런 환상은 인류 역사를 축약하여 보여주기도 하기 때문이지요.
'짐승'의 출현은 다니엘서에서 잘 제시되고 있답니다.

그가 보았던 환상을 먼저 알아봅시다.
다니엘은 환상 중에 바다에서 올라오는 네 짐승을 보았잖아요?
먼저 사자를 닮았고 천사의 날개를 가진 짐승이 올라오지요?
그의 날개가 꺾이고서 사람처럼 두 발로 선 이 짐승을
'바벨론의 느브갓네살'이라고 해석한답니다.
그가 백성에게 자신을 신으로 숭배하도록 만들었으나
심판을 받아 짐승처럼 변하여 고난을 받은 후 회개하였고
그 후에 사람의 정신이 돌아왔다는 이야기가 그 이유라고 합니다.
두 번째 짐승은 곰처럼 생겼지요?
이는 페르시아 제국이라 해석한답니다.
입에 문 세 갈빗대는
이들이 정복한 리디아와 바벨론 그리고 이집트라 말하는군요.
세 번째 짐승은 표범을 닮았고 날개가 있었지요?
헬라의 알렉산더 대왕이라 해석한답니다.
그는 실제로 날 듯 빠르게 주변을 정복했었잖아요.
네 개의 뿔은 알렉산더 사후에 나뉘는 네 개의 나라를 의미한다네요.
마지막으로 철 이빨과 열 뿔의 짐승이 나오지요?
무시무시한 로마 제국과 그 열 왕을 의미한다네요.

요한도 지금 바닷가에 서 있는 용과
바다에서 나오는 짐승을 보고 있지요?
그는 지금 다니엘이 보던 바로 그 같은 환상을 보는 거겠지요?
다만 다니엘은 보지 못했던 용의 모습도 같이 보고 있군요.
왜 이 둘의 환상을 같은 종류로 취급하느냐고요?
우선은 하나님께서 보여주신 영적 환상이기 때문입니다.
같은 하나님, 전능하신 하나님께서 보여주시는 '짐승'의 존재는

필연 같은 의미를 지니고 있을 듯하잖아요?
다음으로는 그 짐승들의 여러 특징이 같다는 사실입니다.
입이 사자이고 발바닥은 곰이고 피부는 표범이잖아요?
인간 사회도 기술이 발전하면
이전의 기술들이 이후의 기술 속에 녹아있게 되잖아요?
새로운 기술 속에 이전의 기술적 논리가 그대로 작용하고 있답니다.
사도 요한이 본 짐승이 꼭 그런 원리거든요.
그러므로 우리는 저 각각의 다니엘 환상의 짐승이
보다 거시적으로 바라보는 사도 요한의 환상에서는
한 덩어리로 합체된 모습으로 보일 것이 분명하답니다.
실제로 우리 사회 현재의 문명이란
고대 바벨론의 요소와 그리스 헬라의 요소,
로마나 중세의 요소가 혼합된 모습으로 존재하고 있잖아요?
어떤 것은 더욱 두드러지고 어떤 것은 극히 축소된 채 존재한답니다.
그렇다면 저 짐승의 기원은 무엇일까요?
'타락한 천사'일 가능성이 매우 높지요?
그 모습을 볼까요?

Daniel said: "In my vision at night I looked,
and there before me were the four winds of heaven
churning up the great sea." (다니엘 7장 2절)
지금 다니엘은 지중해를 휘젓고 있는 하늘의 네 바람을 보고 있지요?
"하늘의 네 바람"
이 존재가 무엇인지 다니엘은 모릅니다.
아마도 영적 직감으로 '하늘의 네 바람'이라 말했을 가능성이 높다고 봅니다.
하지만 매우 스산하게 소란스러운 공중의 모습과

이에 동조하듯 요동치는 바닷물을 보았던 것이잖아요?
그리고 바람은 천사의 날개와 매우 밀접하게 연결되기도 하지요?
만일 공중의 바람을 통제하던 천사가 타락하여 땅으로 내려왔다면?
다니엘이 보았던 그 스산한 모습과 매우 흡사할 것 같습니다.
지중해에 부는 바람이긴 하지만 실상은
여기 지중해가 상징하는 바는 '세상'을 의미하는 것이겠지요?
비록 지중해 인근의 인류를 지배하러 왔겠지만
훗날에는 전 세계를 지배하는 존재로 바뀌었을 것입니다.
왜 이들의 모습을 우리에게 보여줄까요?
이들은 세상 지배자 그룹의 수장들이라서 그럴 겁니다.
합체한 짐승에게 일곱 개의 머리가 있었잖아요?
그러므로 우리는 일단 저들을 이렇게 정의해 볼 수 있겠습니다.
저 짐승들은 모두 타락한 천사인데
수하에 부하를 많이 거느린 존재이며
세상을 지배할 목적으로 세상으로 나온 것이다.
온통 추측이긴 하지만 매우 가능성이 높아 보입니다.
왜 타락한 천사라 하는 걸까요?
다니엘이 처음 본 짐승의 첫 모습에서
천사의 날개를 보았다는 사실 때문입니다.
미처 천사의 외관을 다 탈피하지 못한 모습이잖아요?
세상에나, 사자가 하늘을 날아다닌다는 상상을 해 보셨나요?
말이나 사슴이라면 이해가 되지만 사자는 아닌 듯합니다.
창조주께서는 모든 짐승에게 적당한 수준의 무기를 주셨잖아요?
날짐승에게는 날카로운 부리와 발톱이 어울리잖아요?
땅 짐승의 사자는 이빨과 발톱과 강한 힘이 무기잖아요?
그에게 굳이 날개까지 주었다면 공평해 보이지 않지요?

또 만일 잔혹하게 물어서 부숴버리는 존재를 상징하려 했다면
오히려 '하이에나'를 상징물로 사용하면 되었겠지요?
동물계에 존재조차 않는 날개 달린 사자가 상징하고자 하는 바는?
더군다나 그 날개가 천사의 날개와 닮았다고 한다면?
하나님의 창조물에는 애초에 없었던 어떤 존재가
훗날 죄악으로 인하여 변형되고 있는 모습을 보여주려 했을 겁니다.
중국의 천계 이야기에서는 심심찮게 나오는 소재이기도 하지요?
그렇다면 나머지 짐승에게서는 왜 날개가 안보였을까요?
시기가 후대에 속하여 시간이 넉넉하므로
충분히 변신할 시간이 있었겠지요?
그러므로 이제 우리는 사도 요한이 본 괴이한 짐승을
다음과 같이 정의할 수 있겠네요.
'세상을 통치하기 위한 강력하고 독특한 지배 체계나 권력 집합체'

이제 요한 사도가 본 그 짐승을 찬찬히 살펴봅시다.
일곱 머리와 열 뿔이 있습니다.
일곱은 완전을 의미하는 숫자지요?
세상을 온전히 장악할 강력한 통치 체제가 형성된 모습이 아닐까요?
그렇다면 열 뿔은?
그동안 많은 신학자나 성경 연구가의 해석 중 유력한 일부를 소개합니다.
'교황청의 교황들' '유럽연합의 열 개국 대통령'
하지만 이런 해석은 매우 편협해 보이지요?
그러므로 우리는 근본부터 다른 방향에서 접근하려고 합니다.
이들 존재에 대한 본질적 성격에 대해 몇 가지를 질문하는 방법입니다.
인간 사회를 지배하려는 죄악의 근원이 저들에게서 비롯하였다면?
그리고 뿔마다 왕관이 있다는 사실에 착안해 본다면?

더구나 그 지배력이 인류 역사를 관통하여 계속되는 무엇이라면?
인류가 살아오면서 가장 갈망하던 것은 무엇?
지배 욕심, 재산 욕심, 성적 욕심, 지적 욕심, 종교 분야, 자기 과시 등
사탄과 인간 사이에서 사고팔 만한 요소의 무엇이지 않을까요?
이들이 세상을 지배하는 데 필요한 강력한 무기일 수 있잖아요?
그 뿔들은 모두 일곱 머리에서 돋아난 것이었잖아요?
어떤 뿔은 하나의 머리에 두 개가 돋아있었을 것입니다.
〈*세상에서 그 분야의 인기가 꽤 지속된다는 뜻이겠네요.〉
그리고 일곱 머리마다 이름이 있다잖아요?
각 머리에 같은 이름을 쓰지는 않았겠지요?
서로가 맡은 영역이나 지배 분야가 다르다는 뜻은 아닐까요?
'하나님의 성호를 모독하는 이름!'
창조주를 무시하는 영역은 모두가
하나님의 성호를 더럽히는 일에 속하잖아요?
범사에 그를 인정하는 것이 주를 영화롭게 하잖아요?

"The beast I saw resembled a leopard,
but had feet like those of a bear
and a mouth like that of a lion.
The dragon gave the beast his power
and his throne and great authority."
(그 짐승은 표범을 닮았는데
다리는 곰과 같고 입은 사자의 입이더라.
용이 이 짐승에게 그의 능력과
그의 왕위와 큰 권세를 주더라) (요한계시록 13장 2절)
요한 사도가 본 환상 속의 짐승은

예전 다니엘이 보던 짐승이 하나로 합체한 듯 보이지요?
우리는 여기서 주의할 점이 있습니다.
다니엘이 보았던 짐승이
당시 이후의 세계사적 흐름을 설명한다는 이유를 근거 삼아
이들이 다니엘 이전의 시대에는 없었다고 말할 수는 없답니다.
이미 세상에서 활동은 하였어도
어느 기점이나 시류에 맞아떨어지면서
갑자기 두각을 나타내는 경우도 많을 테니까요.
그러나 한편으로는 "세계적인 존재감이 확실히 드러나던 시기"가
다니엘의 시대에 본격적으로 개막했는지도 모른답니다.
특히 이전 시대의 세계적 국가인 '이집트'는
가나안 하나님 백성의 출애굽을 계기로
그 나라의 신을 전능자께서 벌하셨다고 기록하였잖아요?
그러므로 어찌 보면 세계적 대규모 체계나 문화는
바벨론의 시대로부터라고 보는 것이 타당하기도 하겠네요.
또는 지역별 소규모 세력권을 형성한 짐승은
세계 곳곳에 다수 존재했을 수도 있겠네요.
이들 각처의 짐승들이 상하관계를 분명히 하여
점차 하나의 거대한 짐승으로 변모해 가지 않았을까요?
어쨌든 요한 사도가 본 짐승은
다니엘이 보던 짐승들이 모두 하나로 합쳐진 듯한 모습이지요?
몸뚱이는 하나로 합체가 되었으나
아직 자기들만의 개성은 여전히 남아있어서
일곱 개의 머리 형태로 존재하는 기이한 모습의 짐승!
그 일곱 머리 중 하나는 사자의 형상이었던 짐승의 것이고
어떤 다른 머리는 예전의 곰이나 표범이었던 짐승의 것이겠지요?

그래서 이들 각각의 머리에 자신들의 불경한 이름을 새겼을 것 같네요.

이제 우리는 저 짐승의 모습을 통해서
적어도 마지막 시대의 시대상을 엿볼 수 있겠지요?
사자의 입과 곰의 발은 모두 죽이기 위한 강력한 무기잖아요?
무엇을 죽이려는 걸까요?
성도가 아니겠어요?
표범과 같은 얼룩은 무엇을 의미할까요?
혼란스럽게 하여 속이려는 것이겠지요?
수많은 지식이 난무하지만 가장 많은 거짓이 같이 섞여 있어서
유혹하여 속게 만들지 않겠어요?
사정이 이러하므로 말세의 성도에게는 분별력이 너무나 중요하답니다.

"One of the heads of the beast seemed to have had a fatal wound,
but the fatal wound had been healed.
The whole world was filled with wonder and followed the beast.
People worshiped the dragon
because he had given authority to the beast,
and they also worshiped the beast and asked,
"Who is like the beast? Who can wage war against it?""
(짐승의 한 머리가 치명적 상처를 입은 듯하더니
그 상처가 낫더라.
온 세계가 경이로움에 사로잡혔으므로 그 짐승을 추종하더라.
사람들이 용을 숭배하였는데
이는 용이 그 짐승에게 권세를 주었기 때문이라
그들이 짐승을 경배하며 서로 묻더라.

"누가 그 짐승과 같으리오, 누가 이를 대적할 수 있으리오")
(요한계시록 13장 3~ 4절)
〈*위의 영어 문장에서 용의 대명사가 그(he)인 이유는?
헬라어에서 용의 성을 남성으로 취급하는 특성이 그대로 영어로 번역됨〉
우리는 여기 이 부분에 주목할 필요가 있겠습니다.
왜냐하면 이 존재가 바로 '적그리스도'니까요.
"치명적 상처를 입었으나 나은 짐승"
이런 사실은 어떻게 세상 사람들에게 알려지게 될까요?
'경이로움에 사로잡혀(was filled with wonder)'
'경이로움, 에싸흐마흐싸이(ἐθαυμάσθη)'
무엇인가를 보았으니까 이런 경이로움에 사로잡힌다는 거잖아요?
이런 경이로움은 우리 주의 이적에서 보이던 그런 현상이라고 합니다.
그런 경우에서나 사용하는 용어라고 하는군요.
적그리스도도 같은 방법으로 온 세상 사람을 사로잡는다는 거잖아요.
어쩌면 미디어의 발전이 이를 가능하게 하겠군요.
그러나 실제 상황에서 저 영적인 현상이 어떻게 드러나게 될지,
또 그 같은 상황을 세계 거주민이 어떻게 이해하게 될 것인지,
이런 모든 세부적 정황은 확증하려 하지 말고
장차 드러날 가능성만 알고 대비하려는 자세가 필요하겠지요.
사람들 사이에서도 이 짐승을 숭배하자는 움직임이 나오겠군요.
"치명적 상처를 입었으나 나은 짐승의 머리!"
이 부분의 해석도 매우 어렵답니다.
아마도 묵시의 말씀 중에 가장 어려운 부분에 속하겠네요.
그러나 저런 내용을 미리 묵상하여 알고 있던 성도라면
장차 현실로 드러나는 경우에서는 쉽게 분별할 수가 있겠잖아요?
온 세상에 널리 드러나는 매우 기이한 현상을 볼 테니까요!

여기에서 우리는 한 가지 가능성을 추측해 볼 수 있겠습니다.
예전에 하나님의 심판을 받았던 세계적 국가와 그 배후의 신이 그것입니다.
만일 그 신이 지하에서 올라온다면
그가 바로 짐승의 저 머리에 해당할 것이며
동시에 그가 장차 드러날 적그리스도가 될 것이기 때문입니다.
"누가 감히 저와 다툴 수 있겠느냐?"
이런 투의 말이 왜 가능할까요?
미래 어느 시점에 사람들이 이구동성으로 저렇게 말할 거잖아요?
무엇을 보았기에 저렇게 말하는 것일까요?
상처의 심각성과 치료된 모습의 신비, 그리고 그 존재에 대한 두려움
이와 같은 영적 현상이 일상생활에서 확연히 드러나기 때문이겠지요?
사람 중에 감히 대적하여 나설만한 존재가 없을 것이라 하잖아요?
사람들의 한결같은 동의를 얻을 만한 기이한 일이 분명하겠지요?

"The beast was given a mouth to utter proud words and blasphemies
and to exercise its authority for forty-two months.
It opened its mouth to blaspheme God,
and to slander his name and his dwelling place
and those who live in heaven."
(그 짐승에게는 자만하는 말을 할 입이 있어서 불경한 말을 했으니
그가 42개월의 권세를 받아 이를 행하더라.
그가 입을 열어 하나님을 모독하였고
그의 이름과 거처와 하늘에 거하는 이들을 비방하더라.) (5~ 6절)
(요한계시록 13장 5~ 6절)
여기의 말씀은 앞에서 보았던 내용입니다.
"세상의 지도자로 선 자가 불경한 말을 쏟아낸다?"

이것이 또 다른 현저한 특징이지요?
우리 주 예수와는 정반대의 모습이지요?
주는 기본적으로 침묵하셨잖아요?
왜 그럴까요?
소위 노이즈 마케팅을 하자는 거겠지요?
사람들의 이목을 끌기 위한 수단이 큰소리치기일 테니까요.
자신을 신으로 숭배하게 하려는 속셈이잖아요?
예전 유대의 암흑기에 북쪽 왕국 에피파네스 왕이 그랬잖아요?
자기를 드러낸 후에 죽일 자를 확정하려는 거잖아요?
성도들의 하나님 섬기는 모습을 극도로 싫어할 테지요?
에피파네스처럼 이들을 없애고자 여러 번 마음에 다짐하겠잖아요?
마침내 어떤 계기로 자기 뜻이 방해를 받으면
성도의 예배를 폐하고 자신을 신으로 높이겠지요?
"42개월의 권세"
1,260일과 같은 기간이지만 실제 역사상에서는 서로 다른 기간이지요?
삼 년 반 동안만 성도를 괴롭히도록 허락된 기간이니까요.
하나님 창조의 원리는 큰 것 안에 무수의 작은 것이 존재하잖아요?
현미경으로 들여다보는 전자의 세계는 우주의 모습과 닮았잖아요?
큰 삼 년 반 안에 작은 삼 년 반이나 삼일 반이 들어가는 것도 같은 원리지요?

"It was given power to wage war against God's holy people
and to conquer them.
And it was given authority
over every tribe, people, language and nation.
All inhabitants of the earth will worship the beast
—all whose names have not been written in the Lamb's book of life,

the Lamb who was slain from the creation of the world."
(그에게 하나님의 거룩한 백성과 전쟁하고
마침내 그들을 정복할 권세가 주어졌더라.
땅의 모든 거주자가 그 짐승을 숭배하리니
–어린 양의 생명책에 그 이름이 기록되지 않은 모든 자라
어린 양은 세상의 창조로부터 죽임을 당한 자라) (요한계시록 13장 7~ 8절)
〈*세상의 창조로부터 죽임을 당한 자 ⇒ 주 예수, 새 예루살렘 완성자〉
"성도와 전쟁하고 정복할 권세가 주어진다!"
우리는 이 부분에 가장 주목해야 하겠네요.
이 말씀의 의미를 분명히 이해하고 대비해야겠군요.
다니엘서에 언급하신 말씀처럼
성도에게 허락하신 수많은 권능이
약해지거나 일부 사라지기 시작한다는 뜻이니까요.
그러므로 장차 반드시 저 말씀대로 이루어질 것이잖아요?
우리 사는 시대가 그 시대와 매우 가깝다고 한다면
성도는 더욱 굳건한 믿음으로 무장하고 있어야 하겠잖아요?
이 일은 주의 오심과 같이 어느 평안하다 하던 날 올 수도 있잖아요?
적그리스도 예표인 에피파네스도 평안히 거주하던 자들을 급습했지요?
지혜로운 성도는 이런 일을 대비하며 준비해야 하겠습니다.

"This calls for patient endurance and faithfulness
on the part of God's people."
(이것이 비로 하나님 백성에게 인내와 믿음이 필요한 까닭이라.)
(요한계시록 13장 10절 후반)
성도에게 가장 큰 믿음의 인내가 요구되는 기간이라고 하지요?
혹시 스가랴서의 예언이 이 부분 예언과도 연관이 있을까요?

그 내용을 살펴봅시다.
"만군의 여호와가 말하노라 칼아 깨어서 내 목자, 내 짝 된 자를 치라
목자를 치면 양이 흩어지려니와 작은 자들 위에는 내가 내 손을 드리우리라
여호와가 말하노라
이 온 땅에서 삼분의 이는 멸망하고 삼분의 일은 거기 남으리니
내가 그 삼분의 일을 불 가운데에 던져
은 같이 연단하며 금 같이 시험할 것이라
그들이 내 이름을 부르리니 내가 들을 것이며
나는 말하기를 이는 내 백성이라 할 것이요
그들은 말하기를 여호와는 내 하나님이시라 하리라" (스가랴 13장 7~ 9절)
"칼아, 깨어서 내 목자를 치라, 양들이 흩어지리라!"
이 말씀은 우리 주께서 수난당하실 때
모든 제자가 도망치게 될 일을 예언하고 있지요?
실제로 그 많은 제자와, 함께 따르던 무리가 다 도망갔잖아요?
주께서는 홀로 그 지난한 고난의 길을 걸으셨잖아요?
그런데 깜짝 놀랄 예언의 말씀이 이어지고 있네요.
유대의 삼분의 이가 멸망을 당할 것이나
〈*유대인의 저 지난한 역사가 이것일까요?〉
나머지 삼분의 일이 연단을 받아 금(순금)과 같이 된다고 하였네요.
이스라엘의 남은 자들 대부분은 아직 주를 영접하지 않았지요?
어쩌면 저 예언의 말씀은 훗날 적그리스도 시대에야
성취될지도 모른다는 염려스러운 생각도 드는군요.
〈*이스라엘 민족이, 속히 우리 주께로 돌아오기를 기도합니다.〉

"Then I saw a second beast, coming out of the earth.
It had two horns like a lamb,

but it spoke like a dragon."
(이번에 나는 두 번째 짐승이 땅으로부터 올라오는 것을 보았는데
이것은 어린양처럼 생긴 두 뿔이 있으나
용처럼 말하더라.) (요한계시록 13장 11절)
"땅에서부터 나오는 짐승"
우리는 '땅에서 나온다'라는 사실에 주목해야 한답니다.
이 작은 차이의 구별이 중요한 해석의 '단초'가 되거든요.
앞의 짐승은 모두 바다에서 나왔다고 했지요?
그러므로 땅에서 나온 이 짐승은
인간 세상에 드러나 보이는 인간 주도적 통치 체제로 보아야 하겠네요.
무엇이 앞의 짐승, 즉 바다에서 나온 것과 다른 것일까요?
앞의 짐승 조직은 주도적으로 세상을 지배하는 권력 구조이므로
그들(사자나 곰 등)의 특성이 땅의 짐승에게서도 그대로 드러나겠지요?
〈*그렇다고 하여 우리 주의 지배하심이 없다는 뜻은 아닙니다.〉
매우 호전적이라던가
종교에 대하여 극도의 편향성을 보인다거나,
또는 비교적 호의적 성향이거나,
다소 철학적 성향이거나 아니면 매우 거짓과 술수가 많은 모습이거나,
이런 원초적 짐승의 모습이 인간의 통치 체계에도 드러난다는 의미랍니다.
세상의 강력한 통치와 문화가 있고 그 시대의 지도자가 있었을지라도
그들 배후에는 바다짐승이 운용하는 체제가 존재하였으리라는 뜻이랍니다.
실제로 바벨론 왕조와 헬라 왕조는 각자 서로의 특징이 있잖아요?
세계적 통치 체제일수록 또 고대의 통치 체제일수록 개성이 뚜렷하잖아요?
그러나 현대에 다가올수록 이런 것들은 혼합된 모습을 띠지요?
사람이 만든 체계이지만 서로가 다른 성향이 보였잖아요?
왜 굳이 둘(바다의 짐승, 땅의 짐승)을 구별하느냐고요?

영적 현상으로 바라본다면 둘 사이를 구별할 필요가 있지 않을까요?
같은 존재이지만 다른 모습으로 구분해 내야 할 필요가 있답니다.

그렇다면 사도 요한이 보았던 양 뿔 짐승을 어떻게 보아야 할까요?
이를 통해 우리는 마지막 시대에 나타날
사회 현상이나 통치 체제를 조금이라도 엿볼 수 있지 않을까요?
땅에서 나온 짐승이 어떤 동물인지를 성경은 밝히지 않습니다.
다만 이 짐승의 뿔이 양처럼 생겼다고만 말합니다.
뿔은 이 짐승의 시대에 세상에 나올 왕을 의미하잖아요?
시대가 많이 발전했으므로
왕이라는 용어보다는 오히려 지도자라는 단어가 어울리겠지요?
외형이 어린양의 뿔처럼 보였으니 선한 존재로 위장한다는 뜻일 것입니다.
어쩌면 그들이 인류의 행복과 번영을 위한다는 취지를 앞세우며
전 인류의 협조를 요구할지도 모른다는 추측을 하게 되는군요.
어쩌면 그리스도를 흉내 내는 형태의 위장술일 수도 있겠군요.
아마도 그는 세상을 충분히 휘어잡아 통제할 만한 수단도 가졌겠지요?
이것도 역시 온통 추측일 뿐이지만
전 세계가 치명적으로 환호하며 따를 어떤 분야의 전문가가 아닐까요?
그 분야가 인류 생명과 직결되어 있을지도 모르지요?
“통제할 수단(방법)과 통제할 대상(목표)을 손에 쥔 지도자”
예를 들자면 모든 존재를 통제할 수 있는
매우 발전하여 특별해진 AI(인공지능) 기술이 그 수단일 수도 있겠지요?
AI를 가능하게 할 어떤 칩과 같은 신물질의 개발도 그렇겠군요.
유전공학의 발전으로 생명을 연장하는 기술일 수도 있겠군요.
이런 기술의 통제를 인간 생명에 적용하면 세계 장악이 가능하겠잖아요?
하나님을 대적하고자 하는 자들이 매우 추구하는 것 중 하나이잖아요?

이들은 전능하신 이의 모습을 모방하려는 존재들이니까요.

“It exercised all the authority of the first beast on its behalf,
and made the earth and its inhabitants worship the first beast,
whose fatal wound had been healed.”
(그 짐승이 이전 짐승의 모든 권한을 사용하여
온 땅과 그 거주민으로 그 첫 번째 짐승을 숭배하게 만들더라.
그는 치명적인 상처가 나았던 바로 그 짐승이라) (12절)
두 번째 양 뿔 짐승은 첫 번째 짐승으로부터 모든 권한을 받는다네요.
〈*여기의 첫 번째 짐승이란 표현은 바다에서 나온 짐승을 의미합니다.
실상은 머리가 상한 짐승을 지칭하지만, 또 한편 그 짐승 전체를 의미하기도 하지요〉
그리고 이 권한을 오직 첫 번째 짐승을 위해 사용한다는군요.
그러나 이 부분에서 우리는 또 주의해야 할 내용이 있군요.
앞의 일곱 머리 짐승 전체를 위해 쓰는 것이 아니라
일곱 짐승 중 하나, 즉 그 머리에 치명적인 상처를 입고 살아난
바로 그 짐승을 위해 모든 권한을 사용한다는 점입니다.
〈*실상은 이들 일곱 머리 짐승이 한 덩어리잖아요?
그러므로 같은 듯 다르게 이야기하게 된답니다.〉
이 부분에 다다르면 우리는 앞의 그 기괴한 짐승이
짐승들의 집합체였다는 사실을 더욱 확신할 수 있겠습니다.
그리고 이들 짐승의 중심인 존재가 바로 적그리스도인 점도 알 것 같네요.
“그것 자신을 위해(on its behalf)”
이 부분의 구문을 헬라어 원문에서 살펴보면
‘에노피온(~~의 앞에서)’이라는 전치사와 함께 사용되었다고 합니다.
전체적으로 ‘그의 앞에서(in its presence)’라는 뜻이 된다고 하네요.
놀랍지요?

둘째 짐승(양뿔)이 바로 첫 번째 짐승(머리가 상했던 짐승)의 앞에서
첫 번째 짐승의 원하는 것들을 그대로 행하고 있다는 뜻이 되네요.
이런 모습은 고대 바벨론이나 헬라 시대와는 매우 다르게
배후 존재에 대한 아바타와 같이 되어서 조종당하고 있는 모습이지요?
다음 절로 이어지는 여러 일들도 이런 상태에서 행해졌다는 뜻입니다.
이들 존재가 무슨 일들을 하는지 다음 내용도 살펴봅시다.

"And it performed great signs,
even causing fire to come down from heaven to the earth
in full view of the people.
Because of the signs it was given power
to perform on behalf of the first beast,
it deceived the inhabitants of the earth.
It ordered them to set up an image in honor of the beast
who was wounded by the sword and yet lived.
The second beast was given power to give breath
to the image of the first beast,
so that the image could speak
and cause all who refused to worship the image to be killed."
(그 짐승은 놀라운 기적들을 행하더라.
심지어 사람들 앞에서 하늘에서 불이 땅으로 떨어지게도 하더라.
그가 첫 번째 짐승을 대신해 행한 이 표적들로 인해, 온 세상의 사람들을 속였고,
칼에 맞아 죽었다가 살아난 그 짐승을 위해 우상을 만들라고 명령하더라.
그리고 그는 그 우상에게 숨을 불어넣어 말하도록 만들었고,
그 우상을 경배하지 않는 자는 모두 죽게 하더라.) (요한계시록 13장 13~ 15절)
우선 하늘에서 불이 땅에 떨어지는 기적을 하는군요.

그러나 이는 마술쇼처럼 속임수라고 하네요.
둘째로 적그리스도를 위한 우상을 만든다고 하는군요.
아마도 바벨론의 느브갓네살이 만들었던 신상과 비슷하겠지요?
다만 예전과는 다르게 이 신상이 말까지 하게 된다는 거로군요.
그만큼 기술이 발전한 것이겠지요?
아니면 배후의 존재와 매우 밀착해진 까닭에
그 배후 짐승의 능력을 빌어서 사용하는 것일 수도 있겠네요.
요한 사도로서는 상상조차 할 수 없는 모습이었겠지요?
이런 일련의 과정,
즉 우상을 세우고 우상에게 말하게 하는 등의 일들이
이제 마지막 남은 하나의 과제를 성취하고자,
전 세계인을 몰아가기 위한 준비 작업 같아 보이지요?
그 최종 목표가 무엇일까요?

"It also forced all people, great and small, rich and poor, free and slave,
to receive a mark on their right hands or on their foreheads,
so that they could not buy or sell unless they had the mark,
which is the name of the beast or the number of its name.
This calls for wisdom.
Let the person who has insight calculate the number of the beast,
for it is the number of a man. That number is 666."
(그는 모든 사람,
즉, 높은 자나 낮은 자, 부유한 자나 가난한 자, 자유인이나 종들까지
모두에게 오른손이나 이마에 표를 받게 하더라.
그 표가 없으면 아무도 물건을 사고팔 수 없었는데,
그 표는 짐승의 이름이거나 그 이름의 숫자더라.

이것은 지혜가 필요한 일이라.
통찰이 있는 자는 그 숫자를 계산해 보라.
그것은 사람을 나타내는 숫자이니, 그 숫자는 666이니라.)
(요한계시록 13장 16~ 18절)
우리가 앞에서 살펴본 대로 저 666의 표를 받은 사람은
결코 다시는 구원에 이르지 못한다고 합니다.
우리는 아직 저 666의 표가 무엇인지 알지 못하지요?
왜 두 번 다시는 구원이 불가한지도 모릅니다.
아마도 영원히 짐승에게 속하게 만드는 어떤 의미가 있을 겁니다.
우리는 이런 이유를 따질 필요가 없습니다.
일점일획도 식언치 않으시는 창조주께서 그렇게 선포하셨기 때문입니다.
이 말씀에 따라 결코 두 번 다시는 구원의 기회가 없을 테니까요.
그러므로 우리는 저 표를 받기까지의 과정을 자세히 살펴보고 있지요?
시대의 변하는 모습과 그때 지도자의 특징을 모두 이해하잖아요?
그러므로 이제는 666의 표가 무엇일지도 생각해 봅시다.
어떤 이는 666의 표를 단순한 영적 상징이라 말하기도 한답니다.
하지만 성경은 분명히 말하고 있습니다!
그 표를 받지 않은 자는 사고팔지 못하는 처지에 이르고
또 죽음에 이르게 만든다고 예언하였습니다!
여기서 말하는 '죽음'은 육체적 죽음을 말하잖아요?
그러므로 이 표는 단순한 영적 상징의 표가 아님이 분명하답니다.
따라서 우리는 준비해야겠지요.
장차 일어나는 현상들을 미리 숙지하여 자세히 알고
때마다 매우 주의하여 살피며 살아야겠군요.
잠들지 않도록 열심히 기도하며 기름을 준비하는 자가 되어야겠군요.

666의 표와 관련하여 참고할 만한 재미있는 사실이 있답니다.
'수비학'이란 영어의 알파벳을 숫자로 대응시켜
어떤 문자나 이름을 숫자로 변형, 표시하는 방식이라고 하네요.
이런 방식이 고대 히브리어에도 있었답니다.
'게마트리아'라 불리는 이 방식은
히브리어 알파벳에 각각 숫자 값을 부여하는
전통의 수비학 체계라고 합니다.
이 방식으로 로마 황제의 이름을 숫자로 바꾸어 보았을 때
"네로 카이사르(Neron Qesar)"가 666이 됩니다.
"짐승의 이름이나 그 이름의 수"(17절 후반)
(the name of the beast or the number of its name)
여기 이 구절에서도 "이름"을 수로 바꾼다고 하였지요?
〈*그러나 여기의 이름은 적그리스도의 이름을 의미합니다.〉
저 말씀의 의미가 수비학에서처럼
이름을 숫자로 바꾸어 보라는 뜻일까요?
우리는 아직은 알 수 없답니다.
컴퓨터의 여섯 단위 체계가 세 덩어리로 합쳐진 모습일 수도 있겠군요.
그냥 예측하며 대비하는 자세가 좋겠지요?
그러나 네로 황제는 적그리스도의 예표가 맞지요?
그는 단지 자기 실수를 덮으려고
기독교인을 무지막지하게 죽였던 자이거든요.
적그리스도를 상징하는 네로 이전의 인물로는
유대 하스몬 왕조를 유발시킨 시리아의 에피파네스도 마찬가지지요?
그러나 그보다 더 이전 시대의 바벨론 느브 갓네사르 왕도 그렇답니다.
"네로 카이사르"와 "느브 갓네사르"
이 둘의 이름이 매우 유사하지 않나요?

이 바벨론의 왕도 자신을 신으로 높이기 위해 신상을 세웠잖아요?
또 같은 성격의 고대 인물로는 "니므롯"이 있답니다.
노아의 증손자인 니므롯(노아-함-구스-니므롯)은
티그리스 강변에 바벨론과 두 성을 건립한 자랍니다.
그는 앗수르의 첫 왕이었지요.
특히 그는 바벨탑을 짓자고 사람들을 선동하며
하나님을 대적하던 장본인이기도 하답니다.
이 사람도 죽은 후에 신격화하였다는 전승이 있다네요.
"니므롯"이라는 이름도 "롯"과 "니므"를 분리해 보면
"니므"가 "느브"나 "네로"와 매우 유사하다는 사실이 눈에 띕니다.
만일 이들 시대의 배후에도 타락한 천사가 있었다고 가정해 본다면
어쩌면 이들 중 어느 한 천사가 바로
과거에 죽을 상처를 입었으나 살아서
다시 돌아온 짐승일 수도 있겠다는 생각도 든답니다.
〈*네로를 제외한 그 밖의 인물들은 그 수의 합이 666이 아닙니다.〉
왜 우리가 사탄보다 더 적그리스도에 주목해야 하는 걸까요?
요한계시록에는 사탄의 비참한 종말을 잘 예언하고 있답니다.
훗날에 적그리스도와 열 왕이
한 마음으로 사탄을 배신하게 되잖아요?
발가벗긴 상태로 그의 살을 먹으며
불로 태운다고 예언되었으니까요.
이제 다시 다니엘서에 예언된 적그리스도의 모습을 살펴봅시다.
이는 성경 예언 중 가장 난해한 부분이기도 합니다.

다니엘 7장과 다니엘 8장은
마치 스가랴 3장과 스가랴 4장이 그랬듯이

서로 밀접하게 연결된 쌍둥이 같은 부분이랍니다.
우선 다니엘이 본 환상의 내용이 같답니다.
다니엘 7장에서 그는 바다에서 나오는 짐승을 보잖아요?
〈*사자 - 곰 - 표범 - 기괴한 동물〉
다니엘 8장에는 땅에서 나오는 짐승을 보지요?
그런데 바다짐승과 땅 짐승이 겹치며 같은 시대를 나타내지요?
숫양은 곰의 시대와 겹치고
숫염소는 표범의 시대와 겹친다는 점이 명백하게 드러나잖아요?
그렇다면 기괴한 동물은 어떤 동물과 겹칠까요?
요한 사도가 보았던 요한계시록의 양 뿔 짐승과 겹치지 않겠어요?
아무튼 다니엘 7장과 8장에서
우리는 적어도 숫양과 숫염소의 환상만큼은
사자나 곰과 같은 시대에 속한다는 사실을 알아냈습니다.

이 두 개의 장이 쌍둥이라 말하는 이유가 또 있습니다.
다니엘서가 구성하고 있는 언어적 변화가 그것입니다.
다니엘서 1장부터 2장 4절 상반부까지는 히브리어로 기록됐답니다.
그리고 2장 5절부터 7장까지는 아람어로 기록되었다고 하네요.
그런데 8장부터 끝까지는 다시 히브리어로 기록하고 있답니다.
아람어는 바벨론과 페르시아 제국에서 사용되던 국제 공용어였답니다.
왜 8장 이후의 기록을 다시 히브리어로 했을까요?
전달할 대상을 자기 민족 히브리인으로 명시하려는 목적이었겠지요?
그 안에는 유대민족에게 닥칠 너무나 크고 중대한 고난의 시기가 예언되었거든요.
자기 민족을 사랑하는 다니엘은 이들에게 경고하고 싶었을 겁니다.
꼭 미리 알고서 준비하기를 간절히 바랐을 겁니다.
이제 성경 예언의 또 다른 난해한 부분을 살펴봅시다.

“While I was thinking about the horns,
there before me was another horn, a little one,
which came up among them;
and three of the first horns were uprooted before it.
This horn had eyes like the eyes of a human being
and a mouth that spoke boastfully.
“As I looked,
“thrones were set in place,
and the Ancient of Days took his seat.””
(내가 그 뿔에 대해 생각하고 있는 동안
한 작은 다른 뿔이 그들 중에서 솟아나더니
앞의 세 개의 뿔이 그 앞에서 뿌리째 뽑혀 흔적도 없더라.
이 뿔은 사람의 눈과 같은 눈이 있었고
허풍스럽게 자화자찬하는 입을 가졌더라.
내가 바라보는 동안 보좌가 놓이고
예로부터 계신 이가 좌정하셨더라.) (다니엘 7장 8~ 9절)
여기의 장면은 다니엘이 적그리스도를 지속적으로 바라보는 모습입니다.
‘환상의 장면 장면을 지속적으로 바라보고 있다!’
이런 사실이 여기 말씀 해석의 핵심이 된답니다.
기괴한 짐승의 열 뿔에서 작은 뿔이 나오고
그 뿔로 인하여 앞의 뿔 세 개가 뿌리째 뽑히는 장면과,
새로 나온 뿔에는 사람의 눈과 입이 있는 모습을 지속 보고 있지요?
그는 지금 바다로부터 나온 짐승의 열 뿔에 대해 보고 있답니다.
그런데 나중에 추가로 나온 뿔에는 다른 뿔과는 다르게
사람의 두 눈과 입이 있다고 하네요.

이 존재가 적그리스도이잖아요?
다른 뿔에서는 없던 사람의 눈과 입이 있다는 것이 이를 말해주지요?
이런 사실에서 우리는 또 두 가지를 더 추론할 수 있겠네요.
하나는 사람의 눈과 입이 있는 뿔이 적그리스도라는 사실과
다른 하나는 나머지 다른 뿔은 적어도 사람은 아니라는 점이지요.
이런 사실이 땅에서 나온 짐승의 뿔과는 확연히 다르지요?
땅에서 나온 짐승의 뿔은 그 자체가 사람 왕을 의미하잖아요?
바다 동물의 뿔은 그 동물의 일부가 맞지만,
사람의 모습으로 나타나지는 않는 다른 무엇이 된다는 뜻이겠잖아요?
다니엘 8장에 나오는 적그리스도의 상징물인 에피파네스도
숫염소의 뿔에서 나왔잖아요?
그렇다면 우리는 요한 사도가 보았던 땅에서 나온 짐승의 두 뿔은
사람 지도자이거나 거짓 선지자로 보아야 맞을 겁니다.

다니엘 7장 9절과 10절에서는
하늘에 세워진 하나님 심판정의 모습을 이야기합니다.
다니엘이 열 뿔과 다른 뿔에 대해 계속 바라보며 생각하던 중에
하늘에 심판대가 세워지고 창조주께서 자리하신 것입니다.
또 아까처럼 계속 눈을 떼지 않고 바라보고 있는 동안에
11절에서는 그 짐승이 심판을 받아 도살되어
불구덩이로 던져집니다.
아래 그 내용을 봅시다.

"Then I continued to watch
because of the boastful words the horn was speaking.
I kept looking until the beast was slain slay

and its body destroyed and thrown into the blazing fire.
(The other beasts had been stripped of their authority,
but were allowed to live for a period of time.)""
(나는 계속하여 바라보았는데
왜냐하면 그 뿔이 말하고 있는 교만한 말들 때문이었더라.
내가 계속 바라보고 있는 동안 그 짐승이 파괴되는데
그의 몸이 부서져서 불구덩이 던져지더라.
다른 짐승들은 그들의 권세가 빼앗겼으나
정해진 기간이 찰 때까지는 살도록 허락되더라.) (다니엘 7장 11~ 12절)
"나는 계속해서 바라보았는데" "내가 계속 바라보고 있는 동안"
여기에도 두 번 반복하여 계속 바라본다는 사실을 강조하지요?
그가 바라보고 있는 동안 네 짐승이 올라왔고
그가 바라보고 있는 동안 적그리스도가 드러났고
그가 바라보고 있는 동안 하늘에 심판정이 세워졌고
그가 바라보고 있는 동안 그 적그리스도가 심판을 받았고
그가 여전히 바라보고 있는 동안 '주 예수의 승천'을 본답니다.
여기 진행되는 모습의 기록에서도 시간의 흐름이 보이지요?
〈*네 짐승의 출현과 적그리스도의 출현 등의 막간에는 긴 시간이 흐를 수 있음을 주의〉
우리가 알고자 하는 핵심은 이것입니다.
과연 하늘의 심판은 주 예수의 승천 시기보다 이른가 늦은가?
순서나 흐름으로 볼 때 이전이 맞지만 여기 오류는 없는가?
이것을 알아보려는 노력이랍니다.
주 예수 승천의 내용이 다음에 이어지는 13절에 나옵니다.

"In my vision at night I looked,
and there before me was one like a son of man,

coming with the clouds of heaven.
He approached the Ancient of Days and was led into his presence."
(내가 보고 있던 밤의 환상 중 인자 같은 한 사람이
하늘 구름을 타고 오는 것을 보았더라.
그가 예부터 계신 이에게로 다가와 그의 앞으로 인도되더라.)
(다니엘 7장 13절)
"밤의 환상 중에 ~~을 보았다(In my vision at night I looked)"
이 문장의 동사 보았다(looked)가 영어에서는 과거형으로 쓰였지만
아람어 원문에서는 진행의 개념이라고 합니다.
즉 이 문장도 앞에서 반복하던 "내가 바라보는 중에"라는 의미지요.
또 "밤의 환상"이란 구절(내용, 단어)도 앞의 환상과 같은 환상이라고 합니다.
다니엘은 지금까지 연속되는 환상을 순서대로 보고 기록한 것입니다.
우리는 이런 과정에서 시간의 흐름을 느낄 수 있습니다.
그렇다면 구름 타고 오시는 저 주님의 모습은 부활 사건일까?
성삼위 하나님께서는 늘 한 몸이셨으므로
잠시 분리되었다가 다시 합쳐지는 듯한 저 모습은 부활이 맞을 겁니다.
그러므로 적어도 저 하늘 심판의 사건은
우리 주의 부활 사건보다 이전에 일어난 사건이 된다는 결론입니다.
〈*그렇지 않을 가능성이 없지는 않지만 거의 맞을 듯합니다〉
또 이것을 다시 말하자면 적그리스도를 불 못에 던진 일인
요한계시록의 최후 심판과는 다르다는 뜻이 됩니다.
그렇다면 요한계시록에 나오는 짐승의 최후 모습도 살펴봅시다.

"But the beast was captured, and with it the false prophet
who had performed the signs on its behalf.
With these signs he had deluded those

who had received the mark of the beast and worshiped its image.
The two of them were thrown alive into the fiery lake of burning sulfur."
(그러나 그 짐승과 그 거짓 선지자가 붙잡혔는데
거짓 선지자는 짐승을 위해 이적을 조작하던 자더라.
이런 이적을 통해 짐승의 표를 받게 하고
그 우상을 숭배하게 하였더라.
이 둘 모두가 산채로 끓는 유황불 못에 던져지더라.) (요한계시록 19장 20절)
666표를 받게 만든 거짓 선지자가 그 짐승과 함께 심판받지요?
여기 심판에서는 이들 둘을 유황불 못에 던지잖아요?
저 유황불 못은 앞의 경우와 다르게 영원한 형벌의 지옥 불 못입니다.
사탄은 천년 후에야 저곳으로 던져지게 된답니다.
그러므로 우리는 매우 확신을 갖고 알 수 있게 되었습니다.
다니엘서 7장의 심판은 주 예수의 승천하기 전에 있었던 사건이고
그때 적그리스도는 영원한 지옥 불 못이 아닌
다른 불구덩이에 던져졌다는 사실입니다.
〈*저 장면은 적그리스도의 상징이 되는 인간을 심판하는 모습이 아닙니다〉
"림네 투 퓌레스(λίμνη τοῦ πυρός)"
'영원한 불 못'이라는 뜻이랍니다.
요한계시록의 심판에 사용된 헬라어 단어입니다.
다니엘서의 심판은 단어의 뜻이나 그 내용상으로도 저것과 다르답니다.
그렇다면 이와 유사한 다른 감옥이 성경에 또 나올까요?
요한계시록 20장 1~ 3절에 천 년(후천년)간 갇히는 사탄이 나오지요?
무저갱이라는 의미 헬라어 '어뷰소스(ἄβυσσος)'라는 단어가 사용됐답니다.
'끝이 없는 깊은 곳', '바닥이 없는 구덩이'라는 의미라고 하네요.
사탄이 갇히게 될 이 무저갱 말고도 또 다른 감옥도 있답니다.
헬라어 타르타로스(ταρταρόω)라는 단어가 있는데

베드로후서 2장 4절에서만 나오는 단어라고 하네요.
이 외에 유다서에도 천사들의 심판 언급이 있습니다.
"또 자기 지위를 지키지 아니하고 자기 처소를 떠난 천사들을
큰 날의 심판까지 영원한 결박으로 흑암에 가두셨으며" (유다서 1장 6절)
여기의 흑암은 무저갱에 가까운 뜻이라는군요.
비록 사용된 히브리어 단어는 달라도 비슷한 영적 감옥으로 보이지요?
분명한 것은 이들은 모두 영원한 불 못과는 다르다는 점입니다.
"림네 투 퓌레스(λίμνη τοῦ πυρός)"
최후 심판으로 들어가는 영원한 불 못은 늘 이 단어가 쓰인답니다.
그러므로 과거에 심판받아 갇힌 어떤 짐승이
하나님의 정하신 뜻을 이루기 위하여 장래의 어느 시점에
갇혔던 곳으로부터 나올 수도 있는 것이로군요?
그렇다면 적그리스도는 언제 어디에서 나오는 걸까요?
그 모습도 살펴봅시다.

"Now when they have finished their testimony,
the beast that comes up from the Abyss will attack them,
and overpower and kill them."
(이제 그들이 증거를 마칠 때쯤에
무저갱에서 나온 그 짐승이 그들을 공격할 것이며
그들을 제압하여 죽일 것이라) (요한계시록 11장 7절)
"The beast, which you saw, once was, now is not,
and yet will come up out of the Abyss and go to its destruction."
(네가 보았던 한때는 있었으나 지금은 없는 그 짐승은
무저갱으로부터 나올 터이지만 파멸로 나아갈 것이니라)
(요한계시록 17장 8절)

"무저갱으로부터 나오는 그 짐승"
"교회가 증거를 마칠 때쯤에 나오는 짐승"
이 짐승이 적그리스도입니다.
그는 예전에는 있었으나 지금은 없으며
장차 무저갱에서 올라온다고 하는군요.
그러니까 요한계시록의 여러 심판이 무르익을 무렵에
비로소 세상으로 나오는가 봅니다.
그래서 그의 기간이 비교적 짧다(다니엘서 등)고 하는 모양입니다.

이제 성경 예언 중 가장 어려운 한 가지만 남았습니다.
짐승의 일곱 머리가 그것입니다.

"This calls for a mind with wisdom.
The seven heads are seven hills on which the woman sits.
They are also seven kings.
Five have fallen, one is, the other has not yet come;
but when he does come, he must remain for only a little while.
The beast who once was, and now is not, is an eighth king.
He belongs to the seven and is going to his destruction."
(이것은 지혜로운 마음을 요구하는 바라.
저 일곱 머리는 여자가 앉아 있는 일곱 개의 봉오리요, 일곱 왕이라.
다섯은 스러졌고 하나는 존재하며 나머지는 아직 이르지 않았노라.
그러나 그가 오게 되면 아주 잠시만 머물 것이니라.
과거에 있다가 지금은 없으나 장차 올 그 짐승은 여덟째 왕이라.
그가 그 일곱에 속한 자이나 머잖아 파멸로 나아가리라.)
(요한계시록 17장 9~ 11절)

여기의 말씀은 해석하기가 매우 어렵습니다.
지금 천사가 요한 사도에게 짐승을 설명하는 장면입니다.
이 말씀의 바로 앞 절에는 적그리스도인 짐승에 대해 말합니다.
그는 성도가 아닌 모든 사람이 짐승을 보고 경악하리라 말합니다.
하물며 요한 사도도 그 모습에 경악하였답니다.
그런 까닭에 이 일에 지혜가 필요하다고도 말씀하고 있지요? (9절)
과연 그 존재가 무엇일까?
이것이 가장 어려운 부분이 되겠지요?

인류 역사에는 수많은 여러 문명이 있었습니다.
그런데 이들 문명에도 공통점이 있습니다.
무엇보다도 각 문명에 작동하던 통치 체제를 살펴보았습니다.
바다 동물은 인간 세계를 지배하려는 존재니까요.
천사가 이 존재를 설명하면서 이미 세상에 존재했다고 했으니까요.
그래서 창조주를 대항하고자 하는 가장 치명적 형태부터 나열했습니다.
그중에 가장 적그리스도와 닮은 문명이
"우두머리 지배자에 대한 신격화"였습니다.
수메르가 그랬습니다.
이집트가 그랬습니다.
구바벨로니아와 신바벨로니아가 그랬습니다.
다음으로 치명적 형태가 황제 체제(제도)입니다.
이런 형태의 체제는 중국이나 인도 등 매우 긴 역사를 유지합니다.
다음으로 유력한 체제는 전체주의입니다.
파시즘이나 나치즘 그리고 매우 빈약한 형태의 사회주의도 있습니다.
매우 이상적으로 보이지만 거짓으로 가득한 형태가
공산주의 체제입니다.

이는 자본주의에 반대하여 생겼으나 실상은 전혀 평등하지 못하지요.
그런 면에서 다양한 종교 집단이나 이단사상도 이와 비슷합니다.
유토피아를 이야기하지만, 실상은 자기 자신들도 잘 알지 못한답니다.
실상 우두머리 실권자를 중심으로 잘 조직된 권력 구조일 뿐이지요.
마지막으로 자유민주주의와 자본사회입니다.
이 둘은 하나일 수도 있고 서로 다른 두 개일 수도 있겠습니다.
그리스에서 태동하여 르네상스의 인본주의에 뿌리를 두었습니다.
사람의 가치를 창조주보다 높게 두었다는 점이 문제가 됩니다.
자본주의는 자본의 집중과 빈부격차로 인하여 계층구조가 형성됩니다.
고대에도 상업자본은 있었지만, 세계적 규모의 집중화는 아닙니다.
이런 이유로 과거에는 없는 듯 새로 생긴 체제로 여길 수도 있답니다.

인류의 문명과 체제가 대략 이렇습니다.
요한 사도가 저 환상을 볼 때
세계는 여전히 제국주의 사회였습니다.
오늘날의 사회는 자본이 곧 힘이요 지배원리가 되는
자본주의 사회입니다.
자본의 힘이 황제의 힘을 대신한다고 해도 이상하지 않지요?
그만큼 자본이 가지는 힘은 의외로 막강하답니다.
다만 이 힘을 가진 자가 다른 이유로 제약을 받을 뿐입니다.
그렇다면 이제 우리 생각이 옳다는 가정에서 생각해 봅시다.
"지금은 없으나 장차 있게 될 짐승"
즉 바다짐승의 일곱 번째 머리는 무엇일까요?
로마 시대에는 없었으나 그 후 세상에 현저하게 등장하게 될 체제는?
'자본주의' '민주주의' '전체주의'
이 중의 어느 하나일까요?

민주주의는 그리스 문화에서 태동하여 로마에도 있었습니다.
전체주의는 황제 시대에 중앙집권적 체제가 매우 중요했습니다.
많은 황제가 자기 나라의 중앙집권체제를 세우기 위해 노력했잖아요?
비록 온전한 전체주의는 아니지만 황제와 이것이 합쳐진 모습이지요?
공산주의나 이단 종교도 메디나에서 페르시아, 이란으로 이어지는
여러 문화의 융합 과정에서 충분히 혼합되어 존재한답니다.
이런 까닭에 "지금은 없으나 장차 있게 될 짐승"은
'자본주의 체제'를 의미할 수도 있겠다는 생각이 든답니다.
돈의 힘이 막강해져서 세계를 휘어잡을 수준의 권력이 된다면?
충분히 가능성은 있습니다.
그러나 지금까지도 없는 무슨 형태의 권력체제가
장래에 잠시 전 세계를 지배하는 모습으로 나타날 수도 있겠지요?
짐승의 머리를 설명하던 천사가 사도 요한에게 분명히 말하기를
마지막으로 나타날 짐승은 그 '시대가 짧을 것'이라 하였지요?
그 내용도 봅시다.

"Five have fallen, one is, the other has not yet come;
but when he does come, he must remain for only a little while."
(다섯은 무너졌고 하나는 있으며 다른 하나는 아직 이르지 않았노라.
그러나 그가 올 것이나 그는 잠시만 머물 것이라) (요한계시록 17장 10절)
이 말씀에 비춰볼 때 '자본주의'는 아닌 듯하지요?
일반적 상식으로 생각하더라도 자본주의는 역사가 긴 체제에 속하잖아요?
왜 그 기간이 짧을까요?
적그리스도가 나오게 되면
신속하게 자기를 중심으로 한 절대 통치로 갈 것이잖아요?
그러므로 우리가 경험하지 못했던 어떤 사회체제가

잠시 등장할 수도 있겠다는 생각이 더 옳아 보입니다.
이제 적그리스도의 등장을 의미하는 체제의 설명도 봅시다.
"전에 있었으나 지금은 없으며 장래에 나타날 체제"
이런 체제가 적그리스도 시대의 통치 모습이잖아요?
이것은 무엇을 의미하는 걸까요?
'하나의 최고 지도자에게로 모든 권력이 집중되는 체제'
'그 최고 지도자에게 숭배와 복종이 이루어지는 체제'
'그리고 그에게 신적 지위를 부여하려는 체제'
바로 그 고대적 우상의 체제가 아닐까요?
그 모습은 성경에 드러나는 적그리스도 사회의 모습과 일치하지요?
적그리스도는 인간의 모습을 입겠지만
대부분의 일은 그의 아바타인 거짓 선지자가 할 것입니다.
그리고 아주 묘하게도 이런 사회의 모습은
고대 로마의 모습과 많이 닮았을 것입니다.
비록 헬라 문명에서 태동하였지만
로마 초기엔 민주주의적 원로원과 민회, 공화정 헌법 등이 있었잖아요?
하지만 점차 힘을 잃고 신격화된 황제의 수발자로 전락하지요?
그러므로 이런 권력 형태가 앞의 체계와 매우 달라서
기묘하면서도 잔인하게 사람을 죽이는 짐승의 모습으로 보였겠지요?
로마 후기에 그 지역에서 열 개의 나라가 민족을 중심으로 독립하여
국가가 되지만 그중 세 개는 종교적 이유로 소멸이 되잖아요?
이때 등장한 한 작은 나라가 바티칸 공화국이었답니다.
바티칸은 신성로마제국의 황제와 손잡고 저 세 나라를 멸망시킵니다.
이런 일들은 모두 예표일 뿐이므로
장차 나타날 새로운 형태의 지배체제에서도
이와 유사한 모습의 현상이 일어나지 않을까요?

한 작은 뿔이 나오면서
앞의 열 뿔 중 세 뿔이 뿌리까지 뽑힌다고 했잖아요?
그런 예를 찾아볼까요?
만일 극도로 발전한 인공지능의 시대가 온다면?
헬라의 민주주의(통계학이나 철학, 법률학 등 포함),
이단 종교(공산주의), 그리고 제국주의 체제는
흔적도 없이 사라지게 될 것입니다.
과학적 통제와 신격화 숭배의 사회에서는 불필요한 것들이지요.

"시온산"
우리 주께서 성도와 함께 서게 될 상징적인 산입니다.
"큰 산아 네가 무엇이냐 네가 스룹바벨 앞에서 평지가 되리라"
여기의 "산"도 어떤 권력 체계를 의미할 겁니다.
세상에 존재하면서 성도에게는 장애물과 같은 존재이지요.
성경에 나오는 여럿의 산들이 이런 상징적 의미를 지닌답니다.
"오라 우리가 여호와의 산에 오르며 야곱의 하나님의 전에 이르자
그가 그의 길을 우리에게 가르치실 것이라
우리가 그 길로 행하리라 하리니" (이사야 2장 3절 중반)
"여호와의 산"
하나님께서 세상에 세우신 크고 높은 구원의 산이잖아요?
구원으로 가는 하나의 거대한 체제이잖아요?
천사는 짐승의 머리를 설명하면서
여자, 즉 사탄이 앉을 언덕(hill)이라고 하였잖아요?
영어의 언덕(hill)은 나지막한 산이기도 하잖아요?
이런 말씀을 견주어 생각해 보면 짐승의 일곱 머리는
짐승이 세상을 다스리기 위한 지배체제가 맞을 것 같지요?

짐승과 그 일곱 머리에 대하여 추측을 해 보았습니다.
그런데 왜 사도 요한은 짐승의 모습을 보고 경악했을까요?
만일 그 모습이 우리가 익히 알고 얘기한 통치 체제라면
그리 경악할 일이 아니잖아요?
천사가 굳이 모든 구원 받지 못한 자마다 경악하리라 말할 이유가 있을까요?
여기에 대한 해답은 두 가지로 나뉩니다.
[첫째는 우리가 예상했던 앞의 추론이 모두 틀렸을 것이다.
둘째는 우리의 추론이 맞더라도 경악할 가능성은 있다.
그렇다면 이 둘째의 경우로 사람들이 놀라게 되는 이유는?
1) 사도 요한은 그 일곱 머리가 달린 동물의 실체를 본 것이다.
사자나 곰 표범 등의 모습은 단지 영적, 상징적 모습일 뿐이다.
이 영물의 실제 모습은 이보다 훨씬 소름 끼칠 만큼 흉측할 것이다.
특히 피부 등의 외형이 부패가 심해서 심각한 악취가 날 것이다.
왜냐하면 죄악은 영체를 육체로 변형시킬 뿐 아니라 긴 세월 때문이다.
2) 사람들의 통치 체제를 의미하는 양이나 염소도 그저 영적인 상징이다.
헬라의 염소도 그 몸 각 부분은 지배계층을 의미하고
그 머리의 뿔은 지배계층을 통솔하는 알렉산더를 의미하게 된다.
이런 권력체제가 땅을 공격하여 정벌하는 모습을 염소로 보여준다.
다만 사도 요한이 본 짐승 중에는 이들 염소와 양의 모습은 없었다.]
이렇게 이해할 수가 있겠습니다.
그렇다면 헬라의 알렉산더 대왕은 마지막 양 뿔의 선지자처럼
배경 바다짐승에게 아바타였을까요?
아닐 겁니다.
마치 주 예수의 심판정에 섰던 예루살렘 거주민처럼
미처 알지도 못하는 사이에 악한 존재의 영향력에 들어가서

군중을 사로잡아 몰아치는 힘에 휩쓸렸을 것입니다.
왜냐고요?
짐승과 용이 그동안 지배를 위한 많은 기교를 고안했겠지요?
특히 사탄은 마법이나 마술 같은 방법도 썼을 것입니다.
그러나 세상 끝 날에는 사탄보다 더 공격적인 존재가 일어나
극단적인 창조주 대적 행위에 몰두하게 될 가능성이 있습니다.
이런 차이가 지도자 간 분열로 번졌을지도 모릅니다.
그러나 우리는 아직도 추측에서 비롯한 부분이 많습니다.
예언된 묵시가 아직 성취되지 않았기 때문입니다.
그러므로 더욱 지혜로운 자로 남기 위해서
더 나은 해석을 위한 공간도 남겨두시길 바랍니다.
벌써 날이 어두워지고 있습니다.
성도가 교회에서 듣는 복음의 색깔도 변하려나 봅니다.
이런 의미를 지닌 아래 천사의 경고도 들어봅시다.
우리는 이미 요약한 내용을 보았으나 빠르게 재확인합시다.

"A second angel followed and said,
"'Fallen! Fallen is Babylon the Great,'
which made all the nations drink the maddening wine of her adulteries.""
(두 번째 천사가 뒤따르며 말하더라.
무너졌도다! 큰 성 바벨론이 무너졌도다!
음행의 포도주로 온 나라가 마시어 광란하게 하던 자로다.)
(요한계시록 14장 8절 전반)
첫 번째 천사는 순수한 복음을 외쳤지요? (요한계시록 14장 6~ 7절)
이어서 두 번째로 공중에 나는 천사는 '바벨론의 멸망'을 전하고 있지요?
성도에 대한 경고잖아요?

바벨론과 함께 멸망하지 말라는 의미인 것입니다.
왜 복음의 내용이 변했을까요?
시대가 666 때에 가깝다는 의미겠지요?

"A third angel followed them and said in a loud voice:
"If anyone worships the beast and its image
and receives its mark on their forehead or on their hand,
they, too, will drink the wine of God's fury,
which has been poured full strength into the cup of his wrath.""
(셋째 천사가 그들을 따라오며 큰 소리로 외치더라.
'누구든지 그 짐승과 그 형상에 경배하고,
이마나 손에 그 표식을 받는 자는
그도 역시 하나님 진노의 포도주를 마시게 될 것이라.
감함이 없이 가득 부어 주어지는,
하나님 진노의 잔이리라.') (요한계시록 14장 9~ 10절)
그 짐승의 666표를 받지도
그 형상에게 절하지도 말라는 경고지요?
천사가 외치는 때가 어느 시대일 것 같나요?
이미 666 시대가 되었다는 뜻이잖아요?
이어지는 말씀에는 하나님 진노의 형벌이
영원토록 이어질 것이라고 전합니다.

"This calls for patient endurance
on the part of the people of God who keep his commands
and remain faithful to Jesus."
(그의 명령을 지키는 하나님 백성에게

인내로 견디는 것과
예수께로 향한 믿음을 신실하게 지켜야 하는 필요가
바로 이것이라) (요한계시록 14장 12절)
"절대 예외가 없는 형벌"
"절대 되돌릴 수 없는 형벌"
"영원히 계속될 형벌"
마지막 시대 적그리스도와의 전쟁의 성격이지요?
지혜로운 자라야 이 시기를 대비할 수 있겠지요?
주께서 걸어가신 지혜로운 길을
성도인 우리도 따라가야 하겠습니다.

18. 그리스도의 일생

이사야 53장은 우리 주 예수 그리스도의 일생을 예언하고 있습니다.
여기에서는 절 단위 영문 번역을 중심으로 살펴보려고 합니다.
왜냐하면 우리 주께 대한 예언이 집중된 부분이므로
읽기만 하여도 충분할 만큼 심령에 깊은 울림을 준답니다.
또 이해하기 쉬우므로 크게 설명을 요구하지도 않습니다.
매 절마다 간략한 감상만 더했습니다.

"Who has believed our message
and to whom has the arm of the Lord been revealed?"
(우리가 전한 바를 누가 믿었느뇨
하나님의 거룩하신 팔이 누구에게 나타났느뇨?)(이사야 53장 1절)
여기도 우리 주 예수의 성육신을
'하나님의 거룩하신 팔(the arm of the Lord)'로 표현했지요?
그 거룩하신 팔이 누구에게 나타났느냐고 묻는군요.
누가 주를 믿었는지 질문하는 것이잖아요?
이사야서 50장에서는 옳음을 찾는 자가 의를 얻게 되리라 예언했지요?
예수 믿는 성도들을 대상으로 조사해 보면 차이가 드러나겠군요?
보나 마나 매우 유의미한 결과가 나올 것입니다.
창조주의 예언하신 말씀대로 되었을 것이 분명하니까요.
믿음에 관한 에피소드가 이사야 7장에 나옵니다.
유다 왕 아하스는 아람 왕과 이스라엘 연합군의 침입을 두려워하여
선지자 이사야를 찾습니다.
"연기 나는 두 부지깽이 그루터기에 불과하니 두려워 말며 낙심치 말라"(4절)

이사야를 통해 염려하지 말고 믿기만 하라고 하셨습니다.
또 그의 믿음을 세워주시려고 그에게 징조를 구하라고도 하셨습니다.
그러나 왕 아하스는 달랐습니다.
“어찌 하나님을 귀찮게 하리오”
자신을 짐짓 덕 있는 자처럼 포장한 왕의 대답이었습니다.
“믿지 않으면 굳건히 서지 못하리라!”
그때 하나님께서 선포하신 이 말씀은
이후 모든 사람에게도 확고한 경고의 말씀이 됩니다.
왕과 그 백성은 결국 믿음으로 서지 못하였으므로 멸망합니다.
그 대신에 왕이 구하지 않았던 징조가
오늘 우리에게 주어졌습니다.
이사야 7장 14절의 말씀이 바로 그것입니다.
“보라 처녀가 잉태하여 아들을 낳으리니
그 이름을 임마누엘이라 하리라”
이 징조의 말씀은 요셉과 마리아의 이야기에서 성취된답니다.
진정 왕 아하스는 하나님을 전혀 믿지 않은 왕이었을까요?
그런 그가 왜 선지자 이사야를 찾아 하나님 도움을 구했을까요?
왕은 하나님을 어느 정도까지는 믿었던 것은 아닐까요?
무엇이 문제였을까요?
혹시 깨어있지 못한 이유도 있을까요?
사람은 너무 잘 잊어버리는 약점이 있잖아요?
주 예수께서 특별히 당부하셨지요?
슬기로운 처녀가 되어 늘 기름을 준비하라고 하셨잖아요?
우리는 굳게 잘 믿고 굳게 잘 준비하는 성도가 됩시다.
〈*누가 주를 믿을 것인가를 예언하고 있지요?〉

“He grew up before him like a tender shoot,
and like a root out of dry ground.
He had no beauty or majesty to attract us to him,
nothing in his appearance that we should desire him.”
(그는, 그 앞에서 부드러운 새싹처럼 자라났고
마른 땅에 자라난 뿌리 같았으므로
우리를 그에게로 이끌 아름다움이나 화려함도 없어서
외모로는 우리가 흠모할 것이 아무것도 없더라.)(2절)
여기 ‘그의 앞(before him)’은 하나님의 앞을 의미합니다.
‘부드러운 싹(a tender shoot)’이
‘메마른 땅의 뿌리(a root out of dry ground)’와 대조되는 표현이군요.
하나님 앞에서는 어리고 연약한 새싹이었으나
세상의 현실 앞에서는 메마른 땅의 뿌리처럼 힘겨운 생활이었나 봅니다.
얼마나 어려우셨을까요.
〈*주님의 성장기 품성과 외모에 대해 예언하고 있지요?〉

“He was despised and rejected by mankind,
a man of suffering, and familiar with pain.
Like one from whom people hide their faces
he was despised, and we held him in low esteem.”
(그는 인류로부터 멸시받아 거부되었으니,
고난을 겪은 자요 아픔에 익숙한 사람이라.
사람들이 얼굴을 돌려 외면하듯 그는 멸시받았고,
우리는 그를 하찮게 여겼노라.)(3절)
우리는 본능적으로 태생을 중요시하잖아요?
가문을 통해 권력과 재산을 물려받기 때문이겠지요?

우리 주께는 이런 것이 없으셨나 봅니다.
그저 고난을 위해 태어난 사람처럼 보였던 모양이군요.
야고보서에 사람을 차별하여 판단하지 말라고 기록하였지요?
서로를 판단하는 우리 기준에는 너무나 큰 오류가 있으니까요.
그러나 우리는 이 습관에 너무 깊이 물들어 있군요.
〈주 예수와 그를 바라보는 당시 사회의 모습이 예언되어 있지요?〉

"Surely he took up our pain
and bore our suffering,
yet we considered him punished by God,
stricken by him, and afflicted."
(그는 참으로 우리의 고통을 짊어지셨고,
우리의 슬픔을 떠안으셨노라.
그러나 우리는 그가 하나님께 징벌을 받아서
그에게 맞으며 고통을 당한다고 여겼도다.)(4절)
당대 예루살렘의 대부분 사람이 주의 고난을 보았겠지요?
그들은 마음속으로 주에 대하여 생각하기를
자기 죄로 하나님께 벌을 받는다고 여겼나 봅니다.
자기 죄로 고통을 당하는 다른 병자나 불구처럼 말이지요.
예언의 말씀이 그런 사실을 알려주고 있군요.
〈*고난의 예수를 바라보는 당시 사람의 심적 상태를 예언하지요?〉

"But he was pierced for our transgressions,
he was crushed for our iniquities;
the punishment that brought us peace was on him,
and by his wounds we are healed."

(그러나 그는 우리의 죄악 때문에 찔리셨고,
우리의 불의 때문에 짓밟히셨노라.
그가 징벌을 받으심으로 우리가 평화를 누리고
그가 상처를 입으심으로 우리는 나음을 입었도다.)(5절)
주께서 징벌을 받으신 것은 우리에게 평화를 얻게 하시려고,
주께서 온몸이 찢기신 것은 우리에게 치료를 얻게 하시려고,
주께서 한없이 낮아지신 것은 우리에게 높임을 주시려고,
주께서 수치와 압제를 받으신 것은 우리에게 자유를 주시려고,
주께서 지니신 것 없이 가난하게 사신 것은 우리를 부요케 하시려고,
주는 모든 것을 다 가지신 부요하신 하나님이시지만,
주의 가지신 모든 것을 흩으셔서 우리에게 주셨습니다.
이것이 사실입니다.
이것이 가장 거짓이 없는 진실입니다.
〈*주의 사역과 대속하신 결과가 어떠할지 예언하지요?〉

“We all, like sheep, have gone astray,
each of us has turned to our own way;
and the Lord has laid on him
the iniquity of us all.”
(우리는 모두 양처럼 길을 잃고
저마다 제 갈 길로 흩어졌지만,
주께서는 우리 모두의 죄를 그에게 지우셨도다.)(6절)
양은 먼 곳을 잘 못 본다고 합니다.
사람도 하루 앞을 알지 못합니다.
양은 음성을 잘 알아 듣기에 목자의 음성을 안다고 합니다.
사람도 하나님의 부르는 소리를 알 수 있습니다.

목자 되시는 주님의 음성을 들은 후에 일입니다.
목자가 없는 양은 길을 찾지 못한답니다.
인류도 양처럼 스스로 살길을 찾아 헤맸습니다.
많은 종교나 철학이나 각종 학문이 그것을 말합니다.
그러나 생명의 길은 찾지 못했습니다.
앞으로도 영원히 찾지 못할 것입니다.
양처럼 예외 없이 모두 다 잘못 갔기 때문입니다.
양과 같은 인류는 잘못 간 것 자체가 죄악입니다.
인류에게는 목자가 필요합니다.
복음의 소리가 들려야 삽니다.
목자의 음성이기 때문입니다.
인류가 그동안 행한 모든 불의를 목자의 어깨에 지웠답니다.
하나님께서는 우리 주 예수의 어깨에 짐처럼 지우셨답니다.
"보라 세상 죄를 지고 가는 하나님의 어린 양이로다" (요한복음 1장 29절)
그 무게가 얼마나 하겠습니까!
〈*가망 없는 인류를 대신해 죄 짐을 지시는 주를 예언하지요?〉

"He was oppressed and afflicted,
yet he did not open his mouth;
he was led like a lamb to the slaughter,
and as a sheep before its shearers is silent,
so he did not open his mouth."
(그는 학대받고 고통을 겪었으나
입을 열어 항변하지 않으셨노라.
도살장으로 끌려가는 어린 양처럼,
털 깎는 자 앞에 잠잠한 양처럼,

그는 끝내 입을 열지 않으셨노라.) (7절)
세상 죄를 지고 가시는 어린 양의 모습이군요.
온갖 불의와 억압과 핍박으로 괴롭힘을 당하셨으나
도살장으로 끌려가는 양처럼
주는 입을 열어 어떤 항의도 하지 않으셨다고 하는군요.
입을 굳게 닫고 다른 말씀을 하지 않으신 것!
순종의 지혜이지요.
〈*예수께서 수난받으시는 자세를 예언하는군요.〉

"By oppression and judgment he was taken away.
Yet who of his generation protested?
For he was cut off from the land of the living;
for the transgression of my people he was punished."
(그는 억압된 재판으로 버려졌으나
그의 세대 가운데 누가 그를 위해 항변했는가?
그는 살아 있는 자들의 땅에서 끊어졌으니,
내 백성의 죄악으로 인하여 형벌을 받았노라.)(8절)
주의 죽으심이 얼마나 부당한지요!
있을 수 없는 혹독한 억압이잖아요?
불의하고 부당한 재판이었잖아요!
주께서 그렇게 버려졌는데(was taken away)!
그 아무도 이에 대해 항변하지 않았다는군요!
자기 땅에 오셨으나 자기 백성 모두가 배척한 것이군요!
얼마나 원통하고 얼마나 분통할 일이었겠습니까!
재판이 정의롭지 못하면
정의로운 심정을 의분하게도 만들잖아요?

세상에는 용기 있는 의인도 많잖아요?
예부터 그런 이야기도 많이 있었잖아요?
주는 공생애 기간에는 따르는 자가 많았건만
함께 죽는 자도 없었고
아무도 그의 처지를 변호하거나 항변하지 않았다!
아마 이런 경우가 세상에 흔치는 않을 겁니다.
이런 정황을 이렇게 만들기도 쉽지 않을 겁니다.
더구나 누가 이런 상황을 이렇게 예언할 수 있을까요?
더구나 세상에서 가장 크고 두드러진 사건의 일이잖아요?
〈*주의 수난의 부당함과 대중의 모습을 예언하네요〉

"He was assigned a grave with the wicked,
and with the rich in his death,
though he had done no violence,
nor was any deceit in his mouth."
(비록 그는 폭력을 행한 적도 없었고 입에 거짓도 없었건만
그는 악인들과 함께 무덤에 묻히셨으니,
죽은 후에는 부유한 자들과 같이 있도다.)(9절)
입술로 속이신 적이 없으시다.
폭력을 쓰신 일도 없으시다.
죄를 지으신 적이 없으시다.
그러나 무덤에서만큼은 죄인과 동일하셨다.
죄인의 수 안에 들어가셨다.
실제로 죄인의 신분으로 무덤에 들어가신 것이다.
다만 주의 매장 장소만큼은 부자들의 무덤과 같았다.
이런 내용입니다.

아리마대 사람 요셉의 무덤에 장사 지내신 이유는?
막달라 마리아가 향유 옥합을 깨트려 발에 붓던 그 모습?
매우 부족한 비유이지만 그래도 주께서 부요하신 분이심을 의미하나 봅니다.
죄 없으신 분이 우리 죄 때문에 죄인으로 무덤에 가셨습니다.
우리가 도무지 추측하기조차도 어려운
주의 사후의 처지를 예언하고 있습니다.
우리는 아리마대 요셉의 무덤에 장사한 사실을 통해서
이 예언의 성취를 알게 된답니다.
〈*주 예수의 사후 모습이 어떠할지가 예언되었습니다〉

"Yet it was the Lord's will to crush him and cause him to suffer,
and though the Lord makes his life an offering for sin,
he will see his offspring and prolong his days,
and the will of the Lord will prosper in his hand."
(그러나 그가 상하시고 고통을 겪으신 것은 하나님의 뜻이라.
주께서 그의 생명을 속죄 제물로 삼으셨으나,
그는 자기의 후손(씨)을 보게 될 것이니
그의 날은 길 것이라.
여호와의 뜻이 그의 손에서 이루어지리라.)(10절)
그의 '자손(his offspring)'이 바로 교회입니다.
한글 성경에서는 '그가 그의 씨를 보게 될 것'이라 하였습니다.
믿음으로 '교회의 구성원이 된 성도'는
'예수님의 씨로 인하여 탄생한 그의 후손(offspring)'입니다.
주 예수의 삶은 십자가 죽음에서 끝나지 않았고
그 후 오랫동안을 그의 후손인 교회로 자라갑니다.
전능하신 창조주의 뜻을 이루어 가고 있습니다.

〈*예수의 부활 후 인류에게 나타날 일을 예언하고 있습니다.〉

"After he has suffered,
he will see the light of life and be satisfied;
by his knowledge my righteous servant will justify many,
and he will bear their iniquities."
(그가 고난 겪기를 다한 후에,
생명의 빛을 보려니와 이에 만족하리라.
그의 지식을 따라
나의 의로운 종은 많은 사람을 의롭게 할 것이니,
그들의 불의를 짊어지리라.)(11절)
우리 주의 부활을 예언하는 말씀입니다.
그가 보게 될 '생명의 빛(the light of life)'은
앞부분 '산 자의 땅에서 끊어진 것
(was cut off from the land of the living)'과
'사악한 무리 그리고 부자와 무덤을 공유할 것
(was assigned a grave with the wicked)
(with the rich in his death)'의 문장과 대비되고 있습니다.
명백하게 주의 '부활'을 의미한답니다.
어떤 이는 '생명의 빛'을 '고난에 대한 열매'라 해석한답니다.
얼핏 옳아 보일지 모르지만
"우리 주의 부활은 고난의 열매로 인한 것이 아닙니다!"
주의 창조주가 되심을 잘 모르는 자의 논리입니다.
만일 이 부분을 그렇게 해석하면
성도도 반드시 무한한 고난 속에서라야 비로소
부활이 주어지는 것으로 오해할 수도 있게 됩니다.

성도는 고난과 무관하게 부활합니다.
주의 은혜를 힘입기 때문입니다.
11절에서는 화자가 하나님으로 바뀌는 사실에 주의해야 합니다.
"나의 의로운 종"
이런 표현은 오직 하나님께만 합당하기 때문입니다.
화자가 변경되는 미묘한 변화도 감지해 보시기 바랍니다.
세미콜론(;) 후의 보충적으로 첨가한 문장에서 그것이 드러납니다.
성경에는 이와 유사한 사례가 아주 많습니다.
전능하신 하나님의 일하시는 모습에서만 드러나는 특징입니다.

'그의 지식으로(by his knowledge)'
이사야 52장에서의 '그가 지혜롭게 행하였다'와 같은 맥락입니다.
우리는 삼위 하나님께서 모두 전인격의 전능하신 이심을 압니다.
비록 우리가 창조주를 이해하는 데 한계가 많습니다만
그저 이해의 폭을 조금 더 넓히기 위해
하나님의 일을 잠시 인간의 일처럼 비교하며 추측해 봅시다.
한 가정에서 후계자가 될 아들은 아버지의 일을 보고 배웁니다.
봄에는 어떻게 땅을 경작하고
여름에는 어떻게 농작물의 상태를 살피고 돌보는지
가을에는 어떻게 추수하여 곡식을 창고에 들이는지 등
만 가지를 다 아버지에게서 보고 배운답니다.
장차 아버지로부터 이어받을 유산 관리 기술을 습득하는 거잖아요?
관련된 지식을 그렇게 쌓는 거잖아요?
우리 눈에는 매우 기이하지만
"그의 지식으로(by his knowledge)"라는 표현이
이런 모습과 관련이 있지 않을까요?

아버지 하나님께서 천지를 창조하시고
마침내 그가 사랑하시는 인류도 지으셨답니다.
하지만 인류가 하나님을 배반하고 떠나갔을 때부터
아버지의 애타는 기다림과 찾음을 보았을 것입니다.
마침내 장차 의로 삼으실 아브라함을 부르시고
자기 백성을 그의 후손으로 삼으심도 보았을 겁니다.
그러나 끝내 이들도 대적자의 꼬임에 빠지며
또다시 노예가 되어 끌려갔으니
이때 아버지의 아픔이 어떠했겠습니까!
이런 모습은 마치 농사를 지으시는
아버지와 아들의 모습과도 같지 않았을까요?
아들이 아버지의 뜻을 이해했을 겁니다.
그래서 그는 "자기의 지식으로"
스스로 하나님과 동등으로 여기지 아니하시고
자기를 비워 종의 몸이 되셨을 것입니다.
인간과 같은 모양의 육신을 입으신 것이 이것이 아닐지요?
주 예수께서는 "자기의 지식"으로
자신의 이런 모든 행적이
장차 무서운 영원한 지옥에 떨어질 인류가 의롭게 되어
하나님과 화목할 길인 것을 알았으므로
수많은 치욕과 아픔을 견디시며
그 오랜 세월을 믿음으로 견디셨을 것 같습니다.
가장 견디기 어려운 순간이 바로
십자가에서 하나님의 진노를 보았을 때일 것 같습니다.
"엘리 엘리 라마 사박다니"
"하나님이여, 하나님이여 어찌 나를 버리시나이까!"

어찌 보면 이 부르짖음은 죄를 지어 마땅히 버림을 받아야 할
인류가 부르짖어야 할 비명과도 같아 보이지요?
어찌 보면 이 부르짖음 때문에
창조주께서는 자신이 사랑하고 아끼시는 인간을
깜짝 놀라듯 돌아보며 다시 생각하셨을지도 모른답니다.
어찌 보면 이 부르짖음 때문에
기어이 지옥 형벌에 처할 인간들에 대한 애정을
단숨에 끊으셨을지도 모릅니다.
우리는 차마 알지 못합니다.
이런 모든 이야기의 줄거리가
전능하신 이들의 눈앞에 영화처럼 흘러갔을 수도 있겠지요?
창세 전 만물이 조성되기 전에 말이지요.
그 사랑의 이야기가 인류 시간표 위에서
아름답게 펼쳐진 것은 아닐지요.
주는 자발적 자기 지식으로 이 땅에 성육신하셨겠지요?
주는 자발적 자기 지식으로 십자가를 지시고 부활하셨겠지요?
우리는 차마 알지 못합니다.
다만 한 가지 우리 주는 우리를 이토록 사랑하셨답니다.
그러므로 우리도 주님의 뒤를 따라
오직 믿음으로 우리 삶을 살아가야 하겠지요?
우리 주 예수께서 부활하셨기 때문에
우리도 부활하게 된답니다.
하나님의 의로우신 종 예수께서
"그의 지식"으로 가졌던 지식처럼
주의 수고하심과 부활하심으로 인하여
"우리도 주님처럼 부활할 것을 믿는 믿음"

우리가 지녀야 할 우리의 지식이 아닐까요?
"이를 내게서 빼앗는 자가 있는 것이 아니라
내가 스스로 버리노라
나는 버릴 권세도 있고 다시 얻을 권세도 있으니
이 계명은 내 아버지에게서 받았노라 하시니라."
(요한복음 10장 18절)
"아버지께로 받았노라"
이것이 아버지께로 얻은 그의 지식일 것입니다.
〈*주의 부활, 승천, 높임을 받으실 것, 이 일의 성격을 예언〉

"Therefore I will give him a portion among the great,
and he will divide the spoils with the strong,
because he poured out his life unto death,
and was numbered with the transgressors.
For he bore the sin of many,
and made intercession for the transgressors."
(그러므로 내가 그에게 위대한 자들과 함께 몫을 주리니,
그가 강한 자들과 함께 전리품을 나눌 것이라.
그가 죽기까지 자기 생명을 쏟아냈으며,
죄인들 가운데 하나로 여겨졌기 때문이로다.
이는 그는 많은 사람의 죄를 짊어졌기 때문이며,
죄인들을 위한 중보자가 되셨기 때문이로다.)(12절)
앞에서 예언한 내용이 여기에서 요약되는 모습이군요.
예수께 베푸실 상에 대하여 말씀하고 계십니다.
그런데 문득 전리품을 나누는 승리한 성도의 모습도 보이네요.
"내가 큰 자들과 함께 분깃을 주리라"

(I will give him a portion among the great)
'큰 자(the great)'가 예수 외에 또 누구일까요?
'승리한 성도'가 아닐까요?
전리품을 나누는 큰 자들이 여럿 복수이잖아요?
누가 상으로 전리품을 주시겠다는 걸까요?
전능하신 창조주 하나님이시잖아요?
결코 변하거나 식언치 않으시는 하나님이시잖아요?
어쩌면 이 짧은 약속의 말씀이
성도의 승리까지도 포함하는 듯한 느낌을 강하게 주지요?
이런 예언의 표현은 중의적 함축이 있어서
세상의 지혜자가 조작할 수 없겠네요.
이 말씀 가운데 하나님 '후사에 대한 의미'도 담겼으니까요.

"생명을 사망에 쏟아부었다. (poured out his life unto death)"
'사망'이라는 틀이 어떻게 생겼는지 우리는 모릅니다.
그러나 이것은 어마어마한 능력이 있었겠지요?
온 천하를 쏟아부었어도 흔적도 없이 사라져 버렸던 블랙홀이잖아요.
온 인류가 그 블랙홀에 빨려 들어갔었잖아요?
그러나 가장 크고 고귀한 생명 우리 주의 생명을 거기 부으니
'사망'이 흔적도 없이 사라지게 되었잖아요?
그가 '자기 생명을 사망에 쏟았다'라는 말씀이
이것을 의미하지 않을까요?
그리고 나서야 마침내 주는 우리의 '중보자'가 되셨답니다!
〈*예수께서 중보자가 되신 후 받으실 상급을 예언하는군요.〉

19. 성도의 길

"This is what the Sovereign Lord says:
Once again I will yield to Israel's plea
and do this for them:
I will make their people as numerous as sheep,
as numerous as the flocks for offerings at Jerusalem
during her appointed festivals.
So will the ruined cities be filled with flocks of people.
Then they will know that I am the Lord."
(이는 통치자 하나님의 말씀이라:
내가 다시 이스라엘의 간구에 응답하리니
그들을 위해 이렇게 하리라
내가 그들 백성의 수가 양처럼 많게 하려니와
정한 절기에 예루살렘 희생제물을 위한 짐승 떼처럼 많게 하리라
그때는 그들이 내가 하나님인 줄 알게 되리라)
(에스겔 36장 37~ 38절)

에스겔서 36장과 37장은 이스라엘 회복을 예언합니다.
그리고 이스라엘을 왜 회복하시는지도 밝히십니다.
"Therefore say to the Israelites,
'This is what the Sovereign Lord says:
It is not for your sake, people of Israel,
that I am going to do these things,
but for the sake of my holy name,
which you have profaned among the nations

where you have gone."
(그러므로 이스라엘에게 말하라.
'주 여호와께서 이같이 말씀하시노라.
내가 이 일을 행하는 것은 너희를 위함이 아니라,
너희가 이방 가운데서 더럽힌 내 거룩한 이름을 위함이다.)
(에스겔 36장 22절)
"너희가 이방 가운데서 더럽힌 내 거룩한 이름"
바벨론 포로들 이야기를 하시는 거잖아요?
우리 성도나 온 인류가 구원의 은혜를 받은 것이
우리에게 무슨 특별함이 있어서가 아니지요?
오직 하나님의 성호를 위해서라고 하시지요?
그렇다면 무슨 방법으로 회복하실까요?

"'For I will take you out of the nations;
I will gather you from all the countries
and bring you back into your own land.
I will sprinkle clean water on you,
and you will be clean;
I will cleanse you from all your impurities
and from all your idols.
I will give you a new heart
and put a new spirit in you;
I will remove from you your heart of stone
and give you a heart of flesh.
And I will put my Spirit in you
and move you to follow my decrees

and be careful to keep my laws."
('내가 너희를 여러 나라에서 불러 모아
너희 땅으로 돌아오게 할 것이다.
내가 깨끗한 물을 너희에게 뿌려 너희를 정결하게 하리라.
너희 모든 더러움과 우상에서 너희를 깨끗하게 하리라.
내가 너희에게 새 마음을 주고 새 영을 너희 속에 두리라.
너희의 돌 같은 마음을 제거하고 살 같은 마음을 주리라.
내가 내 영을 너희 속에 두어 너희로 내 규례를 따르게 하고
내 법을 지키게 하리라.) (에스겔 36장 24~ 27절)
흩었던 온 땅에서 불러 모으신다고 하시지요?
깨끗한 물을 뿌려 정결하게 하신다지요?
새 마음을 주시고 새 영을 우리 마음에 두신다고 하시지요?
돌 같던 마음을 제거하시고 살 같은 마음을 주신다지요?
하나님의 영을 우리 가운데 오게 하신다지요?
무엇보다 중요한 말씀이 있습니다.
"내가 다시 이스라엘의 기도에 응답하리니"(에스겔 36장 37절)
이 말씀의 뜻이 귀하지요?
하나님께서 예전 구약시대 백성에게 응답하시듯
지금 복음 시대 성도에게도 응답하시고
구하시는 바를 성취하신다는 뜻이잖아요?
전능하신 이가 우리 기도를 들어주신다는 보증이잖아요.
그러므로 우리는 우리 부족함을 가지고 나아가 구해야겠지요?
또 우리 구원이 우리의 행위나 선함이나 무엇에서 난 것이 아니지요?
성도가 교만할 이유가 전혀 없겠잖아요?
하나님은 질투하시는 분이잖아요?
사랑 때문에 그 진노도 크시잖아요?

이 모든 예언의 성취를 우리가 보았고 증인이 되었지요?
이런 모든 예언의 성취를 통해 지금 우리가 있잖아요?

스가랴 3장과 4장을 막 지나가면
스가랴 5장에는 '저주의 두루마리 환상'이 나옵니다.
이 두루마리에는 이편과 저편 모두에 저주의 말씀이 있답니다.
한 편에는 도둑질하는 자를 저주하는 말씀이고
다른 한 편에는 거짓 맹세하는 자를 저주하는 말씀이랍니다.
하나님께서 이 두루마리가 온 땅에 돌아다니도록 명하셨습니다.
그러다가 해당하는 자가 있으면 그 집에 들어가
저주로 망하게 만든다고 하십니다.
주 예수께서도 맹세하지 말라고 가르치셨잖아요?
남의 것을 탐하거나 훔치지 말라고 가르치셨지요?
이렇게 금하시는 명령은 복음 시대에도 유효하다고 봅니다.

이 책의 이야기가 끝났습니다.
우리는 이 책에서 우리에게 찾아오시는 창조주의 이야기를 보았습니다.
전능하신 이가 우리 인간의 키 높이로 들려주시는 사랑 이야기입니다.
어쩌면 이것은 창조주의 변론처럼도 보입니다.
에덴에서 시작된 죄의 문제와 그 문제를 풀어오신 분이
인간 수준에서 들려주시는 구원 사역에 대한 과정과 모습 말입니다.
그러므로 각각의 제목마다 핵심이 되는 또 다른 주제가 있습니다만
전체의 이야기 속에 흐르는 또 다른 큰 원리도 있답니다.
그것은 바로 "자유"입니다.
하나님께서 인간을 창조하실 때
자유를 주셨다는 것입니다.

하나님께서 인간을 로봇처럼 만들지 않으셨다는 뜻입니다.
지금도 하나님께서 우리의 자유를 소중히 여기신다는 사실입니다.
전능자께서는 당장이라도 우리를 천사보다 더 뛰어난 존재로
만드실 능력이 있으실 것입니다만 그렇게 하지 않으시는 까닭이
이미 우리를 충분히 흠 없이 완벽하게 창조하셨기 때문일 것입니다.
주께서 그 오랜 세월 동안 참으신 까닭일 것입니다.
그토록 인간을 기다리시며 인내하시는 까닭일 것입니다.
우리가 우리 스스로 선택하도록 기대하시고 기다리시는 것입니다.
우리가 우리 창조주의 사랑을 깨닫고 돌아오기를 기대하시는 것입니다.
날이 다 하도록 언제나 선택을 우리의 몫으로 남겨두신 이유입니다.
우리는 선택해야 합니다.
'창조주를 따를 것인지 아니면 그를 대적하여 반기를 든 자를 따를 것인지.'
모세가 시내산 아래 금송아지 만든 무리에게 말했습니다.
하나님 편에 설 자는 이편에 아닌 자는 저편에 서게 했습니다.
그리고 동족이 동족을 치게 했습니다.
이 모습이 가장 원시적 자유 선택의 모습을 보여줍니다.
여호수아도 백성에게 말했습니다.
언제까지 머뭇거리지 말고 선택하라 했습니다.
자기와 자기 가족은 하나님 편에 서리라 분명히 선언했습니다.
요한계시록이 경고합니다.
바벨론에서 떠나라 명령합니다.
이 명령조차도 강력한 경고성 권고입니다.
선택은 각자의 몫입니다.
"자기 지식으로"
우리 주께서는 "자기 지식으로" 지혜롭게 행하셨습니다.
주께서 스스로 원하시어 선택하신 길이라 말하는 것입니다.

모든 인생이 인생 중에 직면해야 할 가장 중요한 결정입니다.
스스로 자신을 속이지 맙시다.
천지 만물에 창조주의 영광이 명백하게 새겨져 있어서
결코 누구도 자기는 몰랐노라고 변명할 수 없답니다.
자기 스스로가 창조주 자리를 훔치려는 약은 속셈이랍니다.
만일 스스로 자기 심령에 옳지 못한 욕망이 들끓는다면
이 죄의 문제를 솔직하게 아뢰며 간절히 기도해야 합니다.
"자유의 원리"
우리 영혼의 모든 문제도 여기를 기준으로 분별해야 합니다.
내가 진심으로 마음을 다하여, 주님 따르기를 원하는가?
내 심령의 가장 깊은 곳에서 솟아오르는 물줄기는
하나님께로 향하는가 세상으로 향하는가?
하나님을 사랑하는가 세상을 사랑하는가?
이 기준이 자신의 영적 상태를 분별하는 기준이 되어야 합니다.
이 질문을 통해서 자신을 살펴야 한다는 뜻입니다.
이 질문에 부족한 부분을 들춰내어 간절히 기도해야 한답니다.
거기에 우리 죄성과 원수와의 연결점이 있기 때문입니다.
에스겔서에 예언하신 말씀을 기억합시다.
주께서 다시 한번 이스라엘의 간청에 응답하신다고 약속하십니다.
우리 문제를 솔직하게 주 앞에 내놓고 간청해 봅시다.
마음과 뜻과 힘과 정성을 다하여 주를 사랑합시다.
우리가 자원하여 열심히 주를 섬기며 나아갈 때
주께서 기뻐하시며 영광을 받으실 것입니다.

맺는 글

어미 새가 알을 낳아 품습니다.
알은 어미 새의 열기를 전달받으며
조금씩 감각이 살아난답니다.
딱딱한 껍질을 깨부수는 수고도 사랑에서 전달받은 감각 덕분이랍니다.
어미가 전달해 주는 먹이도 감각의 극치랍니다.
삶의 환희였답니다.
나이가 많이 든다는 것은
어찌 보면 점차 감각을 잃어가는 과정인가 봅니다.
감각과 함께 저장되었던 이전 방식의 은혜도 조금씩 사그라드나 봅니다.
많은 성경 이야기도 자꾸만 기억에서 멀어지는가 봅니다.
어찌 보면 이것도 우리가 만나야만 할 한 종류 환란처럼
성도가 반드시 건너야 할 강이 아닐까요?
더욱 믿음으로 확증하여 공고히 서고
더욱 영적 기억장치에 새로운 방식(?)으로 저장하고
무엇보다 신실하신 창조주께 간절한 기도로 부탁하기로 합시다.
노년의 때를 위한 영적 준비가 젊은 성도에게도 필요한가 봅니다.
청년의 때 아직 사물의 감각이 어두워지지 않았을 때
더욱 분발하여 주를 잘 섬겨야 하나 봅니다.
글쓴이도 만 가지가 부끄럽지만
스스로 자신을 지키려는 일념으로 묵상하며 썼답니다.
그래서 많은 이상적 표현이 실상은 자신을 향하고 있답니다.
일견에도 이 책은 필자처럼 의심이 많은 도마와 같은 사람을 위해
쓰인 글인 것을 느낄 수가 있잖아요?
글쓴이와 비슷한 처지를 겪는 사람에게도 큰 도움이 될 것입니다.

시대가 이미 어두우므로
우리 스스로가 진리를 분별하여
자신을 지키려는 노력이 중요해졌답니다.
성경 안에 다양한 종류의 말씀이 있을지라도
우리 주 예수께서 직접 전하신 말씀은 더욱 귀하고 중요하겠지요?
또 예언의 말씀도 하나님께서 직접 전달하시는 말씀이잖아요?
예언의 말씀은 이런 의미로도 우리에게는 아주아주 소중하겠지요?
이 책을 천천히 묵상하며 읽어 보실 필요가 충분하다는 의미랍니다.
필요할 때마다 이 글의 소제목을 기준으로 조금씩 반복해서 읽어도
믿음의 바른 방향을 찾는 일에 많은 도움이 되리라 확신합니다.
글을 이해하는 일에서도 성령께서 적극 개입하시며 도우실 것입니다.

우리들 교회를 위해 기도합시다.
교회의 귀한 일꾼들을 위해 기도합시다.
성도는 양과 같아서 무리 지어 살아야 하기 때문입니다.
또 이에 더하여 귀한 말씀이 널리 널리 전파되기를 기도합시다.
성도가 진리 안에서 최후 승리를 얻도록 위하여 기도합시다.
우리가 주의 긍휼과 그의 풍성하게 주시는 지혜 얻기를 기도합시다.
더욱 합당한 바른 마음을 창조주께서 우리에게도 주시기를 기도합시다.
이 세상에서 가장 선하고 가장 아름답고 좋은 선물일 테니까요.
우리가 진정으로 사모해야 할 성령의 열매입니다.
주를 사랑하고 충성하는 마음입니다.
할렐루야.

성경 예언의

성 취

초판 1쇄 발행 2025년 12월 20일

지은이 송기용
펴낸이 이기봉
편집 좋은땅 편집팀
펴낸곳 도서출판 좋은땅
주소 서울특별시 마포구 양화로12길 26 지월드빌딩 (서교동 395-7)
전화 02)374-8616~7
팩스 02)374-8614
이메일 gworldbook@naver.com
홈페이지 www.g-world.co.kr

ISBN 979-11-388-5149-7 (03230)